船舶与海洋工程翻译出版计划

Springer

U0868822

Water Waves and Ship Hydrodynami
An Introduction, 2nd Edition

水波与船舶水动力学

〔荷〕赫尔曼斯（A.J. Hermans） 著
李 鹏 周学谦 译

哈尔滨工程大学出版社
Harbin Engineering University Press

黑版贸登字 08-2025-021 号

图书在版编目(CIP)数据

水波与船舶水动力学 / (荷) 赫尔曼斯
(A. J. Hermans) 著 ; 李鹏, 周学谦译. -- 哈尔滨 :
哈尔滨工程大学出版社, 2025. 4. -- ISBN 978-7-5661
-4788-2

Ⅰ. U661.1

中国国家版本馆 CIP 数据核字第 2025UK4437 号

水波与船舶水动力学
SHUIBO YU CHUANBO SHUI DONGLIXUE

选题策划 石 岭
责任编辑 章 蕾
封面设计 李海波

出版发行 哈尔滨工程大学出版社
社　　址 哈尔滨市南岗区南通大街 145 号
邮政编码 150001
发行电话 0451-82519328
传　　真 0451-82519699
经　　销 新华书店
印　　刷 哈尔滨市海德利商务印刷有限公司
开　　本 787 mm×1 092 mm 1/16
印　　张 8.75
字　　数 230 千字
版　　次 2025 年 4 月第 1 版
印　　次 2025 年 4 月第 1 次印刷
书　　号 ISBN 978-7-5661-4788-2
定　　价 78.00 元

http://www.hrbeupress.com
E-mail: heupress@hrbeu.edu.cn

译者前言

《水波与船舶水动力学》自首版问世以来,始终被国际船舶工程界奉为经典。作为荷兰代尔夫特理工大学数十年教学与科研成果的结晶,该书以严谨的理论架构与鲜明的工程导向,系统构建了船舶与海洋结构物水动力分析的知识体系。R. Timman 教授作为应用数学和理论力学领域的大师,在水动力学领域亦有造诣。该书源于 R. Timman 教授在 1971 年访问美国特拉华大学期间开设的水波理论系列讲座的讲义,以及 A. J. Hermans 在代尔夫特理工大学授课时的讲义,后由 A. J. Hermans 和 G. C. Hsiao 整理修订。

鉴于该书对于我国教学科研的重要价值,译者在征得版权方同意并授权后决定将该书翻译成中文,并在哈尔滨工程大学出版社正式出版,旨在为我国船舶与海洋工程领域的研究者、工程师及学子提供一部兼具理论深度与实践价值的权威著作。

2023 年 5 月,李鹏、周学谦组织课题组的青年教师和研究生开展该书的翻译工作。参加翻译工作的人员有东岳、尹浩宇、杨佩昌,初稿完成后由江志远、国瑀进行审校统稿,在此感谢各位老师、同学的辛勤付出。

在此,感谢版权方同意将该书译为中文,感谢哈尔滨工程大学出版社对本书稿的编排审校。

译　者

于哈尔滨工程大学船舶工程学院

2025 年 1 月

第二版序言

本书是对 R. Timman、A. J. Hermans 和 G. C. Hsiao 所著专著的修订与扩展，其内容源自 R. Timman 于 1971 年在特拉华大学以及 A. J. Hermans 在代尔夫特理工大学授课时的讲义。原著的论述核心是围绕线性化自由表面水波理论展开的。初版著作在数十年间被 A. J. Hermans 用作代尔夫特理工大学应用数学与船舶工程专业硕士生的“船舶流体动力学”课程教材。随着水波研究尤其是船舶流体动力学领域研究的进展，课程内容也逐渐发生了变化。例如，在海洋工程领域，浮标上系泊物体的低频运动已成为该时期的重要研究课题，因此新增了该领域的介绍章节。出于教学的考量，本次修订特别增加了垂直墙运动这一高度简化的抽象化问题。此案例的选取基于其解析可解性——通过对该问题的研究可完整展现各类力学效应的解析处理方法，而常规三维物体运动问题中某些项仅能通过数值方法获得。鉴于数值计算程序在本领域的常规应用，新版特别引入积分方程理论基础，并针对计算中可能出现的特殊问题进行探讨，例如，规避所谓“不规则频率”处的非物理共振现象。初版曾详尽推导六自由度运动方程的结构形式，但考虑到实际应用中相关函数的计算复杂度，本次修订将研究范围限定于单自由度运动方程的推导。

A. J. Hermans

荷兰 代尔夫特

第一版序言

1971 年春季,R. Timman 教授访问特拉华大学期间,就水波理论开设了系列讲座,本著作即源自当时的讲义。我们这些有幸亲历其讲学过程的人,都将永远铭记这段非凡的经历。R. Timman 教授其人其事,实乃令人难忘。他那仿佛永不枯竭的精力完全征服了在场听众。谁能忘却那些令人目眩的夜晚?在文学、政治、教育等无所不包的激烈论辩中,伴随着葡萄美酒的氤氲,直至深夜方休。然而次日清晨,这位红发巨匠依然能够神采奕奕地站上讲台,以敏锐的数学洞察力探讨专业问题,讲授流体动力学与最优控制理论等系列课程,继而持续工作至深夜,如此循环往复。相较于常人,他思维更敏捷、学识更渊博、酒量更豪迈、睡眠更短暂——其精力之旺盛令我等难望其项背。能参与这场思想盛宴,实属人生难得的际遇。R. Timman 对万事万物饱含热忱,其蓬勃的激情与极具感染力的乐观主义,完美诠释了他的人生哲学:从不浅尝辄止,而是要在每个领域都深究其精髓。

在这个学科高度分化的时代,像 R. Timman 这般具有文艺复兴时期通才特质的学者即便尚未绝迹,也堪称即将濒危的学术物种。R. Timman 正是其中翘楚,他在经典应用数学的几乎所有分支领域都造诣非凡。时至今日,我仍惊叹于 20 世纪 50 年代末在代尔夫特理工大学攻读博士学位时的见闻:他指导我研究电磁散射理论的同时,还指导着水波、空泡现象、弹性力学、空气动力学及数值分析等不同领域的博士生。对于这些学科背景各异的学生而言,他始终是取之不竭的灵感源泉。

R. Timman 对细节的漫不经心已成为学界传奇,但这从未影响他把握问题本质的能力。面对细枝末节的错误,他往往大手一挥便将其略过,专注于中心思想,而将数学严谨性的完善工作留给我们这些后辈。这种对待正负号与数值系数略显随意的态度,或许正是他的刻意为之——他希望人们着眼全局而非拘泥于局部,聚焦问题内核而非无关紧要的表象。对于那些热衷于在他人著作中寻章摘句、吹毛求疵的学术风气,他向来不以为然。阅读论文时,他总是沙里淘金,而非专注于挑错寻弊。

这种治学风格虽令他周围的人倍感压力,却也使学术探索充满意趣。G. C. Hsiao 与 R. J. Weinacht 可为佐证。他们将 R. Timman 的水波讲座笔记整理、修订为特拉华大学技术报告。R. Timman 与 G. C. Hsiao 原计划进一步修订、扩充这些讲义并付梓成书,然 1975 年 R. Timman 的猝然离世使计划戛然而止。若非 1980 年 A. J. Hermans 访问特拉华大学后重启此项目,这部著作恐将永远尘封。如今,G. C. Hsiao 和 A. J. Hermans 通力合作,完成了讲义的修订与体系重构,补全了 R. Timman 随意省略的 2 倍系数,并增补了最新研究成果。本书前 4 章基本保留原始讲义的结构,第 5 章及附录则为新增内容。

这部凝聚两代学者心血的著作终得面世,实乃应用数学界一大幸事。我们有理由相信,此书将为新一代数学家与工程师开启水波理论研究之门。水波问题在 R. Timman 广博的兴趣中占据头等地位。若本书能激励后来者继续攻克该领域的难关,便是对这位空前绝后的学术巨擘最好的纪念。

R. E. Kleinman

特拉华州纽瓦克

1985 年 3 月

对第一版的致谢

作者谨向 W. E. Baxter 教授致以诚挚的谢意,感谢他对本书的出版所给予的大力支持。我们要特别感谢 R. J. Weinacht 教授,他为协助著者之一(G. C. Hsiao)完成关于水波理论讲义的初稿付出了大量时间,本书前 4 章正是基于此稿。我们尤其要感谢 R. E. Kleinman 教授,若非他的鼎力相助,本书可能永远无法出版。

谨向完成大部分插图绘制工作的 G. Broere 先生,以及负责誊录最终稿的 Angelina de Wit 女士致以谢忱。

最后,特别致谢特拉华大学数理科学系、代尔夫特理工大学数学与信息学系,以及德国亚历山大·冯·洪堡基金会在本书筹备的各阶段所提供的资助。

A. J. Hermans

G. C. Hsiao

1985 年 3 月

目　录

第1章　水波理论

本章包含水波的边界值和初始边值问题的公式。这里的基本方程是考虑重力作用下运动的无黏性不可压缩流体的欧拉(Euler)方程和连续方程。本书在大多数情况下假定运动无旋,因此可以保证在单连通域中始终存在速度势函数。在此情况下,流体速度的连续方程可以简化为熟知的速度势函数的拉普拉斯(Laplace)方程。

水波通常是由压力恒定的自由表面产生的。对于无旋运动,在自由表面上由欧拉方程得到速度势函数的非线性伯努利(Bernoulli)方程。基于微幅波假设,我们提出了速度势函数和自由表面高程的线性化问题。

首先,我们按照参考文献[17][19]中的推导得到静水中的波速度势方程,并将其作为定常平行流动势的叠加。自由表面方程中的系数是常数。然后,我们推导了受三维物体扰动的流与微幅波叠加的线性方程。如果考虑定常速度的幅值很小,我们就可以得到时变波速度势函数的非常数系数线性方程。

1.1　基本线性方程

这里要介绍的水波理论是基于一个在重力作用下运动的无黏性不可压缩流体的模型。运动方程将用右手坐标系 x、y、z 表示。按照欧拉表示法,表示为

$$\begin{cases} u_t+uu_x+vu_y+wu_z=-\dfrac{1}{\rho}p_x \\ v_t+uv_x+vv_y+wv_z=-\dfrac{1}{\rho}p_y-g \\ w_t+uw_x+vw_y+ww_z=-\dfrac{1}{\rho}p_z \end{cases} \tag{1.1}$$

其中,$u=u(x,y,z,t)$,$v=v(x,y,z,t)$,$w=w(x,y,z,t)$,分别对应 x、y、z 方向上的速度分量;$p=p(x,y,z,t)$是压力;ρ 是流体的密度,通常为常数;g 是重力加速度。连续方程为

$$u_x+v_y+w_z=0 \tag{1.2}$$

在大多数情况下,我们认为流体运动是无旋的。这给出了另一组方程:

$$\begin{cases} u_y-v_x=0 \\ v_z-w_y=0 \\ w_x-u_z=0 \end{cases} \tag{1.3}$$

这能保证在单连通域中存在一个速度势 φ:

$$\begin{cases} u=\varphi_x \\ v=\varphi_y \\ w=\varphi_z \end{cases} \tag{1.4}$$

由式(1.2)可知,φ 满足拉普拉斯方程,则

$$\varphi_{xx}+\varphi_{yy}+\varphi_{zz}=0 \tag{1.5}$$

这极大简化了水波理论。

但是,由于拉普拉斯方程是椭圆的,所以它的解一般不具有波动性。波浪是由于自由表面的存在而产生的,并且与自由表面的条件密切相关。

1.2 边界条件

在运动边界处,无黏性流体的条件很简单。垂直于边界面的流体速度必须等于边界面本身速度的法向分量。如果边界方程为

$$y=F(x,z,t) \tag{1.6}$$

我们用(U,V,W)表示边界面上一点的速度。边界面法向量的方向余弦为

$$\left(\frac{F_x}{\sqrt{F_x^2+F_z^2+1}},\frac{-1}{\sqrt{F_x^2+F_z^2+1}},\frac{F_z}{\sqrt{F_x^2+F_z^2+1}}\right) \tag{1.7}$$

则边界条件表示为

$$\frac{uF_x-v+wF_z}{\sqrt{F_x^2+F_z^2+1}}=\frac{UF_x-V+WF_z}{\sqrt{F_x^2+F_z^2+1}}=\frac{-F_t}{\sqrt{F_x^2+F_z^2+1}} \tag{1.8}$$

这是因为对于运动边界上的一个点,有

$$F_xU-V+F_zW+F_t=0$$

因此由式(1.8)我们可以得到

$$v=F_t+uF_x+wF_z=\frac{\mathrm{d}F(x,z,t)}{\mathrm{d}t} \tag{1.9}$$

这表明了流体边界上的流体质点始终在流体边界上。

我们通常用 $y=H(x,z,t)$ 表示底面,因此式(1.9)可写为

$$v=H_t+uH_x+wH_z \tag{1.10}$$

我们在大多数情况下认为底面是固定的,即 H 与 t 无关,因此可以把式(1.10)中的 H_t 项消去。

自由表面波的特点是它们的压力沿着自由表面是恒定的。因此,除了自由表面 $y=\eta(x,z,t)$ 的运动学方程,还有

$$v=\eta_t+u\eta_x+w\eta_z \tag{1.11}$$

此外,我们还有沿着 $y=\eta(x,z,t)$ 的压力条件,即

$$p=\text{constant} \tag{1.12}$$

这些条件有如下两种表示方法。

(1)在方程式(1.2)中,我们通过检查发现,在无旋运动的情况下,伯努利方程可表示为

$$\varphi_t+\frac{1}{2}(u^2+v^2+w^2)+gy+\frac{p}{\rho}=f(t) \tag{1.13}$$

在这种情况下,由于压力恒定,可以将 φ 归一化,从而得到自由表面动力学条件,即

$$\varphi_t+\frac{1}{2}(\varphi_x^2+\varphi_y^2+\varphi_z^2)+g\eta=\text{constant} \tag{1.14}$$

(2)第二种表达方式为

$$\frac{\partial p}{\partial s_x}=0,\frac{\partial p}{\partial s_z}=0 \tag{1.15}$$

其中,s_x 和 s_z 是自由表面上的坐标,分别在 x 和 z 方向上有其投影。这里给出①

$$\begin{cases}\dfrac{\partial p}{\partial s_x}=\dfrac{\partial p}{\partial x}\cos(x,s_x)+\dfrac{\partial p}{\partial y}\cos(y,s_x)=0\\ \dfrac{\partial p}{\partial s_z}=\dfrac{\partial p}{\partial z}\cos(z,s_z)+\dfrac{\partial p}{\partial y}\cos(y,s_z)=0\end{cases} \tag{1.16}$$

或

$$\begin{cases}p_x+p_y\eta_x=0\\ p_z+p_y\eta_z=0\end{cases} \tag{1.17}$$

将式(1.17)代入式(1.2),得到关系式为

$$\begin{cases}u_t+uu_x+vu_y+wu_z+\eta_x(v_t+uv_x+vv_y+wv_z)=0\\ w_t+uw_x+vw_y+ww_z+\eta_z(v_t+uv_x+vv_y+wv_z)=0\end{cases} \tag{1.18}$$

这对有旋流动同样有效。

基于此方法,我们推导出了基本方程。该理论的进一步发展是基于这些方程的小参数展开的,为此我们必须适当指定一个无量纲小参数。对于不同的考虑情况,有不同的表示。在下一节中,我们将考虑底部固定的情况,其中水域的水平方向扩展到无限大,且不存在浮体。这极大地简化了该理论,在之后的章节我们还会考虑其他因素的影响。

1.3 线性化理论

在本节中,我们分别讨论在不同条件下,线性化方程的两种情况。在第一种情况中,我们假设波浪叠加在一个定常平行流场(层流)上,而第二种情况是处理一个波场叠加在一个定常流场上,该流场服从简化的自由表面条件。这种定常流可能是由船舶的缓慢移动产生的。对于快速运动的物体,可能需要更普适的非线性理论来处理定常和非定常的边界条件。我们将在以后的章节中讨论一些这类问题。

1.3.1 稳定流场中的微幅波

最简单的近似是:自由表面相对于标准面 $y=0$ 的偏差 η 很小。假设

$$\eta(x,z,t)=\varepsilon\bar{\eta}(x,z,t) \tag{1.19}$$

其中,ε 是一个无量纲的小量。

此外,我们假设底部斜率与 ε 有相同的数量级,写为

$$y=-h+\varepsilon h_1 \tag{1.20}$$

这使边界条件从式(1.10)变为

$$v=\varepsilon(h_{1t}+uh_{1x}+wh_{1z}) \tag{1.21}$$

对于自由表面,我们由式(1.11)和式(1.14)得到

① 注意 $\cos(x,s_z)=\cos(z,s_x)=0$。

$$v=\varepsilon(\overline{\eta}_t+u\overline{\eta}_x+w\overline{\eta}_z) \tag{1.22}$$

和

$$\varphi_t+\frac{1}{2}(\varphi_x^2+\varphi_y^2+\varphi_z^2)+\varepsilon g\overline{\eta}=\text{constant} \tag{1.23}$$

现在,对于式(1.5)的解,我们假设它能够展开为

$$\varphi(x,y,z,t)=\varphi_0+\varepsilon\varphi_1+\varepsilon^2\varphi_2+\cdots \tag{1.24}$$

并将它代入式(1.5)和边界条件式(1.21)。首先令与 ε 的同次幂的系数等于零,我们得到所有的 φ_k 都是调和函数。此外,我们由式(1.20)和式(1.21)得到

$$\begin{cases} v_0=\varphi_{0y}=0 \\ v_1=h_{1t}+u_0h_{1x}+w_0h_{1z} \end{cases} \quad (y=-h) \tag{1.25}$$

同样,我们将式(1.19)中的 $\overline{\eta}$ 摄动展开为

$$\overline{\eta}=\eta_1+\varepsilon\eta_2+\varepsilon^2\eta_2+\cdots \tag{1.26}$$

由式(1.22)求出 $y=\varepsilon\overline{\eta}$ 处的自由表面条件,即

$$\begin{cases} v_0=0 \\ v_1=\eta_{1t}+u_0\eta_{1x}+w_0\eta_{1z} \end{cases} \tag{1.27}$$

以及由式(1.23)得到

$$\begin{cases} \varphi_{0t}+\dfrac{1}{2}(\varphi_{0x}^2+\varphi_{0y}^2+\varphi_{0z}^2)=\text{constant} \\ \varphi_{1t}+u_0u_1+v_0v_1+w_0w_1+g\eta_1=0 \end{cases} \tag{1.28}$$

第一个近似 φ_0、$u_0=\varphi_{0x}$、$v_0=\varphi_{0y}$、$w_0=\varphi_{0z}$,相当于一个定常流动。如果我们考虑特殊情况,即

$$u_0=\text{constant}$$

$$v_0=0$$

$$w_0=\text{constant}$$

我们可以将坐标系的 x 轴转换到这个定常流的方向上,并用 U 表示速度。在这个条件下,我们有 $\varphi_0=Ux$,并且式(1.23)中的常数等于$\frac{1}{2}U^2$。于是我们由式(1.25)得出边界条件为

$$v_1=Uh_{1x} \quad (y=-h) \tag{1.29}$$

并且在自由表面 $y=\varepsilon\overline{\eta}$ 处,系数 ε 使得式(1.27)和式(1.28)转化为

$$\begin{cases} \varphi_{1y}=\eta_{1t}+U\eta_{1x} \\ \varphi_{1t}+U\varphi_{1x}+g\eta_1=0 \end{cases} \tag{1.30}$$

我们把 $y=0$ 代入式(1.30),而不用 $y=\varepsilon\overline{\eta}$。假设 φ_1 采用 $\varepsilon\overline{\eta}$ 的摄动展开,则有

$$\begin{aligned} \varphi_{1x}(x,\varepsilon\overline{\eta},z)&=\varphi_{1x}(x,0,z)+\varepsilon\overline{\eta}\varphi_{1xy}(x,0,z)+\cdots \\ &=\varphi_{1x}(x,0,z)+\varepsilon\eta_1\varphi_{1xy}(x,0,z)+O(\varepsilon^2) \end{aligned}$$

于是得到了二阶或更高阶的修正。由第一个近似给出了以下一组关于 φ_1 和 η_1 的线性方程:

$$\begin{cases} \varphi_{1xx}+\varphi_{1yy}+\varphi_{1zz}=0 \\ \varphi_{1y}=h_{1t}+Uh_{1x} \quad (y=-h) \\ \varphi_{1y}=\eta_{1t}+U\eta_{1x} \\ \varphi_{1t}+U\varphi_{1x}+g\eta_1=0 \end{cases} \quad (y=0) \tag{1.31}$$

对于固定的平底，h_1 为常数，于是 $h_{1x}=h_{1t}=0$。对于光滑函数，可以很容易地消去表面条件中的 η_1，得到一阶近似公式（省略下标1）：

$$\begin{cases} \varphi_{xx}+\varphi_{yy}+\varphi_{zz}=0 \\ \varphi_y=0 \quad (y=-h) \\ U^2\varphi_{xx}+2U\varphi_{xt}+\varphi_{tt}+g\varphi_y=0 \quad (y=0) \end{cases} \tag{1.32}$$

其中，自由表面高程 η 可以表示为

$$\eta=\frac{-1}{g}(\varphi_t+U\varphi_x) \tag{1.33}$$

现在，对于给定初始条件，由式（1.32）定义的问题可以通过拉普拉斯变换或傅里叶（Fourier）变换方法求解。我们将在第2章中列举几个简单的例子进行说明。

1.3.2 小速度流场中的微幅波

本节推导出了由非定常波浪产生的自由表面叠加在定常速度场产生的自由表面上。这种定常流场可以由处于定常平行流场中的物体产生。通常，这是一个非常复杂的情况，然而在速度很小时，可以将其极大的简化。如果没有波浪存在，则速度幅值表示为无量纲弗劳德数 F①$=U/\sqrt{gL}$，其中 L 是问题中的特征长度，如干扰物体的长度。我们假设这个弗劳德数很小。在本书5.2节中，定常流场是由平行流产生的，并且受到球体或圆柱体等钝物体的干扰，我们将考虑短波的绕射。在这种情况下，我们取 L 为球或圆柱的半径。这里我们推导出了该情况下的自由表面条件。

最简单的方法是按照第1.3.1节的推导来得到一个定常势的公式。在水深不变的情况下，唯一的小参数是弗劳德数。我们再次假设自由表面在 $y=0$ 附近的偏差很小。但是我们不能说自由表面高程等于 $O(F)$，可以推导得出高程的数量级是 $O(F^2)$。对于定常情况，运动学条件式（1.11）变为

$$v=u\eta_x+w\eta_z \tag{1.34}$$

我们假设 u、v 和 w 的数量级为 $O(F)$。因此，对于较小的 η 值，运动学条件简化为

$$v=0 \quad (y=0) \tag{1.35}$$

现在，运动自由表面条件决定了相应的自由表面高程的数量级。如果我们假设远场速度势等于无扰动平行流 Ux，那么我们可以得到

$$\eta=\frac{-1}{2g}(u^2+v^2+w^2-U^2) \tag{1.36}$$

由于自由表面条件式（1.35）的特殊形式，因此可以将上述的定常势称为双体势。我们使用 φ_r 表示这个速度势，并将速度分量写成 $(u_r,v_r,w_r)=\nabla\varphi_r$，自由表面高程表示为 η_r。如

① 为与原著一致，此处的 F 即 Fr。——译者注

果想得到总定常势，则需要推导一个适当的自由表面条件来描述波形。这部分内容将在本书 2.4 节中介绍。我们这里的目标是推导出非定常波速度势的线性化自由表面条件。

我们假设势 φ 可以分解为

$$\varphi(x,y,z,t)=\varphi_{\mathrm{r}}(x,y,z)+\varphi_0(x,y,z)+\varphi_{\mathrm{w}}(x,y,z,t) \tag{1.37}$$

速度势 φ_0 表示当波浪不存在时的定常速度势。之后我们将证明 $\varphi_0=o(\varphi_{\mathrm{r}})$，而我们已经知道 $\varphi_{\mathrm{r}}=O(F)$。因此，我们在低弗劳德数微波展开中忽略了这一项，并得到

$$\varphi(x,y,z,t)=\varphi_{\mathrm{r}}(x,y,z)+\varphi_{\mathrm{w}}(x,y,z,t) \tag{1.38}$$

假定自由表面高程 $\eta(x,z,t)$ 的形式为

$$\eta(x,z,t)=\eta_{\mathrm{r}}(x,z)+\eta_0(x,z)+\eta_{\mathrm{w}}(x,z,t) \tag{1.39}$$

其中，函数 $\eta_0=o(\eta_{\mathrm{r}})$，$\eta_{\mathrm{r}}=O(F^2)$，所以我们忽略 η_0，写成

$$\eta(x,z,t)=\eta_{\mathrm{r}}(x,z)+\eta_{\mathrm{w}}(x,z,t) \tag{1.40}$$

我们假设自由表面相较于 $y=\eta_{\mathrm{r}}(x,z)$ 的高程为小量 $O(\varepsilon)$。波浪速度势的底面条件保持不变，但自由表面条件变化很大，原则上这两个小参数是相互独立的。如果弗劳德数比 ε 大，那么我们可以引入一个新的坐标系$[x',y'-\eta_{\mathrm{r}}(x',z'),z']$。拉普拉斯方程中的附加项很小，可以忽略，自由表面条件中的附加项也可以忽略。如果这两个参数具有相同的数量级，那么我们可以直接对 $y=0$ 进行线性化，或者在 $y=\eta_{\mathrm{r}}$ 处进行线性化。式(1.27)中的运动学条件变成

$$v_{\mathrm{w}}=\eta_{\mathrm{w}t}+u_{\mathrm{r}}\eta_{\mathrm{w}x}+w_{\mathrm{r}}\eta_{\mathrm{w}z} \tag{1.41}$$

如果我们用自由表面条件，动力学条件就变成

$$\varphi_{\mathrm{w}t}+u_{\mathrm{r}}\varphi_{\mathrm{w}x}+w_{\mathrm{r}}\varphi_{\mathrm{w}z}+g\eta_{\mathrm{w}}=0 \tag{1.42}$$

我们将式(1.42)通过对 t、x 和 z 分别微分来消除 η_{w}。由沿双体自由表面 η_{r} 微分而产生的附加项为 $O(F^3)$，可以忽略不计。对于波浪速度势，我们得到以下公式(省略质数)：

$$\begin{cases}\varphi_{\mathrm{w}xx}+\varphi_{\mathrm{w}yy}+\varphi_{\mathrm{w}zz}=0\\ \varphi_{\mathrm{w}y}=0 \quad (y=-h)\\ \left(\dfrac{\partial}{\partial t}+u_{\mathrm{r}}\dfrac{\partial}{\partial x}+w_{\mathrm{r}}\dfrac{\partial}{\partial z}\right)^2\varphi_{\mathrm{w}}+g\dfrac{\partial\varphi_{\mathrm{w}}}{\partial y}=0 \quad (y=0)\end{cases} \tag{1.43}$$

自由表面条件中的系数取决于局部速度。虽然波浪速度势的公式是线性的，但并不能给出简单的解。对于光滑物体对短波绕射，我们可以使用渐近波理论。这种方法是在声学和电磁理论中发展起来的，一般称为射线法。在本书第 5 章中，我们将介绍这种渐近方法。

第2章　线性波现象

上一章中提出的线性化边界和初始边值问题的几个简单例子将通过拉普拉斯变换或傅里叶变换方法求解。我们通过这些简单的例子来介绍水波理论中的基本水波现象和术语，包括相速度、色散关系、群速度、波前等。

在相关空间和时间变量为较大值的情况下，自由表面高程的渐近行为尤其重要。这种行为最好用稳定相位法（见本书9.1节）来获得。在这方面，我们采用特征线法来处理相函数的一阶非线性偏微分方程组。另外，特征概念将在本书9.2节中介绍。

本章2.3节和2.7.2节中系统地推导了有流与无流时自由表面以下扰动的振荡源奇点函数。在2.4节中，我们推导了定常情况下自由表面压力扰动场；在2.7.1节中，我们推导了自由表面下方的源场。这些源函数通常被称为格林（Green）函数，并用于数值代码中，也可推导出该函数的不同形式。

2.1　平面进行波

2.1.1　平面波

平面进行波是很容易得到的。如第1章所述，对于微幅波，线性化的问题定义为式（1.32）。简单起见，我们限定 $U=0$。我们根据水深考虑了两种情况。首先从无限水深开始，在这种情况下，边值问题［式（1.32）］由拉普拉斯方程组成：

$$\varphi_{xx}+\varphi_{yy}+\varphi_{zz}=0 \tag{2.1}$$

同时，自由表面条件为

$$\varphi_{tt}+g\varphi_{y}=0 \quad (y=0) \tag{2.2}$$

无限水深条件为

$$\varphi_{y}\to 0 \quad (y\to-\infty) \tag{2.3}$$

基于式（2.1）至式（2.3）给出 $\varphi(x,y,z,t)$ 的计算公式为

$$\varphi(x,y,z,t)=A\mathrm{e}^{\mathrm{i}(\alpha x+\beta z)+ky+\mathrm{i}\omega t} \tag{2.4}$$

其中，α、β、k、ω 和 A 为常数。如果 k 为正，则显然满足式（2.3）。将式（2.4）代入式（2.1）和式（2.2），我们得到

$$k=\alpha^2+\beta^2,\ -\omega^2+gk=0 \tag{2.5}$$

设 $\alpha=-k\cos\theta$ 和 $\beta=-k\sin\theta$，使它们满足式（2.5）中的第一个方程。那么通过式（2.5）中的第二个方程会得到 $k=\dfrac{\omega^2}{g}$，它被称为色散关系——波数 k 和频率 ω 之间的关系。那么势函数的形式为

$$\varphi(x,y,z,t)=A\exp\left\{-\mathrm{i}\omega\left[\frac{\omega}{g}(x\cos\theta+z\sin\theta)-t\right]+\frac{\omega^2}{g}y\right\} \tag{2.6}$$

进而,自由表面高程由下式得出:

$$\eta(x,z,t)=-\frac{1}{g}\varphi_t=-A\,\frac{\mathrm{i}\omega}{g}\exp\left\{-\mathrm{i}\omega\left[\frac{\omega}{g}(x\cos\theta+z\sin\theta)-t\right]\right\} \tag{2.7}$$

通过应用式(1.33),这个公式可以表示平面波。

对于 $\theta=0$,我们可以得到平面进行波沿着 x 轴的运动,与 z 轴无关。

$$\eta(x,t)=-\frac{\mathrm{i}\omega}{g}A\mathrm{e}^{-\mathrm{i}\left(\frac{\omega^2}{g}x-\omega t\right)}=A_1\mathrm{e}^{-\mathrm{i}\frac{\omega^2}{g}(x-ct)} \tag{2.8}$$

其中,$c=\frac{g}{\omega}$是波浪的速度(或称为相速度);$A_1=-\frac{\mathrm{i}\omega}{g}A$ 是波幅。式(2.8)的实部对应于波高的真实值。

我们现在考虑由 x 方向上的具有相近频率 ω 和 $\omega+\delta\omega$ 的两个平面波组成的波列,总波高可以写为

$$\begin{aligned}\eta(x,t)&=A_1\cos(kx-\omega t)+A_2\cos[(k+\delta k)x-(\omega+\delta\omega)t]\\&=A(x,t)\cos[kx-\omega t+\theta(x,t)]\end{aligned} \tag{2.9}$$

其中,振幅函数 $A(x,t)$ 和相位函数 $\theta(x,t)$ 是缓慢变化的函数,它们可以表示为

$$\begin{cases}A(x,t)=\sqrt{A_1^2+A_2^2+2A_1A_2\cos(\delta kx-\delta\omega t)}\\ \tan\theta(x,t)=\dfrac{A_2\sin(\delta kx-\delta\omega t)}{A_1+A_2\cos(\delta kx-\delta\omega t)}\end{cases} \tag{2.10}$$

波幅以速度 $\frac{\delta\omega}{\delta k}$ 移动。本书2.1.2节将展示波能量与波幅的平方成正比,因此我们可以认为能量移动速度为

$$c_g=\lim_{\delta\omega\to 0}\frac{\delta\omega}{\delta k}=\frac{\mathrm{d}\omega}{\mathrm{d}k} \tag{2.11}$$

这个速度 c_g 称为群速度。

相对应的有限水深问题我们可以用类似的方法进行分析。我们给出的方程为

$$\varphi(x,y,z,t)=\hat{\varphi}(x,y,z)\mathrm{e}^{\mathrm{i}\omega t}$$

在这种情况下,我们通过式(2.2)得到自由表面条件:

$$\hat{\varphi}_y=\frac{\omega^2}{g}\hat{\varphi}\quad(y=0) \tag{2.12}$$

而无穷远处的条件式(2.3)被边界条件式(1.32)所取代,则有

$$\hat{\varphi}_y=0\quad(y=-h) \tag{2.13}$$

对于 x 轴方向的进行波,即 $\hat{\varphi}=\hat{\varphi}(x,y)$,用分离变量法进行简单的运算即可得到解:

$$\varphi(x,y,t)=A\cosh[k(y+h)]\mathrm{e}^{-\mathrm{i}(kx-\omega t)} \tag{2.14}$$

其中,波数 k 和频率 ω 满足色散关系:

$$\omega^2=gk\tanh(kh) \tag{2.15}$$

具有不同波数的波浪以不同的相速度 c 传播,其定义如下:

$$c=\frac{\omega}{k}=\sqrt{\frac{g\tanh(kh)}{k}} \tag{2.16}$$

值得注意的是,当 kh 很小时,由于 $\tanh(kh)=kh+O[(kh)^3]$,我们有 $c=\sqrt{gh}$,这是没有色散的情况。如果 $h\to\infty$,则恢复为无限水深的情况[式(2.5)]。色散导致波形在某个位

置和时间上是其他位置变形谐波的叠加,因为各分量以不同的速度传播。所以在色散的情况下,很难确定“波速”的概念。

2.1.2 波能的传播

对于平面波的描述,仅限于一维情况就足够了,在 $t=0$ 时,我们用实积分表示自由表面高程 $\eta(x,0)$:

$$\eta(x)=\int_0^\infty C(k)\cos(kx)\,\mathrm{d}k+\int_0^\infty S(k)\sin(kx)\,\mathrm{d}k \tag{2.17}$$

其中

$$C(k)=\frac{1}{\pi}\int_0^\infty \eta(x)\cos(kx)\,\mathrm{d}x$$

$$S(k)=\frac{1}{\pi}\int_0^\infty \eta(x)\sin(kx)\,\mathrm{d}x$$

由于 $C(k)$ 和 $S(k)$ 分别是偶函数与奇函数,所以有

$$A(k)=\frac{1}{2}[C(k)+\mathrm{i}S(k)] \tag{2.18}$$

从而,我们可以将 $\eta(x)$ 写为一个复积分:

$$\eta(x)=\int_{-\infty}^\infty A(k)\mathrm{e}^{-\mathrm{i}kx}\mathrm{d}k \tag{2.19}$$

通过简单的计算可以得到

$$\eta(x)=2\mathscr{R}\int_0^\infty A(k)\mathrm{e}^{-\mathrm{i}kx}\mathrm{d}k=\int_{-\infty}^\infty A^*(k)\mathrm{e}^{\mathrm{i}kx}\mathrm{d}k \tag{2.20}$$

其中,$A^*(k)$ 是 $A(k)$ 的共轭复数。

为了理解波浪的频散现象,我们需要考虑波浪中的能量传播(线性化近似)。如果函数 $\eta(x)$ 属于 L_2,即 $\int_{-\infty}^\infty \eta(x)^2\mathrm{d}x$ 存在,则势能由式(2.19)和式(2.20)得出:

$$E=\frac{1}{2}\rho g\int_{-\infty}^\infty \eta(x)^2\mathrm{d}x=\frac{1}{2}\int_{-\infty}^\infty\left[\int_{-\infty}^\infty A(k)\mathrm{e}^{-\mathrm{i}kx}\mathrm{d}k\right]\left[\int_{-\infty}^\infty A^*(k')\mathrm{e}^{\mathrm{i}k'x}\mathrm{d}k'\right]\mathrm{d}x$$

后一个积分可以利用傅里叶逆变换 $\int_{-\infty}^\infty \mathrm{e}^{\mathrm{i}(k'-k)x}\mathrm{d}x=2\pi\delta(k'-k)$ 来计算。

这里给出:

$$E=\frac{1}{2}\rho g 2\pi\int_{-\infty}^\infty |A(k)|^2\mathrm{d}k \tag{2.21}$$

由式(2.18)可以得到

$$E=\frac{\rho g\pi}{4}\int_{-\infty}^\infty [C(k)^2+S(k)^2]\mathrm{d}k \tag{2.22}$$

如果色散关系 $\omega=\omega(k)$ 是已知的[为了方便,我们扩展了定义 $\omega(-k)=-\omega(k)$],那么我们可以根据相速度 $c=\frac{\omega}{k}$ 计算任意时间 t 的自由表面高程 η,如下:

$$\eta(x,t)=\int_{-\infty}^\infty A(k)\mathrm{e}^{\mathrm{i}(\omega t-kx)}\mathrm{d}k=\int_{-\infty}^\infty A(k)\mathrm{e}^{-\mathrm{i}(\omega t-kx)}\mathrm{d}k \tag{2.23}$$

这里假设初始条件是波浪沿 x 轴投影的正向传播。

总势能是守恒的,波浪仅改变了能量沿 x 轴的分布。因此我们可以得到

$$
\begin{aligned}
E(t) &= \frac{1}{2}\rho g\int_{-\infty}^{\infty} |\eta(x,t)|^2\mathrm{d}x \\
&= \frac{1}{2}\rho g\int_{-\infty}^{\infty}\mathrm{d}x\left[\int_{-\infty}^{\infty}A(k)\mathrm{e}^{\mathrm{i}(\omega t-kx)}\mathrm{d}k\right]\left[\int_{-\infty}^{\infty}A^*(k')\mathrm{e}^{-\mathrm{i}(\omega' t-k'x)}\mathrm{d}k'\right]
\end{aligned}
$$

其中,$\omega'=\omega(k')$。后一个积分由式(2.23)得出,可以根据傅里叶逆变换进行类似的计算。紧接着可以得到

$$
E(t)=\rho g\pi\int_{-\infty}^{\infty}|A(k)|^2\mathrm{d}k \tag{2.24}
$$

现在我们要找到一个能量传播速度的量度,并为此计算能量一阶矩的重心位置 $\bar{x}(t)$,假设两个积分都存在,它由下式定义:

$$
\bar{x}(t)=\frac{\int_{-\infty}^{\infty}x|\eta(x,t)|^2\mathrm{d}x}{\int_{-\infty}^{\infty}|\eta(x,t)|^2\mathrm{d}x} \tag{2.25}
$$

分母已经被证明是一个常数,并且可以很容易地通过式(2.24)计算得到。然而,分子需要进一步研究。通过方程式(2.23)得到

$$
\begin{aligned}
\int_{-\infty}^{\infty}x|\eta(x,t)|^2\mathrm{d}x &= \int_{-\infty}^{\infty}x\mathrm{d}x\int_{-\infty}^{\infty}A(k)\mathrm{e}^{\mathrm{i}(\omega t-kx)}\mathrm{d}k\int_{-\infty}^{\infty}A^*(k')\mathrm{e}^{-\mathrm{i}(\omega' t-k'x)}\mathrm{d}k' \\
&= \mathrm{i}\int_{-\infty}^{\infty}\mathrm{d}x\int_{-\infty}^{\infty}A(k)\mathrm{d}\mathrm{e}^{\mathrm{i}(\omega t-kx)}\int_{-\infty}^{\infty}A^*(k')\mathrm{e}^{-\mathrm{i}(\omega' t-k'x)}\mathrm{d}k' + \\
&\quad t\int_{-\infty}^{\infty}\mathrm{d}x\int_{-\infty}^{\infty}A(k)\frac{\mathrm{d}\omega(k)}{\mathrm{d}k}\int_{-\infty}^{\infty}A^*(k')\mathrm{e}^{\mathrm{i}(\omega t-kx)-\mathrm{i}(\omega' t-k'x)}\mathrm{d}k\mathrm{d}k' \\
&:= \mathscr{I}_1+\mathscr{I}_2
\end{aligned}
$$

根据贝塞尔(Bessel)不等式,使用分部积分法,并考虑 $k\to\pm\infty$ 时 $A(k)\to 0$ 的情况,我们可以得到

$$
\mathscr{I}_1=-\mathrm{i}\int_{-\infty}^{\infty}\mathrm{d}x\int_{-\infty}^{\infty}\frac{\mathrm{d}A(k)}{\mathrm{d}k}\int_{-\infty}^{\infty}A^*(k')\mathrm{e}^{\mathrm{i}(\omega t-kx)-\mathrm{i}(\omega' t-k'x)}\mathrm{d}k\mathrm{d}k'
$$

然后通过傅里叶变换公式,可以得到

$$
\mathscr{I}_1=-2\pi\mathrm{i}\int_{-\infty}^{\infty}\frac{\mathrm{d}A(k)}{\mathrm{d}k}A^*(k)\mathrm{d}k
$$

$$
\mathscr{I}_2=2\pi t\int_{-\infty}^{\infty}\frac{\mathrm{d}\omega(k)}{\mathrm{d}k}|A(k)|^2\mathrm{d}k
$$

将二者相加得到

$$
\int_{-\infty}^{\infty}x|\eta(x,t)|^2\mathrm{d}x=2\pi\left[-\mathrm{i}\int_{-\infty}^{\infty}\frac{\mathrm{d}A(k)}{\mathrm{d}k}A^*(k)\mathrm{d}k+t\int_{-\infty}^{\infty}\frac{\mathrm{d}\omega(k)}{\mathrm{d}k}|A(k)|^2\mathrm{d}k\right] \tag{2.26}
$$

然后我们定义一个平均值量 $\psi(k)$ 如下:

$$
\bar{\psi}=\frac{\int_{-\infty}^{\infty}\psi(k)|A(k)|^2\mathrm{d}k}{\int_{-\infty}^{\infty}|A(k)|^2\mathrm{d}k} \tag{2.27}
$$

并注意到,式(2.26)中的第一项确定了 $t=0$ 时 $\bar{x}(t)$ 的位置。因此可以得到

$$\bar{x}(t)=\bar{x}(0)+t\overline{\frac{\mathrm{d}\omega}{\mathrm{d}k}} \tag{2.28}$$

也就是说，重心以$\frac{\mathrm{d}\omega}{\mathrm{d}k}$的平均速度传播，这里$\frac{\mathrm{d}\omega}{\mathrm{d}k}$称为群速度。因此群速度的平均值$\overline{\frac{\mathrm{d}\omega}{\mathrm{d}k}}$是能量传播速度的量度。

当我们考虑仅在窄波数带上延伸振幅谱 $A(k)$ 时，该结果的重要性变得显而易见：

$$\eta(x,t)=\int_{k_0-\varepsilon}^{k_0+\varepsilon}A(k)\mathrm{e}^{-\mathrm{i}[kx-\omega(k)t]}\mathrm{d}k \quad (\varepsilon>0) \tag{2.29}$$

其重心满足：

$$\bar{x}(t;k_0,\varepsilon)=\bar{x}(0;k_0,\varepsilon)+t\overline{\omega'(k_0,\varepsilon)} \tag{2.30}$$

其中，$\overline{\omega'(k_0,\varepsilon)}$为窄带$[k_0-\varepsilon,k_0+\varepsilon]$上 $\omega'(k)=\frac{\mathrm{d}\omega}{\mathrm{d}k}$的平均值。对于较小值 ε，我们简单地用 $\omega'(k_0)$ 替换 $\overline{\omega'(k_0,\varepsilon)}$。

对于较小值 t，我们可以继续进行更准确的运动分析。将 $\omega(k)$ 展开为

$$\omega(k)=\omega(k_0)+(k-k_0)\omega'(k_0)+\frac{(k-k_0)^2}{2}\widetilde{\omega}''(k)$$

将其代入式(2.29)，我们可以写为

$$\begin{aligned}\eta(x,t)&=\int_{k_0-\varepsilon}^{k_0+\varepsilon}A(k)\mathrm{e}^{-\mathrm{i}\left\{k_0x-\omega(k_0)t+(k-k_0)[x-\omega'(k_0)t]-\frac{(k-k_0)^2}{2}\widetilde{\omega}''(k)t\right\}}\mathrm{d}k\\&=\mathrm{e}^{-\mathrm{i}[k_0x-\omega(k_0)t]}\int_{k_0-\varepsilon}^{k_0+\varepsilon}A(k)\mathrm{e}^{-\mathrm{i}(k-k_0)[x-\omega'(k_0)t]}\mathrm{d}k+R\end{aligned} \tag{2.31}$$

其中

$$R=\mathrm{e}^{-\mathrm{i}[k_0x-\omega(k_0)t]}\int_{k_0-\varepsilon}^{k_0+\varepsilon}A(k)\mathrm{e}^{-\mathrm{i}[x-\omega'(k_0)t](k-k_0)}\cdot\left\{\exp\left[\frac{\mathrm{i}(k-k_0)^2}{2}\widetilde{\omega}''(k)t\right]-1\right\}\mathrm{d}k$$

使用不等式$|\mathrm{e}^{\mathrm{i}u}-1|\leqslant|u|$，我们得到余项的估计为

$$\begin{aligned}|R|&\leqslant\int_{k_0-\varepsilon}^{k_0+\varepsilon}|A(k)|\frac{(k-k_0)^2}{2}|\widetilde{\omega}''(k)t|\mathrm{d}k\\&\leqslant\frac{1}{3}\left[\max_{|k-k_0|<\varepsilon}|A(k)|\right]\left[\max_{|k-k_0|<\varepsilon}|\widetilde{\omega}''(k)|\right]\varepsilon^3t\end{aligned}$$

这表明，t 不是很大时，式(2.30)的第一项给出了 η 的良好近似。假设对于小的 ε，$A(k)$ 在区间上为常数 $A(k_0)$，我们可以进行以下积分：

$$A(k_0)\mathrm{e}^{-\mathrm{i}[k_0x-\omega(k_0)t]}\int_{k_0-\varepsilon}^{k_0+\varepsilon}\mathrm{e}^{-\mathrm{i}(k-k_0)[x-\omega'(k_0)t]}\mathrm{d}k=A(k_0)\mathrm{e}^{-\mathrm{i}k_0\left[x-\frac{\omega(k_0)t}{k_0}\right]}\frac{2\sin\{[x-\omega'(k_0)t]\varepsilon\}}{x-\omega'(k_0)t}$$

因此，对于较小的 ε 和 t，我们有

$$\eta(x,t)\cong A(k_0)\mathrm{e}^{-\mathrm{i}k_0\left[x-\frac{\omega(k_0)t}{k_0}\right]}\frac{2\sin\{[x-\omega'(k_0)t]\varepsilon\}}{x-\omega'(k_0)t} \tag{2.32}$$

图 2.1 所示的波轨表示调制波，振幅随群速度 $\omega'(k_0)$（虚线）移动，而相位随相速度 $\omega(k_0)/k_0$（实线）移动。

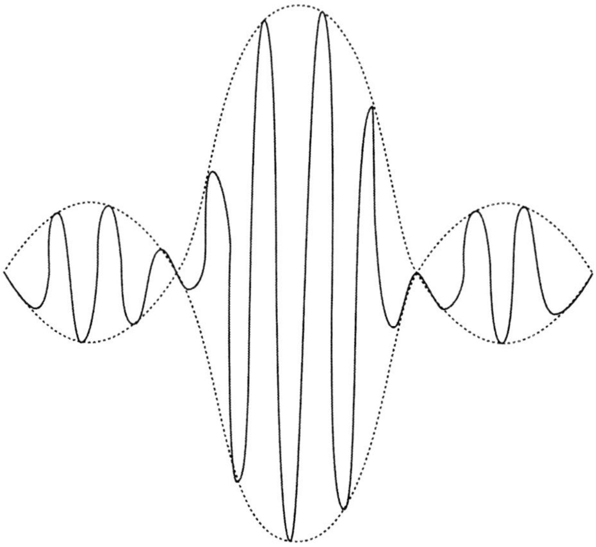

图 2.1　波轨

2.2　圆　柱　波

圆柱波在零速度($U=0$)下的边值问题由式(1.32)中的微幅波的相同方程定义。对于谐波振荡，我们有

$$\begin{cases}\varphi(x,y,z,t)=\hat{\varphi}(x,y,z)\mathrm{e}^{\mathrm{i}\omega t}\\ \eta(x,z,t)=\hat{\eta}(x,z)\mathrm{e}^{\mathrm{i}\omega t}\end{cases} \tag{2.33}$$

则势函数 $\hat{\varphi}(x,y,z)$ 满足拉普拉斯方程：

$$\hat{\varphi}_{xx}+\hat{\varphi}_{yy}+\hat{\varphi}_{zz}=0 \tag{2.34}$$

和自由表面方程：

$$\hat{\varphi}_y=\frac{\omega^2}{g}\hat{\varphi}\quad (y=0) \tag{2.35}$$

对于无限深度，同样有条件：

$$\hat{\phi}\ 有限\quad (y\to-\infty) \tag{2.36}$$

由于现在的模型是轴对称的，因此可以使用圆柱坐标系 $x=r\cos\theta, z=r\sin\theta, y=y$。圆柱坐标系下，式(2.34)写作

$$\frac{1}{r}\frac{\partial}{\partial r}\left(r\frac{\partial\hat{\varphi}}{\partial r}\right)+\frac{\partial^2\hat{\varphi}}{\partial y^2}=0 \tag{2.37}$$

我们引入了无量纲坐标

$$\bar{r}=\frac{r\omega^2}{g},\bar{y}=\frac{y\omega^2}{g}$$

该变换不改变微分方程式(2.37)的形式，但边界条件式(2.35)变为

$$\hat{\varphi}=\hat{\varphi}_{\bar{y}} \quad (\bar{y}=0) \tag{2.38}$$

我们通过分离变量法来解决这个问题,并假设

$$\hat{\varphi}(\bar{r},\bar{y})=\mathrm{e}^{\lambda\bar{y}}R(\bar{r})$$

其中,$R(\bar{r})$是以下常微分方程的解:

$$\frac{1}{\bar{r}}\frac{\mathrm{d}}{\mathrm{d}\bar{r}}\left(\bar{r}\frac{\mathrm{d}R}{\mathrm{d}\bar{r}}\right)+\lambda^2R=0$$

对边界条件式(2.38)给出 $\lambda=1$。因此,我们得到

$$\hat{\varphi}(\bar{r},\bar{y})=\mathrm{e}^{\bar{y}}[A\mathrm{H}_0^{(1)}(\bar{r})+B\mathrm{H}_0^{(2)}(\bar{r})] \tag{2.39}$$

其中,$\mathrm{H}_0^{(i)}$ 是零阶汉克尔(Hankel)函数;A 和 B 是由以下辐射条件确定的常数。

众所周知,对于较大的 $\bar{r}$ 值,我们有

$$\mathrm{H}_0^{(1)}(\bar{r})\approx\sqrt{\frac{2}{\pi\bar{r}}}\mathrm{e}^{\mathrm{i}\left(\bar{r}-\frac{\pi}{4}\right)}$$

$$\mathrm{H}_0^{(2)}(\bar{r})\approx\sqrt{\frac{2}{\pi\bar{r}}}\mathrm{e}^{-\mathrm{i}\left(\bar{r}-\frac{\pi}{4}\right)}$$

对于时间依赖项 $\mathrm{e}^{\mathrm{i}\omega t}$,只有以下解表示出射波:

$$\varphi(\bar{r},\bar{y},\bar{t})=B\mathrm{e}^{\bar{y}}\mathrm{H}_0^{(2)}(\bar{r})\mathrm{e}^{\mathrm{i}\omega t} \tag{2.40}$$

对于较大的 $\bar{r}$ 值,其值为

$$\varphi(\bar{r},\bar{y},\bar{t})\approx B\mathrm{e}^{\bar{y}}\sqrt{\frac{2}{\pi\bar{r}}}\mathrm{e}^{-\mathrm{i}\left(\bar{r}-\omega t-\frac{\pi}{4}\right)}$$

相位定义为

$$\bar{r}-\omega t=\frac{\omega^2}{g}\left(r-\frac{g}{\omega}t\right)$$

其中,$\frac{g}{\omega}$为相速度。

由式(2.33)、式(1.33)和式(2.40)可以得到自由表面高程 η 为

$$\eta(\bar{r},t)=-\frac{i\omega}{g}B\mathrm{e}^{\bar{y}}\mathrm{H}_0^{(2)}(\bar{r})\mathrm{e}^{\mathrm{i}\omega t} \tag{2.41}$$

众所周知,这里取式(2.41)右侧的实部或虚部,通常取实部。这是一个中心出射波的例子。在 $r=0$ 和 $\forall y$ 的情况下,该解显然是奇异的。在 2.3 节我们将看到调和奇点的远场具有这样的远场行为。

2.3 调和点源奇点

确定由于自由表面下方或自由表面上的调和奇点引起的自由表面场扰动是有意义的。如第 3 章所述,许多解决物体绕射波问题的方法都是利用物体表面的奇点分布。在这里,我们将确定由这样一个奇点产生的场。以有限水深情况为例。奇点被写成拉普拉斯方程右侧的狄拉克(Dirac)δ 函数为

$$\varphi_{xx}+\varphi_{yy}+\varphi_{zz}=\delta(x-x_0,y-y_0,z-z_0)\mathrm{e}^{\mathrm{i}\omega t} \tag{2.42}$$

如果我们引入 $\varphi(x,y,z,t)=\hat{\varphi}(x,y,z)\mathrm{e}^{\mathrm{i}\omega t}$,则要解决的边值问题变为

$$\begin{cases}\hat{\varphi}_{xx}+\hat{\varphi}_{yy}+\hat{\varphi}_{zz}=\delta(x-x_0,y-y_0,z-z_0)\\ \hat{\varphi}_y=0 \quad (y=-h)\\ \hat{\varphi}_y=\dfrac{\omega^2}{g}\hat{\varphi} \quad (y=0)\end{cases} \tag{2.43}$$

这个公式并不完整。在水平方向上我们必须在距离点源很远处添加一个条件,该解必须满足辐射条件。对于 $R=\sqrt{(x-x_0)^2+(z-z_0)^2}$ 较大的情况,扰动可能仅由出射波组成。解必须具有以下形式:

$$\varphi(x,y,z,t)\approx A(R,y)\mathrm{e}^{-\mathrm{i}(kR-\omega t)} \tag{2.44}$$

其中,如果 $R\to 0$,则振幅函数趋于零。

有几种方法可以解决这个问题。我们将采用傅里叶变换来求解。我们引入了关于 x 和 z 坐标的 $\hat{\varphi}$ 的指数变换形式:

$$\phi(\alpha,y,\beta)=\int_{-\infty}^{\infty}\int_{-\infty}^{\infty}\mathrm{e}^{\mathrm{i}(\alpha x+\beta z)}\hat{\varphi}(x,y,z)\,\mathrm{d}x\mathrm{d}z \tag{2.45}$$

逆变换为

$$\hat{\varphi}(x,y,z)=\frac{1}{4\pi^2}\int_{-\infty}^{\infty}\int_{-\infty}^{\infty}\mathrm{e}^{-\mathrm{i}(\alpha x+\beta z)}\phi(\alpha,y,\beta)\,\mathrm{d}\alpha\mathrm{d}\beta \tag{2.46}$$

我们在拉普拉斯方程中引入该变换,并引入了 $\hat{\varphi}$ 的边界条件,在适当的边界条件下获得了 ϕ 的常微分方程:

$$\begin{cases}\phi_{yy}-(\alpha^2+\beta^2)\phi=\mathrm{e}^{\mathrm{i}(\alpha x_0+\beta z_0)}\delta(y-y_0)\\ \phi_y=0 \quad (y=-h)\\ \phi_y=\dfrac{\omega^2}{g}\phi \quad (y=0)\end{cases} \tag{2.47}$$

微分方程右侧的奇点可以用函数 $\phi(\alpha,y,\beta)$ 的下列条件代替:

$$\begin{cases}\lim\limits_{\varepsilon\to 0}[\phi_y(\alpha,y_0+\varepsilon,\beta)-\phi_y(\alpha,y_0-\varepsilon,\beta)]=\mathrm{e}^{\mathrm{i}(\alpha x_0+\beta z_0)}\\ \lim\limits_{\varepsilon\to 0}[\phi(\alpha,y_0+\varepsilon,\beta)-\phi(\alpha,y_0-\varepsilon,\beta)]=0\end{cases} \tag{2.48}$$

当 $y_0<y\leqslant 0$ 时,解写作 ϕ^+;当 $-h<y<y_0$ 时,解写作 ϕ^-。为简便求解,可写为

$$\phi^+=A\cosh[k(y+h)]+B\sinh[k(y+h)]$$
$$\phi^-=C\cosh[k(y+h)]$$

这里,k 被定义为到傅里叶空间中原点的距离,该距离是 $k^2=\alpha^2+\beta^2$ 的正根。通过此选择,底部条件将自动满足。常数 A、B 和 C 由自由表面 $y=0$ 处及 $y=y_0$ 处的条件确定。经过一些处理,我们可以得到当 $y_0<y\leqslant 0$ 时的解:

$$\phi^+=-\frac{\cosh[k(y_0+h)][\nu\sinh(ky)+k\cosh(ky)]}{k[k\sinh(kh)-\nu\cosh(kh)]}\mathrm{e}^{\mathrm{i}(\alpha x_0+\beta z_0)} \tag{2.49}$$

当 $-h<y<y_0$ 时的解为

$$\phi^-=-\frac{\cosh[k(y+h)][\nu\sinh(ky_0)+k\cosh(ky_0)]}{k[k\sinh(kh)-\nu\cosh(kh)]}\mathrm{e}^{\mathrm{i}(\alpha x_0+\beta z_0)} \tag{2.50}$$

其中,$\nu=\dfrac{\omega^2}{g}$。现在我们将逆变换式(2.46)应用于 ϕ^+,则

$$\hat{\varphi}^{+}(x,y,z)=\frac{-1}{4\pi^2}\int_{-\infty}^{\infty}\int_{-\infty}^{\infty}\mathrm{e}^{-\mathrm{i}[\alpha(x-x_0)+\beta(z-z_0)]}\cdot\frac{\cosh[k(y_0+h)][\nu\sinh(ky)+k\cosh(ky)]}{k[k\sinh(kh)-\nu\cosh(kh)]}\mathrm{d}\alpha\mathrm{d}\beta \tag{2.51}$$

在物理空间和傅里叶空间中引入极坐标都很方便。我们引入

$$x-x_0=R\cos\theta,z-z_0=R\sin\theta \tag{2.52}$$

和

$$\alpha=k\cos\vartheta,\beta=k\sin\vartheta \tag{2.53}$$

然后可以将解写成

$$\hat{\varphi}^{+}(x,y,z)=\frac{-1}{4\pi^2}\int_{0}^{2\pi}\int_{0}^{\infty}\mathrm{e}^{-\mathrm{i}kR\cos(\vartheta-\theta)}\cdot\frac{\cosh[k(y_0+h)][\nu\sinh(ky)+k\cosh(ky)]}{k\sinh(kh)-\nu\cosh(kh)}\mathrm{d}\vartheta\mathrm{d}k \tag{2.54}$$

我们可以通过利用贝塞尔函数 J_0 的以下定义来进行关于 ϑ 的积分：

$$\mathrm{J}_0(kR)=\frac{1}{2\pi}\int_0^{2\pi}\mathrm{e}^{-\mathrm{i}kR\cos(\vartheta-\theta)}\mathrm{d}\vartheta \tag{2.55}$$

因此，如果我们遵循相同的过程，可以得到

$$\begin{cases}\hat{\varphi}^{+}(x,y,z)=\dfrac{-1}{2\pi}\displaystyle\int_0^{\infty}\dfrac{\cosh[k(y_0+h)][\nu\sinh(ky)+k\cosh(ky)]}{k\sinh(kh)-\nu\cosh(kh)}\mathrm{J}_0(kR)\mathrm{d}k\\ \hat{\varphi}^{-}(x,y,z)=\dfrac{-1}{2\pi}\displaystyle\int_0^{\infty}\dfrac{\cosh[k(y+h)][\nu\sinh(ky_0)+k\cosh(ky_0)]}{k\sinh(kh)-\nu\cosh(kh)}\mathrm{J}_0(kR)\mathrm{d}k\end{cases} \tag{2.56}$$

在此之前，我们还未使用辐射条件。我们将看到，要定义一个正确的逆变换，必须使用它。对于分母的实数值，函数的被积函数 $\hat{\varphi}^{+,-}$ 每个都有一个奇点。因此，积分没有很好地被定义。方程 $k\sinh(kh)-\nu\cosh(kh)=0$ 有一个实根和无限多个纯虚根。根据傅里叶积分理论，我们知道积分曲线必须在复 k 平面中，在奇点的上方或下方通过，具体选择取决于辐射条件。确定正确选择的一种方法是在流体中引入一个小的人工阻尼。如果我们假设远场的形式为 $\mathrm{e}^{-\mathrm{i}(kR-\omega t)}$，那么只有引入形式为 $k=\bar{k}-\mathrm{i}k$ 的复数才可以看到波浪逐渐消失的现象。波数的负虚部可能是由一些人为的、非物理的阻尼产生的，这表明积分曲线必须从实轴上的奇点的上方通过。$\hat{\varphi}$ 的表达式(2.56)由不同的形式组成，取决于 y 是大于还是小于 y_0。这不符合实际。如果我们使用复函数理论中的一些引理，就可以得到一个单一的表达式。我们对解析函数 $f(z)$ 和 $g(z)$ 使用以下引理，而函数 $f(z)$ 在复平面中有简单的零点 z_i。如果我们分别定义 $f(z)=z\sinh(zh)-\nu\cosh(zh)$ 和 $g(z)=\cosh(zp)[\nu\sinh(zq)+z\cosh(zq)]$，那么对于 $|z|\to\infty$ 时，函数 $\dfrac{g(z)}{f(z)}\to 0$ 足够快，并且我们有

$$\frac{g(z)}{f(z)}=\frac{g(0)}{f(0)}+\sum_i g(z_i)\gamma_i\left(\frac{1}{z-z_i}+\frac{1}{z_i}\right),\gamma_i=\frac{1}{f_z(z_i)} \tag{2.57}$$

这是 $\dfrac{g(z)}{f(z)}$ 在 z 的有理分式中的展开，见参考文献[21]和本书 7.4 节。

在 $\hat{\varphi}(x,y,z)$ 的表达式(2.56)中，两个积分的被积函数在复 k 平面中有无限多个单极点 $k=\pm k_i(i=0,1,\cdots)$。我们有

$$k_i\sinh(k_ih)-\nu\cosh(k_ih)=0 \tag{2.58}$$

正实零点为 k_0，而正虚根为 $k_i=\mathrm{i}\kappa_i(i=1,2,\cdots)$，如图 2.2 所示。

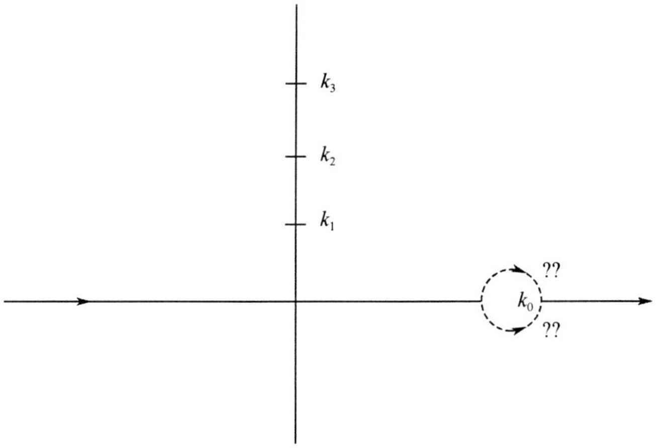

图 2.2　复 k 平面上的奇点

根据式(2.57)，我们可以写成

$$\frac{g(k)}{k\sinh(kh)-\nu\cosh(kh)}=\sum_{i=0}^{\infty}g(k_i)\left(\frac{\alpha_i^+}{k-k_i}+\frac{\alpha_i^-}{k+k_i}\right) \tag{2.59}$$

其中，当 $g(k)$ 是反对称并且 $g(0)=0$ 时，α_i 定义式如下：

$$\alpha_i^{\pm}=\frac{\pm k_i}{(\nu+k_i^2h-\nu^2h)\cosh(k_ih)} \tag{2.60}$$

如果我们计算式(2.56)的被积函数，可以得到一个适用于 $-h<y\leqslant 0$ 的 $\hat{\varphi}(x,y,z)$ 表达式，如下：

$$\hat{\varphi}(x,y,z)=\frac{-1}{2\pi}\sum_{i=0}^{\infty}\frac{k_i^2-\nu^2}{\nu+k_i^2h-\nu^2h}\cosh[k_i(y+h)]\cosh[k_i(y_0+h)]\cdot$$
$$\int_0^{\infty}\left(\frac{1}{k-k_i}-\frac{1}{k+k_i}\right)\mathrm{J}_0(kR)\,\mathrm{d}k \tag{2.61}$$

右侧的积分可以通过在第二部分中引入 $k=-k^*$ 重新写为

$$\mathscr{I}(k_i)=\frac{1}{2}\int_{-\infty}^{\infty}\frac{\mathrm{H}_0^{(1)}(kR)}{k-k_i}\mathrm{d}k+\frac{1}{2}\int_{-\infty}^{\infty}\frac{\mathrm{H}_0^{(2)}(kR)}{k-k_i}\mathrm{d}k \tag{2.62}$$

由于汉克尔函数的渐近行为，我们可以在复 k 平面的上半部分闭合第一个积分，而第二个积分可以在下半部分闭合。通过这种方式，当 $|k|\to\infty$ 时，路径在积分的贡献趋近于零。当路径在式(2.62)中的积分经过上平面的奇点 $k=k_0$ 时，则对于 $i=0$，我们可以得到以下结果：

$$\mathscr{I}(k_0)=-\pi\mathrm{i}\mathrm{H}_0^{(2)}(k_0R) \tag{2.63}$$

而当 $i=1,2,\cdots$ 时，我们得到以下结果：

$$\mathscr{I}(k_i)=\pi\mathrm{i}\mathrm{H}_0^{(1)}(\mathrm{i}\kappa_iR)=2\mathrm{K}_0(\kappa_iR) \tag{2.64}$$

其中，$\mathrm{K}_0(z)$ 是修正贝塞尔函数。$\mathrm{H}_0^{(2)}(k_0R)$ 代表一种向外的圆形波，而每个 $\mathrm{K}_0(\kappa_iR)$ 的贡献对于大的 R 值呈指数衰减。这证实了积分路径的选择是正确的，如图 2.3 所示。我们注意到，使用人工阻尼来移动 k 实际上不是找到正确积分路径的唯一方法。如果选择路径从 k_0

下方通过，则波动行为由 $H_0^{(1)}(k_0R)$ 描述，即描述一种向内的圆形波场。向点源运动的波浪明显违背了辐射条件。

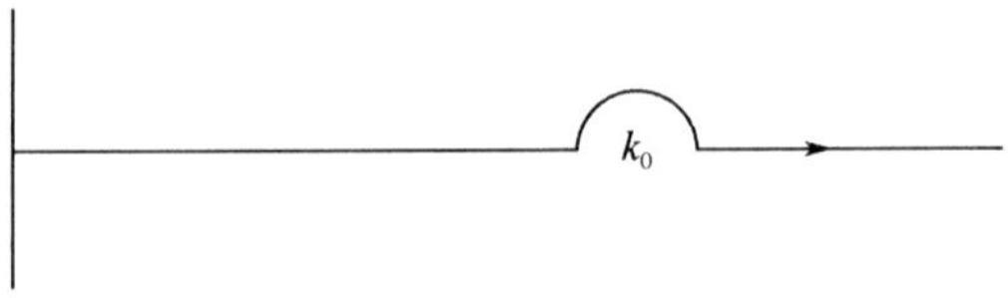

图 2.3 积分路径

现在整体区域的表达式变为

$$\varphi(x,y,z,t)=\mathrm{e}^{\mathrm{i}\omega t}\hat{\varphi}(x,y,z)$$

和

$$\hat{\varphi}(x,y,z)=\frac{\mathrm{i}(k_0^2-\nu^2)}{2(\nu+k_0^2h-\nu^2h)}\cosh[k_0(y+h)]\cosh[k_0(y_0+h)]\mathrm{H}_0^{(2)}(k_0R)+$$
$$\frac{1}{\pi}\sum_{i=1}^{\infty}\frac{\kappa_i^2+\nu^2}{\nu-\kappa_i^2h-\nu^2h}\cos[\kappa_i(y+h)]\cos[\kappa_i(y_0+h)]\times\mathrm{K}_0(\kappa_iR) \tag{2.65}$$

如果我们取式(2.65)的实部并将其乘以-4π，我们就得到了 F. John 的著名结果。不同的因子源于点源的归一化。这种表达式可用于计算由于离点源有限距离的单位点源所引起的扰动。然而，该级数在接近点源时不收敛。这是可以预料的，因为 $\hat{\varphi}$ 的奇异特性为 $\frac{-1}{4\pi r}$，其中 $r=\sqrt{(x-x_0)^2+(y-y_0)^2+(z-z_0)^2}$ 是到奇点的距离。

我们期望在奇点附近找到一个解，将其写为

$$\hat{\varphi}(x,y,z)=-\frac{1}{4\pi r}-\frac{1}{4\pi\tilde{r}}+\psi(x,y,z) \tag{2.66}$$

其中，$\tilde{r}=\sqrt{(x-x_0)^2+(y+2h+y_0)^2+(z-z_0)^2}$ 是点源关于底部镜像位置的距离。

对于 $\psi(x,y,z)$，我们得到以下条件：

$$\begin{cases}\psi_{xx}+\psi_{yy}+\psi_{zz}=0\\ \psi_y=0\quad(y=-h)\\ \psi_y-\nu\psi=\dfrac{1}{4\pi}\left[\dfrac{\partial}{\partial y}\left(\dfrac{1}{r}+\dfrac{1}{\tilde{r}}\right)-\nu\left(\dfrac{1}{r}+\dfrac{1}{\tilde{r}}\right)\right]\quad(y=0)\\ :=g(x,z;x_0,y_0,z_0)\end{cases} \tag{2.67}$$

我们对函数 ψ 应用双重傅里叶变换：

$$\Psi(\alpha,y,\beta)=\int_{-\infty}^{\infty}\int_{-\infty}^{\infty}\mathrm{e}^{\mathrm{i}(\alpha x+\beta z)}\psi(x,y,z)\,\mathrm{d}x\mathrm{d}z \tag{2.68}$$

并在傅里叶空间中引入极坐标式(2.56)。对于 ψ，普通的微分方程和边界条件变为

$$\begin{cases}\Psi_{yy}-k^2\Psi=0\\ \Psi_y=0\quad(y=-h)\\ \Psi_y-\nu\Psi=G(k;x_0,y_0,z_0)\quad(y=0)\end{cases} \tag{2.69}$$

我们利用已知的$\frac{-1}{4\pi r}$变换，即无自由表面情况下无限流体的点源为

$$\mathscr{F}\left(\frac{-1}{4\pi r}\right)=\frac{-1}{2k}\mathrm{e}^{\mathrm{i}(\alpha x_0+\beta z_0)-k|y-y_0|} \tag{2.70}$$

这个公式与之前在无限流体的情况下一样，通过拉普拉斯方程的双重傅里叶变换来得到。如果将这个公式应用于$g(x,z;x_0,y_0,z_0)$，我们得到

$$G(k;x_0,y_0,z_0)=-\frac{k+\nu}{k}\mathrm{e}^{-kh}\cosh[k(y_0+h)]\mathrm{e}^{\mathrm{i}(\alpha x_0+\beta z_0)} \tag{2.71}$$

并且式(2.69)的解变为

$$\Psi(\alpha,y,\beta)=-\frac{k+\nu}{k}\mathrm{e}^{-kh}\frac{\cosh[k(y+h)]\cosh[k(y_0+h)]}{k\sinh(kh)-\nu\cosh(kh)}\mathrm{e}^{\mathrm{i}(\alpha x_0+\beta z_0)} \tag{2.72}$$

傅里叶逆变换定义如下：

$$\psi(x,y,z)=\frac{1}{4\pi^2}\int_{-\infty}^{\infty}\int_{-\infty}^{\infty}\Psi(\alpha,y,\beta)\mathrm{e}^{-\mathrm{i}(\alpha x+\beta z)}\mathrm{d}\alpha\mathrm{d}\beta \tag{2.73}$$

通过在物理[式(2.52)]和傅里叶[式(2.53)]空间中引入极坐标，并使用式(2.55)，我们得到了总场：

$$\varphi(x,y,z,t)=\mathrm{e}^{\mathrm{i}\omega t}\hat{\varphi}(x,y,z)$$

和

$$\hat{\varphi}(x,y,z)=-\frac{1}{4\pi r}-\frac{1}{4\pi\tilde{r}}-\frac{1}{2\pi}\int_0^{\infty}\frac{(k+\nu)\mathrm{e}^{-kh}\cosh[k(y+h)]\cosh[k(y_0+h)]}{k\sinh(kh)-\nu\cosh(kh)}\mathrm{J}_0(kR)\mathrm{d}k \tag{2.74}$$

如果在问题中引入一些人工阻尼，我们会发现积分路径穿过被积函数中的实数极点。这最终导致表达式变为

$$\hat{\varphi}(x,y,z)=-\frac{1}{4\pi r}-\frac{1}{4\pi\tilde{r}}-\frac{1}{2\pi}⨍_0^{\infty}\frac{(k+\nu)\mathrm{e}^{-kh}\cosh[k(y+h)]\cosh[k(y_0+h)]}{k\sinh(kh)-\nu\cosh(kh)}\mathrm{J}_0(kR)\mathrm{d}k+\frac{\mathrm{i}}{2}\frac{(k_0+\nu)\mathrm{e}^{-k_0h}\sinh(k_0h)\cosh[k_0(y+h)]\cosh[k_0(y_0+h)]}{\nu h+\sinh^2(k_0h)}\mathrm{J}_0(k_0R) \tag{2.75}$$

其中，$⨍$表示积分的主值。

对于深水情况，我们可以将较大的h值代入式(2.75)中来获得源势的表达式。当$h\to\infty$时得到

$$\hat{\varphi}(x,y,z)=-\frac{1}{4\pi r}-\frac{1}{4\pi}⨍_0^{\infty}\frac{k+\nu}{k-\nu}\mathrm{e}^{k(y+y_0)}\mathrm{J}_0(kR)\mathrm{d}k+\frac{\mathrm{i}}{2}\nu\mathrm{e}^{\nu(y+y_0)}\mathrm{J}_0(\nu R) \tag{2.76}$$

这个结果也可以写成如下格式：

$$\hat{\varphi}(x,y,z)=-\frac{1}{4\pi r}+\frac{1}{4\pi\bar{r}}-\frac{1}{4\pi}⨍_0^{\infty}\frac{2k}{k-\nu}\mathrm{e}^{k(y+y_0)}\mathrm{J}_0(kR)\mathrm{d}k+\frac{\mathrm{i}}{2}\nu\mathrm{e}^{\nu(y+y_0)}\mathrm{J}_0(\nu R) \tag{2.77}$$

其中

$$\bar{r}=\sqrt{(x-x_0)^2+(y+y_0)^2+(z-z_0)^2}$$

是点源相对于底部到镜像点的距离。

改变积分路径，可以得到式(2.74)的不同形式。我们可以将积分重写为极点的贡献和沿着复 k 平面垂直轴的积分。除了式(2.76)中解的方式外，还可以将解写成 $-\left(\frac{1}{4\pi r}+\frac{1}{4\pi\bar{r}}\right)$ 的总和，其中 $-\frac{1}{4\pi\bar{r}}$ 是位于 $(x_0,-y_0,z_0)$ 的奇点在无限流体中的场，并应用积分表达式对其进行理解。它们可能有更多的选择，在文献中可根据不同的问题选择合适的方法。

2.4 运动压力点

我们考虑一个在自由表面上运动的压力点扰动所产生的场，沿正 x 轴方向移动。假设波浪的振幅很小，线性化的自由表面条件由式(1.32)定义。我们假设底部在无穷远处，即 $y=-\infty$。因此，底部条件被替换为当 $y\to-\infty$ 时，φ 为有限值。我们在定常流中寻找一个非常简单的解，使得除了在 $x=z=0$ 处压力为零外，$y=0$ 处的压力也为零。通过引入无量纲坐标：

$$\bar{x}=\frac{xg}{U^2},\bar{y}=\frac{yg}{U^2},\bar{z}=\frac{zg}{U^2}$$

我们可以将边界值问题描述为

$$\begin{cases}\varphi_{\bar{x}\bar{x}}+\varphi_{\bar{y}\bar{y}}+\varphi_{\bar{z}\bar{z}}=0\\ \varphi_{\bar{x}\bar{x}}+\varphi_{\bar{y}}=0\quad[\bar{y}=0,(\bar{x},\bar{z})\neq(0,0)]\\ \varphi\text{ 有限}\quad(\bar{y}\to\infty)\end{cases}\tag{2.78}$$

我们通过对 $\bar{x}$ 进行傅里叶变换来寻求式(2.78)的解：

$$\hat{\varphi}(\alpha,\bar{y},\bar{z})=\int_{-\infty}^{\infty}e^{i\alpha\bar{x}}\varphi(\bar{x},\bar{y},\bar{z})\,d\bar{x}\tag{2.79}$$

将式(2.79)逆变换为

$$\varphi(\bar{x},\bar{y},\bar{z})=\frac{1}{2\pi}\int_{-\infty}^{\infty}e^{-i\alpha\bar{x}}\hat{\varphi}(\alpha,\bar{y},\bar{z})\,d\bar{\alpha}\tag{2.80}$$

这就得到了关于 $\hat{\varphi}(\alpha,\bar{y},\bar{z})$ 的边值问题：

$$\begin{cases}\hat{\varphi}_{\bar{y}\bar{y}}+\hat{\varphi}_{\bar{z}\bar{z}}-\alpha^2\hat{\varphi}=0\\ -\alpha^2\hat{\varphi}+\hat{\varphi}_{\bar{y}}=0\quad(\bar{y}=0)\\ \bar{\varphi}\text{ 有限}\quad(\bar{y}\to-\infty)\end{cases}\tag{2.81}$$

其中，式(2.81)的一个简单解可以写成以下形式：

$$\hat{\varphi}=e^{\alpha^2\bar{y}}F(\bar{z})$$

其中，$F(\bar{z})$ 满足方程：

$$(\alpha^4-\alpha^2)F+F_{\bar{z}\bar{z}}=0$$

因此，我们可以将下列函数作为可能的解：

$$\varphi(\bar{x},\bar{y},\bar{z})=\frac{A}{2\pi}\int_{-\infty}^{\infty}\exp\left[-i\alpha\bar{x}+\alpha^2\bar{y}+i\alpha(\alpha^2-1)^{\frac{1}{2}}\bar{z}\right]d\alpha\tag{2.82}$$

其中,A 为常数。注意到当 $\bar{x}=\bar{y}=\bar{z}=0$ 时,$\varphi(\bar{x},\bar{y},\bar{z})$ 未定义。从式(1.33)中,我们可以得到自由表面高程:

$$\eta(\bar{x},\bar{z})=\frac{Ai}{2\pi U}\lim_{\bar{y}\to 0}\int_{-\infty}^{\infty}(\alpha e^{\alpha^2\bar{y}})\exp\left\{i\left[-\alpha\bar{x}+\alpha(\alpha^2-1)^{\frac{1}{2}}\bar{z}\right]\right\}d\alpha \tag{2.83}$$

因此,当 $\bar{x}=\bar{z}=0$ 时,这个表达式的值显然为无穷。

为了更好地理解水面的变化,我们将对式(2.83)进行 $\bar{x}$ 和 $\bar{z}$ 的大值评估,也就是到原点的距离比参考长度 U^2/g 大。这个评估通过稳定相位法进行(见本书9.1节)。

我们注意到,如果令 $R=(\bar{x}^2+\bar{z}^2)^{\frac{1}{2}}$,$\bar{x}=R\cos\vartheta$ 和 $\bar{z}=R\sin\vartheta$,则对于每个固定的 ϑ,式(2.83)可以写成以下形式:

$$\int_{-\infty}^{\infty}g(\alpha)\exp[iRf(\alpha)]d\alpha$$

其中

$$g(\alpha):=\frac{Ai}{2\pi U}\alpha$$

$$Rf(\alpha):=-\alpha\bar{x}+\alpha(\alpha^2-1)^{\frac{1}{2}}\bar{z}$$

因此,驻点是方程的解:

$$\frac{\partial}{\partial\alpha}\left[-\alpha\bar{x}+\alpha(\alpha^2-1)^{\frac{1}{2}}\bar{z}\right]=0 \tag{2.84}$$

(参见本书9.13节)。

设 α_0 为方程式(2.84)的解。因此我们得到了 $\eta(\bar{x},\bar{z})$ 的渐近形式:

$$\eta(\bar{x},\bar{z})\cong\frac{Ai}{\pi U}\alpha_0\sqrt{\frac{\pi i\alpha_0(\alpha_0^2-1)^{\frac{3}{2}}}{2\bar{z}(2\alpha_0^2-3)}}\exp\left\{i\left[-\alpha_0\bar{x}+\alpha_0(\alpha_0^2-1)^{\frac{1}{2}}\bar{z}\right]\right\} \tag{2.85}$$

相位函数非常重要。如果我们使得

$$\psi=-\alpha_0\bar{x}+\alpha_0(\alpha_0^2-1)^{\frac{1}{2}}\bar{z} \tag{2.86}$$

我们从式(2.84)中可以得到

$$-\bar{x}+\frac{2\alpha_0^2-1}{\sqrt{\alpha_0^2-1}}\bar{z}=0 \tag{2.87}$$

令 $\alpha_0=\dfrac{1}{\cos\theta}$,对于给出波形的恒定相位 ψ 的曲线,我们从式(2.86)和式(2.87)中可以得到

$$\begin{cases}\bar{x}=-\psi(2\cos\theta-\cos^3\theta)=-\dfrac{1}{4}\psi[5\cos\theta-\cos(3\theta)]\\[2ex]\bar{z}=-\psi\cos^2\theta\sin\theta=-\dfrac{1}{4}\psi[\sin\theta+\sin(3\theta)]\end{cases} \tag{2.88}$$

这些曲线都以原点为中心,并且在 $\bar{x}=\bar{z}=0$(或 $\theta=\pi/2$)和 $\dfrac{d\bar{x}}{d\theta}=\dfrac{d\bar{z}}{d\theta}=0$ 时处于波峰位置。所以有

$$\frac{d\bar{x}}{d\theta}=-\psi\sin\theta(2-3\cos^2\theta),\ \frac{d\bar{z}}{d\theta}=-\psi\cos\theta(3\cos^2\theta-2)$$

因此,在 θ 为定值时下式成立:

$$\bar{x}=-\psi\frac{4\sqrt{6}}{9},\bar{z}=-\psi\frac{2\sqrt{3}}{9}$$

对应于 $\cos\theta=\sqrt{2/3}$,存在奇点[可以理解为表达式(2.85)在奇点附近无效]。一条典型的曲线如图 2.4 所示。由图 2.4 可以得到,曲线在点 $\bar{x}=-\psi$ 处与 x 轴相交(对应 $\theta=0$)。奇点位于通过原点的直线上,且与 x 轴成固定角度。以这种方式获得的波形被称为开尔文(Kelvin)波形。

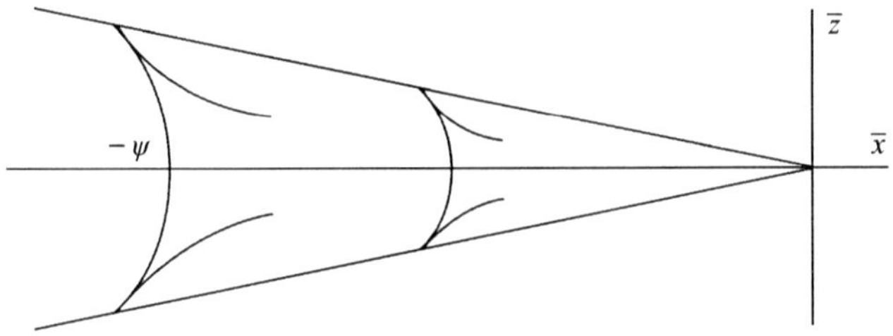

图 2.4 开尔文模式

2.5 波 前

根据式(2.7)和式(2.23),我们现在考虑自由表面高程的一般表达式:

$$\eta(x,z,t)=\int_{-\infty}^{\infty}A(k)\mathrm{e}^{-\mathrm{i}(kx\cos\theta+kz\sin\theta-\omega t)}\mathrm{d}k \tag{2.89}$$

特别是,我们研究了 η 在 t 值较大时的渐近行为。我们采用稳定相位法,见本书 9.1 节和式(2.89)。该方法需要确定相位中的 k 值,其中相位为

$$\begin{aligned}\Psi(x,z,k)&=-\omega t+k(x\cos\theta+z\sin\theta)\\&=-t\left[k\left(\frac{x}{t}\cos\theta+\frac{z}{t}\right)-\omega(k)\right]\end{aligned} \tag{2.90}$$

这里我们认为 Ψ 取决于 3 个参数:x/t、z/t 和 t。对于 x/t 和 z/t,需要考虑 t 值较大时 η 的渐近展开。这时考虑方程的解为

$$\frac{\mathrm{d}\Psi}{\mathrm{d}k}=0\text{ 或}-\frac{\mathrm{d}\omega}{\mathrm{d}k}t+x\cos\theta+z\sin\theta=0 \tag{2.91}$$

设 k_0 为式(2.91)的任意解。那么对于 t 值较大时的近似结果为

$$\eta(x,z,t)=A(k_0)\sqrt{\frac{2\pi}{t|\omega''(k_0)|}}\mathrm{e}^{-\mathrm{i}\left[k_0x\cos\theta+k_0z\sin\theta-\omega(k_0)t-\frac{\pi}{4}\mathrm{sgn}\omega''(k_0)\right]} \tag{2.92}$$

假设 $\frac{\mathrm{d}^2\Psi(k_0)}{\mathrm{d}k^2}\neq0$,即 $\omega''(k_0)\neq0$。

Ψ 为常数的曲线是等相位的曲线,这些曲线组合在一起被称为波前。我们可以根据色散关系 $\omega=H(k)$ 定义波前的偏微分方程。事实上,我们可以通过式(2.92)用 x、z、t 和 θ 来表示 k_0,因此式(2.91)(其中 $k=k_0$)相对于这些变量的微分产生下式:

$$
\begin{cases}
\Psi_x = k_0\cos\theta + (x\cos\theta + z\sin\theta - \omega_0' t)\dfrac{\partial k_0}{\partial x} = k_0\cos\theta \\
\Psi_z = k_0\sin\theta + (x\cos\theta + z\sin\theta - \omega_0' t)\dfrac{\partial k_0}{\partial z} = k_0\sin\theta \\
\Psi_t = -\omega_0 + (x\cos\theta + z\sin\theta - \omega_0' t)\dfrac{\partial k_0}{\partial t} = -\omega_0
\end{cases}
\tag{2.93}
$$

其中，$\omega_0 = H(k_0)$。式(2.93)的前两个方程表示为

$$k_0^2 = \Psi_x^2 + \Psi_z^2$$

第三个方程表明，色散关系 $\omega_0 = H(k_0)$ 给出了相位函数 Ψ 的偏微分方程，即哈密顿-雅可比(Hamilton-Jacobi)方程：

$$
\begin{cases}
\Psi_t + H(\sqrt{\Psi_x^2 + \Psi_y^2}) = 0 \\
\Psi_t + H(\sqrt{p^2 + q^2}) = 0
\end{cases}
\tag{2.94}
$$

其中，$p = \Psi_x = k_0\cos\theta$ 和 $q = \Psi_z = k_0\sin\theta$ 分别是 x 与 z 的共轭变量。我们可以得到波前对应于哈密顿-雅可比方程的等值线。但是在波动现象中，光线的二象性也会出现。本例中的曲线是上述哈密顿-雅可比方程的特征曲线，即常微分方程组的解：

$$
\begin{cases}
\dfrac{\mathrm{d}x}{\mathrm{d}t} = \dfrac{\partial H}{\partial p}, \dfrac{\mathrm{d}p}{\mathrm{d}t} = -\dfrac{\partial H}{\partial x} = 0 \\
\dfrac{\mathrm{d}z}{\mathrm{d}t} = \dfrac{\partial H}{\partial q}, \dfrac{\mathrm{d}q}{\mathrm{d}t} = -\dfrac{\partial H}{\partial z} = 0
\end{cases}
\tag{2.95}
$$

关于特征概念的简要概述，见本书 9.2 节。从式(2.95)中可以很容易地看出，在 x、z、t 空间坐标系中，常数 t 的特征曲线是直线，如式(2.91)。

2.6 波　　形

在 2.5 节中，波前的哈密顿-雅可比方程式(2.94)是以一种相当复杂的方式从方程中推导出来的。首先，我们给出 $U=0$ 的线性化问题式(1.32)、式(1.33)的精确解 η，然后对其进行渐近展开，得到了一阶偏微分方程。所获得的结果类似于双曲线方程的特征方程，尽管波前不是方程的特征面，甚至不具有真实的特征。

为了进行直接推导，我们首先将二维 x、y 平面上的波前定义为一条曲线，沿着该曲线，所考虑的方程的解的横向导数 φ 远大于切向导数。这意味着，引入横向于波前的新坐标 ξ_1 和沿波面的新坐标 ξ_2(图 2.5)，我们必须有 $\varphi_{\xi_1} \gg \varphi_{\xi_2}$，即应该存在一个常数 $K \gg 1$，使得 $\varphi_{\xi_1} \approx K\varphi_{\xi_2}$。假设 ξ_1 和 ξ_2 是 x 与 y 的函数，具有关于 K 阶的单位导数。我们引入了一个新的坐标 $s = K\xi_1$，使得

$$\varphi_s = \frac{1}{K}\varphi_{\xi_1} = O(1) \tag{2.96}$$

我们现在通过一个比水波方程更简单的方程来说明这个过程，即无量纲形式的克莱因-戈尔登(Klein-Gordon)方程：

$$\varphi_{xx} - \varphi_{tt} - a^2\varphi = 0 \tag{2.97}$$

其中，a 为常数。我们根据第 2.5 节的内容将其称为间接方法。

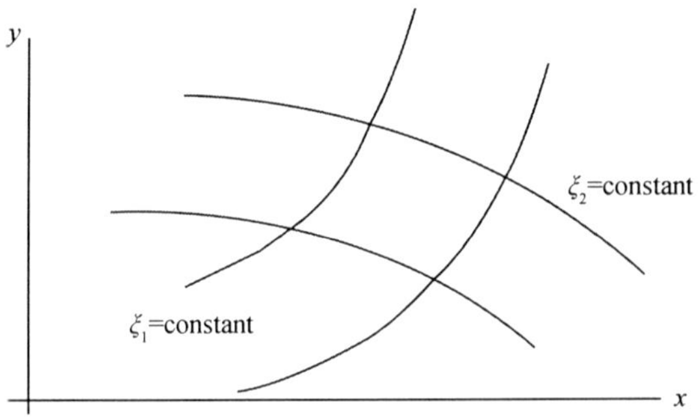

图 2.5 波前

对于 $Ae^{i(kx-\omega t)}$ 形式的解，我们很容易找到 k 和 ω 之间的色散关系：

$$\omega=\sqrt{a^2+k^2}\doteq H(k) \tag{2.98}$$

根据上述公式可以得到式(2.94)的哈密顿-雅可比方程(其中 $\psi=J$)：

$$J_t+H(J_x)=0 \tag{2.99}$$

其中，$J_x=k$。式(2.99)的特征是方程的解：

$$\begin{cases}\dfrac{dx}{dt}=\dfrac{\partial H}{\partial J_x}=\dfrac{k}{\sqrt{a^2+k^2}}\\[2ex]\dfrac{dp}{dt}=\dfrac{dJ_x}{dt}=-\dfrac{\partial H}{\partial x}=0\end{cases} \tag{2.100}$$

因此特征曲线是直线：

$$x-\frac{k}{\sqrt{a^2+k^2}}t=\text{constant} \tag{2.101}$$

对应于群速度 $\dfrac{dH}{dk}=\dfrac{k}{\sqrt{a^2+k^2}}$。

现在用直接的方法来研究上面的问题。根据式(2.96)，一个简单的计算表明：

$$\begin{cases}\varphi_{xx}=K^2\varphi_{ss}\xi_{1x}^2+K(2\varphi_{s\xi_2}\xi_{1x}\xi_{2x}+\xi_{1xx}\varphi_s)+\varphi_{\xi_2\xi_2}\xi_{2x}^2+\varphi_{\xi_2}\xi_{2xx}\\ \varphi_{tt}=K^2\varphi_{ss}\xi_{1t}^2+K(2\varphi_{s\xi_2}\xi_{1t}\xi_{2t}+\xi_{1tt}\varphi_s)+\varphi_{\xi_2\xi_2}\xi_{2t}^2+\varphi_{\xi_2}\xi_{2tt}\end{cases} \tag{2.102}$$

将其代入式(2.97)得到

$$K^2\varphi_{ss}(\xi_{1x}^2-\xi_{1t}^2)+K[\varphi_s(\xi_{1xx}-\xi_{1tt})+2\varphi_{s\xi_2}(\xi_{1x}\xi_{2x}-\xi_{1t}\xi_{2t})]+\varphi_{\xi_2\xi_2}(\xi_{2x}^2-\xi_{2t}^2)+\varphi_{\xi_2}(\xi_{2t}-\xi_{2tt})-a^2\varphi=0 \tag{2.103}$$

当 $K\to\infty$ 时，我们得到了式(2.97)的特征方程。这是显而易见的，因为特征曲线是一个二阶导数可能不连续的曲线。所以将常数 a 视为相对于某个参考长度的数，并用 a 来识别 K，我们得到了一阶近似方程：

$$\varphi_{ss}(\xi_{1x}^2-\xi_{1t}^2)-\varphi=0 \tag{2.104}$$

如果我们想用这个方程来表示沿波前的运动，则必须将项($\xi_{1x}^2-\xi_{1t}^2$)设为一个常数，选择该常数为-1，即

$$\xi_{1x}^2-\xi_{1t}^2=-1 \tag{2.105}$$

显然，这直接给出了简化为式(2.99)的哈密顿-雅可比方程 $\xi_{1t}=\sqrt{1+\xi_{1x}^2}$，$\xi_1$ 被 $(-1/a)J$

取代。

对于由时间无关形式式(1.32)和式(1.33)定义的移动奇点问题,也可以采用同样的格式,即

$$\varphi_{xx}+\varphi_{yy}+\varphi_{zz}=0$$

$$U^2\varphi_{xx}+g\varphi_y=0 \quad (y=0)$$

根据无量纲变量 $\bar{x}=\dfrac{x}{L}$、$\bar{y}=\dfrac{y}{L}$ 和 $\bar{z}=\dfrac{z}{L}$,我们得到

$$\begin{cases}\varphi_{\bar{x}\bar{x}}+\varphi_{\bar{y}\bar{y}}+\varphi_{\bar{z}\bar{z}}=0\\ \varphi_{\bar{x}\bar{x}}+\dfrac{gL}{U^2}\varphi_{\bar{y}}=0 \quad (\bar{y}=0)\end{cases} \tag{2.106}$$

其中,L 表示适当的参考长度。

在这里,我们只重点研究波形,因此对 η 的恒定相位曲线进行研究[从式(1.33)得出的值与 $y=0$ 时的 $\varphi_{\bar{x}}$ 的值相同]。我们进一步指出,根据式(2.106)的性质,知道波浪只有在上层才会表现相关性质。因此,在 x、z 平面中引入了坐标(ξ_1,ξ_2),其中 ξ_1 为常数的直线表示波前,$\varphi\xi_1$ 的导数相对于 $\varphi\xi_2$ 较大,但 $\varphi_{\bar{y}}$ 的导数必须与 $\varphi\xi_1$ 的导数具有相同的数量级。因此,我们引入了一个坐标 $s=K\xi_1$ 和另一个坐标 $Y=K\bar{y}$,据此我们有

$$\varphi_{\bar{x}\bar{x}}=K^2\varphi_{ss}\xi_{1\bar{x}}^2+K(2\varphi_{s\xi_2}\xi_{1\bar{x}}\xi_{2\bar{x}}+\xi_{1\bar{x}\bar{x}}\varphi_s)+\varphi_{\xi_2\xi_2}\xi_{2\bar{x}}^2+\varphi_{\xi_2}\xi_{2\bar{x}\bar{x}}$$

$$\varphi_{\bar{z}\bar{z}}=K^2\varphi_{ss}\xi_{1\bar{z}}^2+K(2\varphi_{s\xi_2}\xi_{1\bar{z}}\xi_{2\bar{z}}+\xi_{1\bar{z}\bar{z}}\varphi_s)+\varphi_{\xi_2\xi_2}\xi_{2\bar{z}}^2+\varphi_{\xi_2}\xi_{2\bar{z}\bar{z}}$$

和

$$\varphi_{\bar{y}\bar{y}}=K^2\varphi_{YY}$$

其中,K 为 $\dfrac{gL}{U^2}$。

通过式(2.106)我们可以得到

$$K^2\varphi_{ss}(\xi_{1\bar{x}}^2+\xi_{1\bar{z}}^2)+K^2\varphi_{YY}+O(K)=0 \tag{2.107}$$

以及自由表面条件为

$$K^2\varphi_{ss}\xi_{1\bar{x}}^2+K\left(\frac{gL}{U^2}\right)\varphi_Y+O(K)=0 \quad (Y=0) \tag{2.108}$$

这产生了第一个近似值

$$\begin{cases}\varphi_{ss}(\xi_{1\bar{x}}^2+\xi_{1\bar{z}}^2)+\varphi_{YY}=0\\ \varphi_{ss}\xi_{1\bar{x}}^2+\varphi_Y=0 \quad (Y=0)\end{cases} \tag{2.109}$$

由于 $\xi_{1\bar{x}}^2+\xi_{1\bar{z}}^2$ 和 $\xi_{1\bar{x}}^2$ 是缓慢变化的变量,因此我们引入了常数,α 和 β 被定义为

$$\alpha^2=\xi_{1\bar{x}}^2+\xi_{1\bar{z}}^2,\beta=\xi_{1\bar{x}}^2$$

则待解问题变为

$$\alpha^2\varphi_{ss}+\varphi_{YY}=0$$

$$\beta\varphi_{ss}+\varphi_Y=0 \quad (Y=0)$$

其解为

$$\varphi=\mathrm{e}^{\mathrm{i}s+\alpha Y}$$

当 $Y\to\infty$ $(\alpha>0)$ 时,该解趋于 0,仅当以下条件成立时,该解满足自由表面条件:

$$\alpha=\beta$$

或者

$$\xi_{1\bar{x}}^2+\xi_{1\bar{z}}^2=\xi_{1\bar{x}}^4 \tag{2.110}$$

应该强调的是,这些考虑因素仅对 $1/K$ 的数量级有效。本方法是几何光学中射线法的一种变体。我们可以以类似的方式导出更高阶的近似方程。

一阶偏微分方程式(2.110)的特征方程采用以下形式:

$$\dot{\bar{x}}=4p^3-2p \quad (\dot{p}=0)$$

$$\dot{\bar{z}}=-2q \quad (\dot{q}=0)$$

$$\dot{\xi}_1=(4p^4-2p^2-2q^2)$$

其中,$p=\xi_{1\bar{x}}$;$q=\xi_{1\bar{z}}$;“ · ”符号表示对某些参数的微分,例如 τ。因此 p 和 q 是常数,我们有曲线的参数方程为

$$\begin{cases}\bar{x}=2p(2p^2-1)\tau\\ \bar{z}=-2q\tau\\ \xi_1=(4p^4-2p^2-2q^2)\tau\end{cases} \tag{2.111}$$

通过式(2.110)可以得到

$$q=-p\sqrt{p^2-1} \tag{2.112}$$

利用式(2.112)来消除式(2.111)中的 τ,我们最终得到

$$\bar{x}=\xi_1\frac{2p^2-1}{p^3},\bar{z}=\xi_1\frac{\sqrt{p^2-1}}{p^3}$$

如果 $p=-\dfrac{1}{\cos\theta}$,则将衰减为式(2.88)。这表明 ξ_1 为常数的曲线实际上是相位不变的曲线。

2.7 定常流中的奇点

2.7.1 稳态奇点

就像静水中的振荡点源一样,获得稳态移动点源或定常流中点源的解是非常有用的。对于有限水深,公式表示为

$$\begin{cases}\varphi_{xx}+\varphi_{yy}+\varphi_{zz}=\delta(x-x_0,y-y_0,z-z_0)\\ \varphi_y=0 \quad (y=-h)\\ \upsilon\varphi_{xx}+\varphi_y=0 \quad (y=0)\end{cases} \tag{2.113}$$

其中,我们引入符号 $\upsilon=\dfrac{U^2}{g}$。为了获得物理上有效的解,我们必须添加远场条件,与振荡情况下的辐射条件相当。这里的要求是,在扰动之前没有观察到波形。在下游区域,可能存在波形扰动。在深水情况下,这类似于移动压力点的扰动。我们还可以注意到,式(2.113)的解不是唯一的,因为在其中可以添加任意常数,在后文中我们将利用这一点。遵循与

式(2.66)相同的步骤来求解式(2.113),得到

$$\varphi(x,y,z)=-\frac{1}{4\pi r}-\frac{1}{4\pi\tilde{r}}+\psi(x,y,z) \tag{2.114}$$

其中,$\tilde{r}$ 表示相对于底部的反射点源的距离。

对于 $\psi(x,y,z)$,我们可以得到

$$\begin{cases}\psi_{xx}+\psi_{yy}+\psi_{zz}=0\\ \psi_y=0 \quad (y=-h)\\ \psi_y+\upsilon\psi_{xx}=\dfrac{1}{4\pi}\left[\dfrac{\partial}{\partial y}\left(\dfrac{1}{r}+\dfrac{1}{\tilde{r}}\right)+\upsilon\dfrac{\partial^2}{\partial x^2}\left(\dfrac{1}{r}+\dfrac{1}{\tilde{r}}\right)\right] \quad (y=0)\\ :=r(x,z;x_0,y_0,z_0)\end{cases} \tag{2.115}$$

如果我们对函数 ψ 进行双重傅里叶变换,则

$$\Psi(\alpha,y,\beta)=\int_{-\infty}^{\infty}\int_{-\infty}^{\infty}\mathrm{e}^{\mathrm{i}(\alpha x+\beta z)}\psi(x,y,z)\,\mathrm{d}x\mathrm{d}z \tag{2.116}$$

我们得到关于 ψ 的常微分方程和边界条件为

$$\begin{cases}\Psi_{yy}-(\alpha^2+\beta^2)\Psi=0\\ \Psi_y=0 \quad (y=-h)\\ \Psi_y-\upsilon\alpha^2\Psi=R(\alpha,\beta;x_0,y_0,z_0) \quad (y=0)\end{cases} \tag{2.117}$$

通过式(2.70)得到 $R(\alpha,\beta;x_0,y_0,z_0)$ 的表达式如下:

$$R(\alpha,\beta;x_0,y_0,z_0)=-\frac{k+\upsilon\alpha^2}{k}\mathrm{e}^{-kh}\cosh[k(y_0+h)]\mathrm{e}^{\mathrm{i}(\alpha x_0+\beta z_0)} \tag{2.118}$$

其中,$k=\sqrt{\alpha^2+\beta^2}$。

式(2.117)的解为

$$\Psi(\alpha,y,\beta)=-\frac{k+\upsilon\alpha^2}{k}\mathrm{e}^{-kh}\frac{\cosh[k(y+h)]\cosh[k(y_0+h)]}{k\sinh(kh)-\upsilon\alpha^2\cosh(kh)}\mathrm{e}^{\mathrm{i}(\alpha x_0+\beta z_0)} \tag{2.119}$$

$\Psi(\alpha,y,\beta)$ 的逆变换式(2.73)变为

$$\psi(x,y,z)=\frac{-1}{4\pi^2}\int_{-\infty}^{\infty}\int_{-\infty}^{\infty}\mathrm{e}^{-kh}\cosh[k(y+h)]\cosh[k(y_0+h)]\cdot \frac{k+\upsilon\alpha^2}{k}\frac{\mathrm{e}^{-\mathrm{i}[\alpha(x-x_0)+\beta(z-z_0)]}}{k\sinh(kh)-\upsilon\alpha^2\cosh(kh)}\mathrm{d}\alpha\mathrm{d}\beta \tag{2.120}$$

以及在傅里叶平面中引入极坐标式(2.52)、式(2.53)后:

$$\psi(x,y,z)=\frac{-1}{4\pi^2}\int_0^{\infty}\int_0^{2\pi}\mathrm{e}^{-kh}\cosh[k(y+h)]\cosh[k(y_0+h)]\cdot \frac{(1+k\upsilon\cos^2\vartheta)\mathrm{e}^{-\mathrm{i}k[(x-x_0)\cos\vartheta+(z-z_0)\sin\vartheta]}}{\sinh(kh)-k\upsilon\cos^2\vartheta\cosh(kh)}\mathrm{d}k\mathrm{d}\vartheta \tag{2.121}$$

当 $k=0$ 时,积分是奇异的。因此,我们可以在式(2.113)的解中添加一个关于 x、y 和 z 的常量。则式(2.113)的解可以写为

$$\varphi(x,y,z)=-\frac{1}{4\pi r}-\frac{1}{4\pi\tilde{r}}+\widetilde{\psi}(x,y,z) \tag{2.122}$$

其中

$$\tilde{\psi}(x,y,z)=\frac{-1}{4\pi^2}\int_0^{\infty}\mathrm{d}k\int_0^{2\pi}\mathrm{d}\vartheta\,\frac{\mathrm{e}^{-kh}}{\sinh(kh)-kv\cos^2\vartheta\cosh(kh)}\cdot\{\cosh[k(y+h)]\cosh[k(y_0+h)](1+kv\cos^2\vartheta)\cdot\mathrm{e}^{-\mathrm{i}k[(x-x_0)\cos\vartheta+(z-z_0)\sin\vartheta]}-1\}\tag{2.123}$$

该解不满足上游($x\to-\infty$)不存在波浪扰动的条件。为了满足这个条件,必须选择沿着实 k 轴上奇点的积分路径。根据 $\cos\vartheta$ 的符号,选择会有所不同。

当 $\cos\vartheta>0$ 且 $x-x_0>0$ 时,我们可以在复 k 平面的第四象限得到关于 k 的闭合曲线积分。当$\cos^2\vartheta<\dfrac{h}{v}$时,我们在实 k 轴上得到一个简单极点。这意味着,要获得波浪贡献,实轴上的奇点必须在积分曲线内。我们获得了极点的贡献加上沿着负虚轴的积分,这个积分呈指数衰减。然而,如果 $x-x_0<0$,我们将在第一象限得到关于 k 的闭合曲线积分,并且仅获得沿正虚轴积分的贡献。

接下来,我们考虑 $\cos\vartheta<0$ 且 $x-x_0>0$ 的情况。我们可以在复 k 平面的第一象限中闭合曲线积分。如果我们选择积分曲线内的极点,就可以在实轴上获得奇点的贡献。同样,沿着虚轴的积分呈指数衰减。如果 $x-x_0<0$,我们可以在第四象限中闭合曲线积分,这只会导致贡献的衰减。

我们可以通过将关于 ϑ 的积分分成长度为 $\pi/2$ 的 4 个部分,并合并积分来重新表述解的积分部分,这样我们就得到了

$$\tilde{\psi}(x,y,z)=-\frac{1}{\pi^2}\int_0^{\infty}\mathrm{d}k\int_0^{\frac{\pi}{2}}\mathrm{d}\vartheta\,\frac{\mathrm{e}^{-kh}}{\sinh(kh)-kv\cos^2\vartheta\cosh(kh)}\{\cosh[k(y+h)]\cdot\cosh[k(y_0+h)](1+kv\cos^2\vartheta)\cos[(x-x_0)\cdot\cos\vartheta]\cos[(z-z_0)\sin\vartheta]-1\}\tag{2.124}$$

在《物理学百科全书》[19]中,Wehausen 和 Laitone 给出了这个表达式的细节描述。

为了获得深水情况的表达式,我们在表达式(2.123)中令 $h\to\infty$,可以得到

$$\varphi(x,y,z)=-\frac{1}{4\pi r}+\frac{1}{4\pi\bar{r}}-\frac{1}{2\pi^2}\int_0^{\infty}\mathrm{d}k\int_0^{\pi}\mathrm{d}\vartheta\,\frac{1}{1-kv\cos^2\vartheta}\cdot\mathrm{e}^{k[(y+y_0)-\mathrm{i}(x-x_0)\cos\vartheta]}\cos[k(z-z_0)\sin\vartheta]\tag{2.125}$$

其中,我们利用式(2.70)来获得点($x_0,-y_0,z_0$)处奇点的贡献,因此 $\bar{r}$ 被定义为 $\sqrt{(x-x_0)^2+(y+y_0)^2+(z-z_0)^2}$。必须像前文一样选择 k 平面中的积分曲线。当 $\cos\vartheta>0$ 时,曲线通过上平面中的奇点;当 $\cos\vartheta<0$ 时,曲线通过下平面中的奇点。极点的贡献与本书 2.4 节中描述的移动压力点波场的远场模式相当。

2.7.2 振荡奇点

式(1.32)描述了定常流扰动的边值问题。我们考虑调和点源,并假设势函数可以写为

$$\phi(x,y,z,t)=\mathrm{e}^{\mathrm{i}\omega t}\hat{\phi}(x,y,z)$$

(x_0,y_0,z_0)处点源扰动的边值问题变为

$$\varphi_{xx}+\varphi_{yy}+\varphi_{zz}=\delta(x-x_0,y-y_0,z-z_0)\mathrm{e}^{\mathrm{i}\omega t}\tag{2.126}$$

如果我们引入 $\varphi(x,y,z,t)=\hat{\varphi}(x,y,z)\mathrm{e}^{\mathrm{i}\omega t}$,则要解决的边值问题变为

$$\begin{cases}\hat{\varphi}_{xx}+\hat{\varphi}_{yy}+\hat{\varphi}_{zz}=\delta(x-x_0,y-y_0,z-z_0)\\ \hat{\varphi}_y=0 \quad (y=-h)\\ \upsilon\hat{\phi}_{xx}+2\mathrm{i}\tau\hat{\varphi}_x-\nu\hat{\varphi}+\hat{\varphi}_y=0 \quad (y=0)\end{cases} \tag{2.127}$$

其中,我们引入了参数 $\nu=\omega^2/g,\upsilon=U^2/g$ 和 $\tau=(\omega U)/g$。注意 $\tau^2=\nu\upsilon$。

$$\hat{\varphi}(x,y,z)=-\frac{1}{4\pi r}-\frac{1}{4\pi\tilde{r}}+\psi(x,y,z) \tag{2.128}$$

引入双重傅里叶变换,可以得到 ψ 变换的常微分方程为

$$\begin{cases}\Psi_{yy}-(\alpha^2+\beta^2)\Psi=0\\ \Psi_y=0 \quad (y=-h)\\ \Psi_y-(\upsilon\alpha^2+2\tau\alpha+\nu)\Psi=S(\alpha,\beta;x_0,y_0,z_0) \quad (y=0)\end{cases} \tag{2.129}$$

应用式(2.70)可以得到 $S(\alpha,\beta;x_0,y_0,z_0)$ 的表达式如下:

$$S(\alpha,\beta;x_0,y_0,z_0)=-\frac{k+\upsilon\alpha^2+2\tau\alpha+\nu}{k}\mathrm{e}^{-kh}\cosh[k(y_0+h)]\mathrm{e}^{\mathrm{i}(\alpha x_0+\beta z_0)} \tag{2.130}$$

其中,$k=\sqrt{\alpha^2+\beta^2}$。式(2.129)的解为

$$\Psi(\alpha,y,\beta)=-\frac{k+\upsilon\alpha^2+2\tau\alpha+\nu}{k}\mathrm{e}^{-kh}\cdot \frac{\cosh[k(y+h)]\cosh[k(y_0+h)]}{k\sinh(kh)-(\upsilon\alpha^2+2\tau\alpha+\nu)\cosh(kh)}\mathrm{e}^{\mathrm{i}(\alpha x_0+\beta z_0)} \tag{2.131}$$

通过 $\Psi(\alpha,y,\beta)$ 的逆变换得到式(2.127)的解。积分路径的选择将在深水案例中阐明。因此,我们考虑极限 $h\to\infty$,将表达式(2.131)改写为

$$\Psi(\alpha,y,\beta)=\left[\frac{1}{2}-\mathscr{L}(k,\alpha)\right]\frac{\mathrm{e}^{k(y+y_0)}\mathrm{e}^{\mathrm{i}(\alpha x_0+\beta z_0)}}{k} \tag{2.132}$$

函数 $\mathscr{L}(k,\alpha)$ 在傅里叶平面的极坐标中变为

$$\lim_{h\to\infty}\mathscr{L}(k,\theta)=\frac{k}{k-(\upsilon\alpha^2+2\tau\alpha+\nu)}=\frac{gk}{gk-(\omega+kU\cos\theta)^2} \tag{2.133}$$

最后,我们获得了一个关于 $\hat{\varphi}(x,y,z)$ 的表达式,其中我们仍然需要在复 k 平面中选择正确的积分路径,即

$$\varphi(x,y,z)=-\frac{1}{4\pi r}+\frac{1}{4\pi\bar{r}}-\frac{1}{2\pi^2}\int_0^\infty\int_0^\pi\frac{gk}{gk-(\omega+kU\cos\theta)^2}\cdot \mathrm{e}^{k[(y+y_0)-\mathrm{i}(x-x_0)\cos\vartheta]}\cos[k(z-z_0)\sin\vartheta]\mathrm{d}k\mathrm{d}\vartheta \tag{2.134}$$

我们将研究分母的零点。二次方程有两个零点:

$$gk^{\pm}=\frac{1-2\tau\cos\vartheta\pm\sqrt{1-4\tau\cos\vartheta}}{2\tau^2\cos^2\vartheta}\omega^2 \tag{2.135}$$

首先,我们注意到,对于 ϑ 的值有

$$1-4\tau\cos\vartheta<0 \tag{2.136}$$

我们在实 k 轴上没有发现被积函数的奇点。因此,对于 $\tau>1/4$,我们找到一个 ϑ 的区间,其中 k 积分在 $0\leqslant\vartheta<\gamma$ 上是正则的,且 $\cos\gamma=1/(4\tau)$。对于 $\tau<1/4,\gamma=0$。接下来,为了确定两个极点位于正实轴上时的积分曲线,我们必须考虑远场条件。很容易证明,对于 $\vartheta>\gamma$,二

次方程的两个根都位于复 k 平面的正实轴上。当 U 和 ω 为较小值时,两极很容易得到。在这两种情况下,τ 都变小,因此我们考虑 $\tau\to 0$ 时的两极。我们发现

$$\lim_{\tau\to 0} k^- = \frac{\omega^2}{g}, \lim_{\tau\to 0} k^+ = \frac{g}{U^2\cos^2\vartheta} \tag{2.137}$$

在无流振荡情况下,我们已经了解到,对于所有的 ϑ 值,积分曲线都通过复 k 平面的第一象限中的极点。事实上,在这种情况下,我们可以对 ϑ 进行积分。因此,我们得出结论,k^-中的奇点也是如此。

当一个定常点源存在于均匀流中时,我们必须考虑 $\cos\vartheta$ 的符号,因为在下游方向上,远场显示出了波形特征。因此,对于 $\cos\vartheta>0$,积分曲线在复 k 平面的第一象限中通过 k^+,而对于 $\cos\vartheta<0$,积分曲线在复 k 平面的第四象限中通过 k^+(图 2.6)。最后,解可以写为

$$\varphi(x,y,z) = -\frac{1}{4\pi r} + \frac{1}{4\pi \bar{r}} - \frac{1}{2\pi^2}\left\{\int_0^\infty\int_0^\gamma + \int_{\mathscr{C}_1}\int_\gamma^{\frac{\pi}{2}} + \int_{\mathscr{C}_2}\int_{\frac{\pi}{2}}^{\pi}\right\}\cdot$$
$$\frac{gk\mathrm{e}^{k[(y+y_0)-\mathrm{i}(x-x_0)\cos\vartheta]}}{gk-(\omega+kU\cos\theta)^2}\cos[k(z-z_0)\sin\vartheta]\,\mathrm{d}k\mathrm{d}\vartheta \tag{2.138}$$

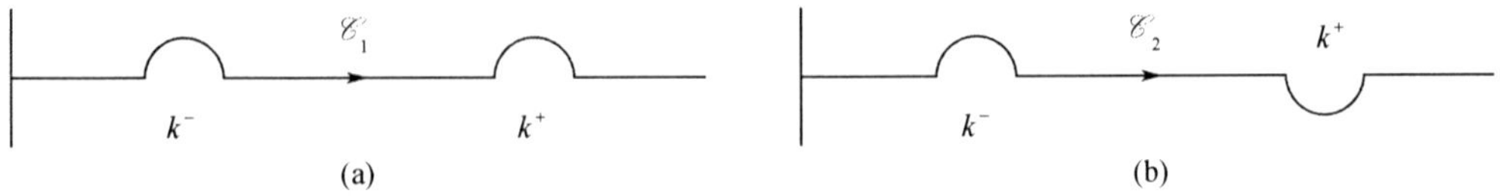

图 2.6　积分路径

第 3 章 边界积分方程与船舶运动

在船舶流体动力学领域,积分方程被广泛应用于线性船舶运动问题的求解中。对于时谐线性问题,有不同的方法来构建积分方程。本章介绍了一种常用的频域方法,以及不太常用的时域方法。后者的优点在于源函数相对简单,并且可以较为容易地扩展到非线性情况。对于稳态的船行波问题,目前最常用的是非线性方法。在本章中,我们将介绍一些方法,包括正则弗雷德霍姆(Fredholm)积分方程的描述,以及基于格林定理的方法。为了概述该方法和将要遇到的困难,我们先处理一个简单的情况,即光滑物体对声波的绕射。因此,我们先考虑声波散射的亥姆霍兹(Helmholtz)方程,而不考虑自由表面的影响。

首先简要介绍线性船舶运动问题。结构运动方程通过关注物体在一个自由度(如垂荡运动)自由移动的方式求解。具有六个自由度的一般问题的运动方程系数可以通过速度势的积分方程数值解来确定,激振力也可以用相同的方式计算。零航速情况通常使用该方法。如果船舶周围的定常流场与均匀流情况相差不大,则该方法可以扩展到有航速的情况。本章将介绍一种应用低速近似的方法。

3.1 声波的散射

随时间变化的声学扰动方程 $\bar{u}(x,y,z,t)$ 是众所周知的波动方程:

$$\bar{u}_{xx}+\bar{u}_{yy}+\bar{u}_{zz}=\frac{1}{c^2}\bar{u}_{tt} \tag{3.1}$$

其中,c 是介质中的特定声速,目的是得到这个方程的调和解,即

$$\bar{u}(x,y,z,t)=u(x,y,z)\mathrm{e}^{\mathrm{i}\omega t} \tag{3.2}$$

函数 u 是亥姆霍兹方程的解,即

$$u_{xx}+u_{yy}+u_{zz}+\frac{\omega^2}{c^2}u=\Delta u+k^2u=0 \tag{3.3}$$

其中,Δ 是三维拉普拉斯算子;k 是波数,$k=\frac{\omega}{c}$。

点源引起的声场为以下方程的解:

$$\Delta\tilde{u}+k^2\tilde{u}=\delta(x-\xi,y-\eta,z-\zeta) \tag{3.4}$$

其解可以通过引入球坐标或类似于本书 2.3 节中的方法,通过在 x 和 z 两个坐标中进行双重傅里叶变换来构造。我们按照前者的方法,式(3.4)的解仅取决于与点源的距离:

$$r=\sqrt{(x-\xi)^2+(y-\eta)^2+(z-\zeta)^2}=|\boldsymbol{x}-\boldsymbol{\xi}|$$

由此可以得到下面关于 $\tilde{u}(R)$ 的常微分方程:

$$\tilde{u}_{rr}+\frac{2}{r}\tilde{u}_r+k^2\tilde{u}=0 \quad (r\neq 0) \tag{3.5}$$

因此式(3.4)的奇异解为 $\tilde{u}^{\pm}=\dfrac{e^{\pm ik|x-\xi|}}{|x-\xi|}$ 的线性组合。而点源问题的解必须仅包含出射波,因此我们选择

$$\tilde{u}=-\frac{1}{4\pi}\frac{e^{-ik|x-\xi|}}{|x-\xi|} \tag{3.6}$$

通过采用 $k\to0$ 的极限情况,可以很容易确定因子为 $-\dfrac{1}{4\pi}$。这个结果可以减少拉普拉斯方程的奇异解,其中我们需要通过点源周围的一个球体来获得单位的出射通量。

我们将为散射问题构造一些可能的边界积分方程,首先考虑光滑可穿透或不可穿透的凸物体散射的平面入射波。物体的一般边界条件是 $Au+B\dfrac{\partial u}{\partial \boldsymbol{n}}=0$,其中 $\boldsymbol{n}$ 沿着散射面 $\mathscr{S}$ 的法线方向,如图 3.1 所示。与船行波问题相似,将 $\dfrac{\partial u}{\partial \boldsymbol{n}}=0$ 作为边界条件。为了获得沿表面的积分方程,我们首先考虑在对象的内域 $\mathscr{D}^-$ 中的点 (x,y,z),并对函数 u 和 $\tilde{u}$ 使用格林定理。外部散射为虚拟域,这样处理可以使读者加深对外部物理散射问题数学公式的理解。用 u^- 表示域 $\mathscr{D}^-$,格林定理可以写成以下形式:

$$\iiint_{\mathscr{D}^-}(u\Delta\tilde{u}-\tilde{u}\Delta u)\,\mathrm{d}V=\iint_{\mathscr{S}}\left(u\frac{\partial\tilde{u}}{\partial\boldsymbol{n}}-\tilde{u}\frac{\partial u}{\partial\boldsymbol{n}}\right)\mathrm{d}s \tag{3.7}$$

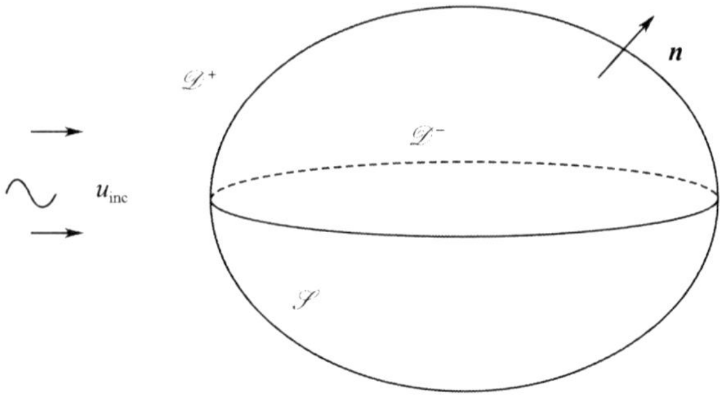

图 3.1 散射物体

在图 3.1 中,$\boldsymbol{n}$ 是物体表面的法线,方向向外。需注意 $\tilde{u}$ 是式(3.4)的解,因此我们必须区分点 $\boldsymbol{x}=(x,y,z)$ 的 3 个位置。我们可以发现:

$$\begin{cases} u^-(\boldsymbol{x})=\displaystyle\iint_{\mathscr{S}}\left[u^-(\boldsymbol{\xi})\frac{\partial\tilde{u}(\boldsymbol{x},\boldsymbol{\xi})}{\partial\boldsymbol{n}_{\xi}}-\tilde{u}(\boldsymbol{x},\boldsymbol{\xi})\frac{\partial u^-(\boldsymbol{\xi})}{\partial\boldsymbol{n}_{\xi}}\right]\mathrm{d}s_{\xi} & (\boldsymbol{x}\in\mathscr{D}^-)\\ \dfrac{u^-(\boldsymbol{x})}{2}=\displaystyle\iint_{\mathscr{S}}\left[u^-(\boldsymbol{\xi})\frac{\partial\tilde{u}(\boldsymbol{x},\boldsymbol{\xi})}{\partial\boldsymbol{n}_{\xi}}-\tilde{u}(\boldsymbol{x},\boldsymbol{\xi})\frac{\partial u^-(\boldsymbol{\xi})}{\partial\boldsymbol{n}_{\xi}}\right]\mathrm{d}s_{\xi} & (\boldsymbol{x}\in\mathscr{S})\\ 0=\displaystyle\iint_{\mathscr{S}}\left[u^-(\boldsymbol{\xi})\frac{\partial\tilde{u}(\boldsymbol{x},\boldsymbol{\xi})}{\partial\boldsymbol{n}_{\xi}}-\tilde{u}(\boldsymbol{x},\boldsymbol{\xi})\frac{\partial u^-(\boldsymbol{\xi})}{\partial\boldsymbol{n}_{\xi}}\right]\mathrm{d}s_{\xi} & (\boldsymbol{x}\in\mathscr{D}^+)\end{cases} \tag{3.8}$$

外域 $\mathscr{D}^+$ 中的场可以写为 $u_{\rm inc}+u^+$,应用格林定理在外域可以得到

$$
\begin{cases}
0 = \iint_{\mathscr{S}} \left[u^+(\boldsymbol{\xi}) \dfrac{\partial \tilde{u}(\boldsymbol{x},\boldsymbol{\xi})}{\partial \boldsymbol{n}_\xi} - \tilde{u}(\boldsymbol{x},\boldsymbol{\xi}) \dfrac{\partial u^+(\boldsymbol{\xi})}{\partial \boldsymbol{n}_\xi} \right] \mathrm{d}s_\xi + \mathscr{J}_\infty \quad (\boldsymbol{x} \in \mathscr{D}^-) \\
-\dfrac{u^+(\boldsymbol{x})}{2} = \iint_{\mathscr{S}} \left[u^+(\boldsymbol{\xi}) \dfrac{\partial \tilde{u}(\boldsymbol{x},\boldsymbol{\xi})}{\partial \boldsymbol{n}_\xi} - \tilde{u}(\boldsymbol{x},\boldsymbol{\xi}) \dfrac{\partial u^+(\boldsymbol{\xi})}{\partial \boldsymbol{n}_\xi} \right] \mathrm{d}s_\xi + \mathscr{J}_\infty \quad (\boldsymbol{x} \in \mathscr{S}) \\
-u^+(\boldsymbol{x}) = \iint_{\mathscr{S}} \left[u^+(\boldsymbol{\xi}) \dfrac{\partial \tilde{u}(\boldsymbol{x},\boldsymbol{\xi})}{\partial \boldsymbol{n}_\xi} - \tilde{u}(\boldsymbol{x},\boldsymbol{\xi}) \dfrac{\partial u^+(\boldsymbol{\xi})}{\partial \boldsymbol{n}_\xi} \right] \mathrm{d}s_\xi + \mathscr{J}_\infty \quad (\boldsymbol{x} \in \mathscr{D}^+)
\end{cases} \tag{3.9}
$$

公式左边的负号产生的原因是法向量的方向朝向域 $\mathscr{D}^+$的内部,而远场的贡献则表示为 $\mathscr{J}_\infty$。选取一个半球体 $\mathscr{S}_\infty$,中心为(x_0,y_0,z_0),半径为 r,则远场的积分可以写为

$$
\begin{aligned}
\mathscr{J}_\infty &= -\iint_{\mathscr{S}_\infty} \left(u^+ \frac{\partial \tilde{u}}{\partial r} - \tilde{u} \frac{\partial u^+}{\partial r} \right) \mathrm{d}s \\
&= \lim_{r\to\infty} \frac{1}{4\pi} \int_{-\frac{\pi}{2}}^{\frac{\pi}{2}} \int_0^{2\pi} \left(u^+ \frac{\partial \dfrac{\mathrm{e}^{-\mathrm{i}kr}}{r}}{\partial r} - \frac{\mathrm{e}^{-\mathrm{i}kr}}{r} \frac{\partial u^+}{\partial r} \right) r^2 \sin(\theta)\, \mathrm{d}\theta \mathrm{d}\phi
\end{aligned} \tag{3.10}
$$

对应的远场条件为

$$
\lim_{r\to\infty} u^+ = 0, \lim_{r\to\infty} r \left(\mathrm{i}ku^+ + \frac{\partial u^+}{\partial r} \right) = 0 \tag{3.11}
$$

不难看出,式中 r 为到坐标系原点的距离,后面的条件为著名的索末菲(Sommerfeld)辐射条件,在远场条件中仅存在出射波。如果我们采用时间相关项 $\mathrm{e}^{-\mathrm{i}\omega t}$,辐射条件的符号就会改变,所以从现在开始在式(3.9)中令 $\mathscr{J}_\infty=0$。

有许多方法可以求解外部诺伊曼(Neumann)问题的积分方程。在 $\mathscr{S}$上的函数 u^+的边界条件变为

$$
\frac{\partial u^+}{\partial \boldsymbol{n}} = -\frac{\partial u_{\mathrm{inc}}}{\partial \boldsymbol{n}}
$$

3.1.1 直接方法

式(3.9)中第二式给出了函数 u^+在 $\mathscr{S}$上的积分方程。通过数值方法求解方程后,u^+在域 $\mathscr{D}^+$中由式(3.9)中的第三式表示。采用稍微不同但常用的符号表示积分方程,可得

$$
\frac{1}{2} u^+(\boldsymbol{x}) = -\iint_{\mathscr{S}} \left[u^+(\boldsymbol{\xi}) \frac{\partial G(\boldsymbol{x},\boldsymbol{\xi})}{\partial \boldsymbol{n}_\xi} + G(\boldsymbol{x},\boldsymbol{\xi}) \frac{\partial u_{\mathrm{inc}}(\boldsymbol{\xi})}{\partial \boldsymbol{n}_\xi} \right] \mathrm{d}s_\xi \quad (\boldsymbol{x} \in \mathscr{S}) \tag{3.12}
$$

其中

$$
G(\boldsymbol{x},\boldsymbol{\xi}) = \tilde{u}(\boldsymbol{x},\boldsymbol{\xi}) = -\frac{1}{4\pi} \frac{\mathrm{e}^{-\mathrm{i}kr}}{r}
$$

其中,$r=|\boldsymbol{x}-\boldsymbol{\xi}|$。

3.1.2 分布源

联立式(3.8)和式(3.9),在域 $\mathscr{D}^+$中将两个表达式相减,可以获得如下 u^+的表达式:

$$-u^{+}(\boldsymbol{x})=\iint_{\mathscr{S}}\left\{[u^{+}(\boldsymbol{\xi})-u^{-}(\boldsymbol{\xi})]\frac{\partial G(\boldsymbol{x},\boldsymbol{\xi})}{\partial \boldsymbol{n}_{\xi}}-G(\boldsymbol{x},\boldsymbol{\xi})\frac{\partial[u^{+}(\boldsymbol{\xi})-u^{-}(\boldsymbol{\xi})]}{\partial \boldsymbol{n}_{\xi}}\right\}\mathrm{d}s_{\xi}\quad(3.13)$$

内部的问题需要人为设定,因此我们可以在 $\mathscr{S}$ 上选择其边界条件。我们采取

$$u^{+}(\boldsymbol{\xi})=u^{-}(\boldsymbol{\xi})\quad(\boldsymbol{\xi}\in\mathscr{S})$$

及定义为

$$\sigma(\boldsymbol{\xi})=\frac{\partial[u^{+}(\boldsymbol{\xi})-u^{-}(\boldsymbol{\xi})]}{\partial \boldsymbol{n}_{\xi}}\quad(\boldsymbol{\xi}\in\mathscr{S})\quad(3.14)$$

u^{+} 的表达式现在变为

$$u^{+}(\boldsymbol{x})=\iint_{\mathscr{S}}\sigma(\boldsymbol{\xi})G(\boldsymbol{x},\boldsymbol{\xi})\mathrm{d}s_{\xi}\quad(3.15)$$

这个表达式可以看为关于 $\mathscr{S}$ 的分布源,其源强度为 $\sigma(\boldsymbol{\xi})$,影响函数为 $G(\boldsymbol{x},\boldsymbol{\xi})$。对于诺伊曼问题,在式(3.15)中通过对表面法向取微分,可以得到

$$\frac{\partial u^{+}(\boldsymbol{x})}{\partial \boldsymbol{n}_{x}}=-\frac{\partial u_{\mathrm{inc}}(\boldsymbol{x})}{\partial \boldsymbol{n}_{x}}=\frac{1}{2}\sigma(\boldsymbol{x})+\iint_{\mathscr{S}}\sigma(\boldsymbol{\xi})\frac{\partial G(\boldsymbol{x},\boldsymbol{\xi})}{\partial \boldsymbol{n}_{x}}\mathrm{d}s_{\xi}\quad(3.16)$$

现在的问题是,当外部问题有唯一解时,该积分方程是否有唯一解?答案是对于某些频率,积分方程的解不是唯一的。通过研究齐次狄利克雷(Dirichlet)问题的虚拟内部场,即当 $\boldsymbol{x}\in\mathscr{S}$ 时,$u^{-}=0$,可以很容易地证明这一点。在这种情况下,我们可以为 $\mathscr{S}$ 处的法向导数 u_n^{-} 构建一个积分方程。式(3.8)中的第一个表达式变为

$$u^{-}(\boldsymbol{x})=-\iint_{\mathscr{S}}G(\boldsymbol{x},\boldsymbol{\xi})\frac{\partial u^{-}(\boldsymbol{\xi})}{\partial \boldsymbol{n}_{\xi}}\mathrm{d}s_{\xi}$$

上式在法向方向上的微分为

$$\frac{\partial u^{-}(\boldsymbol{x})}{\partial \boldsymbol{n}_{x}}=-\iint_{\mathscr{S}}\frac{\partial G(\boldsymbol{x},\boldsymbol{\xi})}{\partial \boldsymbol{n}_{x}}\frac{\partial u^{-}(\boldsymbol{\xi})}{\partial \boldsymbol{n}_{\xi}}\mathrm{d}s_{\xi}\quad(\boldsymbol{x}\in\mathscr{D}^{-})$$

如果令 $\boldsymbol{x}$ 从域 $\mathscr{D}^{-}$ 接近 $\mathscr{S}$,需要仔细评估奇点附近的积分。我们考虑表面上半径为 ρ 的小圆圈关于奇点在 $\mathscr{S}$ 上投影的积分,可以将表面看作局部平面,如图 3.2 所示。

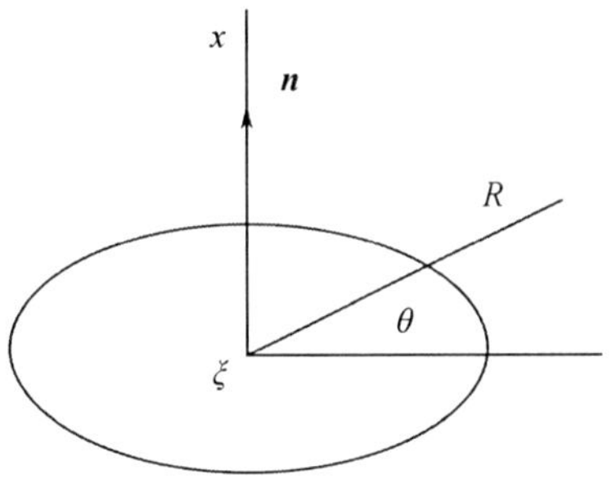

图 3.2　局部近似

由于到表面的距离 ε 是极小值,积分可以近似为

$$\frac{1}{4\pi}\frac{\partial u^{-}(\boldsymbol{x})}{\partial \boldsymbol{n}_{x}}\int_{0}^{\rho}\int_{0}^{2\pi}\frac{\varepsilon}{(R^{2}+\varepsilon^{2})^{3/2}}R\mathrm{d}R\mathrm{d}\theta=\frac{1}{2}\frac{\partial u^{-}(\boldsymbol{x})}{\partial \boldsymbol{n}_{x}}+O(\varepsilon)\quad(3.17)$$

因此我们获得了表面上 u_n^- 的关系式：

$$\frac{1}{2}\frac{\partial u^-(\boldsymbol{x})}{\partial \boldsymbol{n}_x}+\iint_{\mathscr{S}}\frac{\partial G(\boldsymbol{x},\boldsymbol{\xi})}{\partial \boldsymbol{n}_x}\frac{\partial u^-(\boldsymbol{\xi})}{\partial \boldsymbol{n}_\xi}\mathrm{d}s_\xi=0\quad(\boldsymbol{x}\in\mathscr{S})\tag{3.18}$$

该积分被称为$\mathscr{S}$上的主值积分。已知在某些频率下,内部齐次狄利克雷问题会发生共振,因此式(3.18)在这些频率下具有非零解。这意味着,在相同的频率下,源函数式(3.16)的方程具有非唯一解,而在外部区域没有共振现象发生。在这些不规则频率下,难以通过分布源寻找外部诺伊曼问题的解。

3.2 自由表面波散射

对于海洋平台,人们最关心的一个问题是作用在浮体结构上的力和力矩。为了计算这些力,需要将散射场效应考虑在内。我们首先分析固定浮体引起的自由表面波散射。整个波场导致沿着物体表面的压力分布变化,需要对产生的力和力矩进行计算。如果船体能够在六个自由度上自由运动并且产生兴波,就会引起反作用力和力矩。力和力矩可以分为与运动同相及与运动反相的部分,前者与附加质量有关,后者则与兴波阻尼有关。

3.2.1 固定物体

我们首先研究有限水深下固定物体的波浪散射问题,如图 3.3 所示。域 $\mathscr{D}^+$的速度势可以写作

$$\varphi(x,y,z,t)=\hat{\varphi}(x,y,z)\mathrm{e}^{\mathrm{i}\omega t}=[\phi^{\mathrm{inc}}(x,y,z)+\phi(x,y,z)]\mathrm{e}^{\mathrm{i}\omega t}\tag{3.19}$$

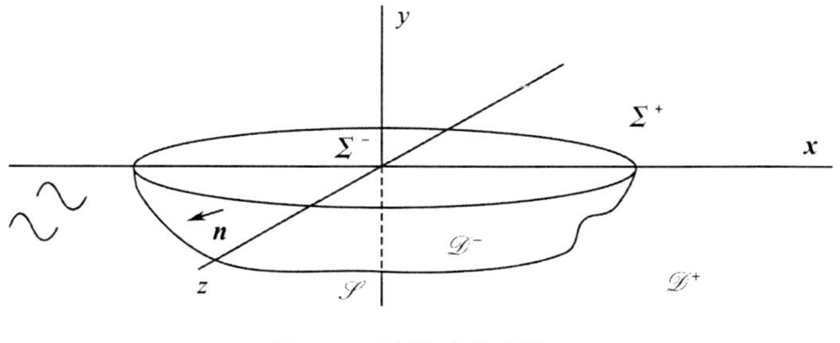

图 3.3 波浪中的船体

速度势函数 $\phi(x,y,z)$ 必须遵循 Σ^+的线性自由表面条件,在域 $\mathscr{D}^-$内,定义了一个辅助势函数 $\phi^-(x,y,z)$。原则上人们可以自由选择自由表面 Σ^-的内部条件。之后我们将利用这一事实来避免不规则频率。考虑水深为有限水深,在域 $\mathscr{D}^+$内应用格林定理:

$$\iiint_{\mathscr{D}^+}(\phi\Delta G-G\Delta\phi)\mathrm{d}V=-\iint_{\overline{\mathscr{S}}}\left[\phi(\boldsymbol{\xi})\frac{\partial G(\boldsymbol{x},\boldsymbol{\xi})}{\partial \boldsymbol{n}_\xi}-G(\boldsymbol{x},\boldsymbol{\xi})\frac{\partial \phi(\boldsymbol{\xi})}{\partial \boldsymbol{n}_\xi}\right)\mathrm{d}s_\xi\tag{3.20}$$

其中,$\boldsymbol{n}$ 是朝向域 $\mathscr{D}^+$的法向量;$\overline{\mathscr{S}}$ 为完全闭合的流体区域表面,包含船体表面 $\mathscr{S}$、底面 $\mathscr{B}$、自由表面 Σ^+ 和一个闭合的远场表面 $\mathscr{S}_\infty$。

源函数通常也被称为格林函数,有限水深时采用式(2.65)和式(2.75),无限水深时采用式(2.76)。如此,边界表面积分就化简为在船体表面 $\mathscr{S}$和远场表面 $\mathscr{S}_\infty$ 的积分。如果我们利用散射波的辐射条件:

$$\lim_{R\to\infty}\phi=0,\lim_{R\to\infty}\sqrt{R}\left(\mathrm{i}k\phi+\frac{\partial\phi}{\partial R}\right)=0 \tag{3.21}$$

其中,R 是到坐标系原点的水平距离,关于 $\mathscr{S}_\infty$ 的积分会趋于零,$\overline{\mathscr{S}}$ 化简为 $\mathscr{S}$。

如果选择上文提到的源函数,可以获得

$$\begin{cases}0=-\iint_{\mathscr{S}}\left[\phi(\boldsymbol{\xi})\dfrac{\partial G(\boldsymbol{x},\boldsymbol{\xi})}{\partial\boldsymbol{n}_\xi}-G(\boldsymbol{x},\boldsymbol{\xi})\dfrac{\partial\phi(\boldsymbol{\xi})}{\partial\boldsymbol{n}_\xi}\right)\mathrm{d}s_\xi & (\boldsymbol{x}\in\mathscr{D}^-)\\ \dfrac{\phi(\boldsymbol{x})}{2}=-\iint_{\mathscr{S}}\left[\phi(\boldsymbol{\xi})\dfrac{\partial G(\boldsymbol{x},\boldsymbol{\xi})}{\partial\boldsymbol{n}_\xi}-G(\boldsymbol{x},\boldsymbol{\xi})\dfrac{\partial\phi(\boldsymbol{\xi})}{\partial\boldsymbol{n}_\xi}\right]\mathrm{d}s_\xi & (\boldsymbol{x}\in\mathscr{S})\\ \phi(\boldsymbol{x})=-\iint_{\mathscr{S}}\left[\phi(\boldsymbol{\xi})\dfrac{\partial G(\boldsymbol{x},\boldsymbol{\xi})}{\partial\boldsymbol{n}_\xi}-G(\boldsymbol{x},\boldsymbol{\xi})\dfrac{\partial\phi(\boldsymbol{\xi})}{\partial\boldsymbol{n}_\xi}\right]\mathrm{d}s_\xi & (\boldsymbol{x}\in\mathscr{D}^+)\end{cases} \tag{3.22}$$

在浮体内域应用格林定理,可以得到辅助势函数 ϕ^- 的表达式:

$$\begin{cases}\phi^-(\boldsymbol{x})=\iint_{\mathscr{S}}\left[\phi^-(\boldsymbol{\xi})\dfrac{\partial G(\boldsymbol{x},\boldsymbol{\xi})}{\partial\boldsymbol{n}_\xi}-G(\boldsymbol{x},\boldsymbol{\xi})\dfrac{\partial\phi^-(\boldsymbol{\xi})}{\partial\boldsymbol{n}_\xi}\right]\mathrm{d}s_\xi+\mathscr{T}^\Sigma & (\boldsymbol{x}\in\mathscr{D}^-)\\ \dfrac{\phi^-(\boldsymbol{x})}{2}=\iint_{\mathscr{S}}\left[\phi^-(\boldsymbol{\xi})\dfrac{\partial G(\boldsymbol{x},\boldsymbol{\xi})}{\partial\boldsymbol{n}_\xi}-G(\boldsymbol{x},\boldsymbol{\xi})\dfrac{\partial\phi^-(\boldsymbol{\xi})}{\partial\boldsymbol{n}_\xi}\right]\mathrm{d}s_\xi+\mathscr{T}^\Sigma & (\boldsymbol{x}\in\mathscr{S})\\ 0=\iint_{\mathscr{S}}\left[\phi^-(\boldsymbol{\xi})\dfrac{\partial G(\boldsymbol{x},\boldsymbol{\xi})}{\partial\boldsymbol{n}_\xi}-G(\boldsymbol{x},\boldsymbol{\xi})\dfrac{\partial\phi^-(\boldsymbol{\xi})}{\partial\boldsymbol{n}_\xi}\right]\mathrm{d}s_\xi+\mathscr{T}^\Sigma & (\boldsymbol{x}\in\mathscr{D}^+)\end{cases} \tag{3.23}$$

其中

$$\mathscr{T}^\Sigma=\iint_{\Sigma^-}\left[\phi^-(\boldsymbol{\xi})\frac{\partial G(\boldsymbol{x},\boldsymbol{\xi})}{\partial\eta}-G(\boldsymbol{x},\boldsymbol{\xi})\frac{\partial\phi^-(\boldsymbol{\xi})}{\partial\eta}\right]\mathrm{d}\xi\mathrm{d}\zeta \tag{3.24}$$

对源函数应用自由表面条件式(2.35),可以获得

$$\mathscr{T}^\Sigma=\iint_{\Sigma^-}\left(\frac{\omega^2}{g}\phi^-(\xi,0,\zeta)-\frac{\partial\phi^-(\xi,0,\zeta)}{\partial\eta}\right)G(\boldsymbol{x},\xi,0,\zeta)\mathrm{d}\xi\mathrm{d}\zeta \tag{3.25}$$

我们可以自由选择 ϕ^- 在 Σ^- 上的边界条件,最常用的是自由表面条件式(2.35)。在这种情况下,式(3.25)的贡献为零。但对于齐次诺伊曼问题和狄利克雷问题,会产生一个额外的内域晃荡模态问题。对于一个简单的物体,如方形驳船,我们可以明确地得到两种情况下特征模态的频率。

3.2.2 直接方法

我们可以这样考虑诺伊曼问题:

$$\frac{\partial\phi(\boldsymbol{x})}{\partial\boldsymbol{n}_x}=-\frac{\partial\phi^{\mathrm{inc}}(\boldsymbol{x})}{\partial\boldsymbol{n}_x}\quad(\boldsymbol{x}\in\mathscr{S})$$

与声波问题相似,式(3.22)的第二个关系式可以作为 ϕ 在 $\mathscr{S}$ 上的积分使用:

$$\frac{\phi(\boldsymbol{x})}{2}=-\iint_{\mathscr{S}}\left[\phi(\boldsymbol{\xi})\frac{\partial G(\boldsymbol{x},\boldsymbol{\xi})}{\partial\boldsymbol{n}_\xi}+G(\boldsymbol{x},\boldsymbol{\xi})\frac{\partial\phi^{\mathrm{inc}}(\boldsymbol{\xi})}{\partial\boldsymbol{n}_\xi}\right]\mathrm{d}s_\xi\quad(\boldsymbol{x}\in\mathscr{S}) \tag{3.26}$$

这个方程的解对于某些不规则频率是不唯一的,与内部共振问题有关,这可以通过选择不同的格林函数来避免。在这种情况下,格林函数可以用物体内部的极点和多极来扩展。在声学案例中,关于这种方法具有大量文献可供参考,然而我们没有使用该方法。在

描述分布源时,可以使用另一种方法。

3.2.3 分布源

对于声学问题,我们通过增加表达式(3.22)和式(3.23)得到分布源的解,可自由选择内部势 ϕ^-在 $\mathscr{S}$上的边界条件。如果选择 $\phi^-=\phi$,并且定义 $\sigma=\dfrac{\partial\phi}{\partial\boldsymbol{n}_\xi}-\dfrac{\partial\phi^-}{\partial\boldsymbol{n}_\xi}$,在 $\mathscr{S}$上可以得到

$$\begin{cases}\phi^-(\boldsymbol{x})=\iint\limits_{\mathscr{S}}\sigma(\boldsymbol{\xi})G(\boldsymbol{x},\boldsymbol{\xi})\mathrm{d}s_\xi+\mathscr{J}^\Sigma & (\boldsymbol{x}\in\mathscr{D}^-)\\ \phi(\boldsymbol{x})=\iint\limits_{\mathscr{S}}\sigma(\boldsymbol{\xi})G(\boldsymbol{x},\boldsymbol{\xi})\mathrm{d}s_\xi+\mathscr{J}^\Sigma & (\boldsymbol{x}\in\mathscr{D}^+\cup\mathscr{S})\end{cases}\tag{3.27}$$

如果选择内部势的自由表面条件,可得

$$\phi(\boldsymbol{x})=\iint\limits_{\mathscr{S}}\sigma(\boldsymbol{\xi})G(\boldsymbol{x},\boldsymbol{\xi})\mathrm{d}s_\xi\quad(\boldsymbol{x}\in\mathscr{D}^+\cup\mathscr{S})\tag{3.28}$$

ϕ 在 $\mathscr{S}$上有诺伊曼条件,即

$$\frac{\partial\phi(\boldsymbol{x})}{\partial\boldsymbol{n}_x}=-\frac{\partial\phi^{\mathrm{inc}}(\boldsymbol{x})}{\partial\boldsymbol{n}_x}\tag{3.29}$$

因此可得到源强度 σ 的积分方程,如下:

$$-\frac{\partial\phi^{\mathrm{inc}}(\boldsymbol{x})}{\partial\boldsymbol{n}_x}=\frac{1}{2}\sigma(\boldsymbol{x})+\iint\limits_{\mathscr{S}}\sigma(\boldsymbol{\xi})\frac{\partial G(\boldsymbol{x},\boldsymbol{\xi})}{\partial\boldsymbol{n}_x}\mathrm{d}s_\xi\quad(\boldsymbol{x}\in\mathscr{S})\tag{3.30}$$

很容易证明,对于内部狄利克雷问题具有本征解的频率,即晃动模态,该积分方程为奇异且没有唯一解,因此简单的沿船体的分布源不能在这些频率下使用。

对于内部势 ϕ^-,很容易通过选择 $y=0$ 处不同的边界条件来找到唯一解。例如,如果选择齐次的诺伊曼条件$\dfrac{\partial\phi^-}{\partial y}=0$,那么内部问题对于所有频率就有了唯一解。我们获得了关于 $\mathscr{S}$上的源强度 σ 和 $y=0$ 处的函数 ϕ^-的组合方程。

$$\begin{cases}-\dfrac{\partial\phi^{\mathrm{inc}}(\boldsymbol{x})}{\partial\boldsymbol{n}_x}=\dfrac{1}{2}\sigma(\boldsymbol{x})+\iint\limits_{\mathscr{S}}\sigma(\boldsymbol{\xi})\dfrac{\partial G(\boldsymbol{x},\boldsymbol{\xi})}{\partial\boldsymbol{n}_x}\mathrm{d}s_\xi+\\ \iint\limits_{\Sigma^-}\dfrac{\omega^2}{g}\phi^-(\xi,0,\zeta)\dfrac{\partial G(\boldsymbol{x},\xi,0,\zeta)}{\partial\boldsymbol{n}_x}\mathrm{d}\xi\mathrm{d}\zeta\quad(\boldsymbol{x}\in\mathscr{S})\\ \phi^-(\boldsymbol{x})=\iint\limits_{\mathscr{S}}\sigma(\boldsymbol{\xi})G(\boldsymbol{x},\boldsymbol{\xi})\mathrm{d}s_\xi+\\ \iint\limits_{\Sigma^-}\dfrac{\omega^2}{g}\phi^-(\xi,0,\zeta)G(\boldsymbol{x},\xi,0,\zeta)\mathrm{d}\xi\mathrm{d}\zeta\quad(\boldsymbol{x}\in\boldsymbol{\Sigma}^-)\end{cases}\tag{3.31}$$

如果外部问题有唯一解,就可以通过解方程式(3.31)求解,且这组方程的解对于所有频率都是唯一的。众所周知,一些虚拟假定的极端形状没有唯一解。船舶设计和海上应用的船型通常都有唯一解。

3.2.4 浮体运动与船体运动

如果船舶在六个自由度中的某一方向上运动，那么船体的法向速度可以表示为

$$\nabla\phi^{(i)}\cdot\boldsymbol{n}=V^{(i)}\quad(\boldsymbol{x}\in\mathscr{S})\tag{3.32}$$

船体的运动包含重心的平移运动 $\boldsymbol{X}$ 和绕重心 $\boldsymbol{x}_{\mathrm{g}}$ 的旋转运动 $\boldsymbol{\Omega}$。$V^{(i)}$ 包含平移运动部分 $\boldsymbol{X}(i=1,2,3)$ 和转动部分 $\boldsymbol{\Omega}(i=4,5,6)$。对于简谐运动，组合的位移向量为 $\boldsymbol{\alpha}=\boldsymbol{X}+\boldsymbol{\Omega}\times(\boldsymbol{x}-\boldsymbol{x}_{\mathrm{g}})=\widetilde{\boldsymbol{\alpha}}\exp(\mathrm{i}\omega t)$。通常我们写为

$$\frac{\partial\phi^{(i)}}{\partial\boldsymbol{n}}=V^{(i)}=\mathrm{i}\omega\widetilde{\boldsymbol{\alpha}}^{(i)}\cdot\boldsymbol{n}\tag{3.33}$$

如果我们将速度势函数 $\phi^{(i)}(\boldsymbol{x})$ 表示为表面 S 上强度为 $\sigma^{(i)}(\boldsymbol{\xi})$ 的分布源，在不规则频率时，关于船体内部平面 $y=0$ 的积分为 $\mathscr{J}^{\Sigma}$，我们通过将 $-\dfrac{\partial\phi^{\mathrm{inc}}(\boldsymbol{x})}{\partial\boldsymbol{n}_x}$ 替换为 $V^{(i)}$ 可以得到式(3.31)的解集。对于入射势我们通常使用 $\phi^{(0)}(\boldsymbol{x})$ 表示，而对于散射势用 $\phi^{(7)}(\boldsymbol{x})$ 表示。由于调和势函数式(3.19)，因此沿着固定浮体表面的压力分布可以通过线性化的伯努利方程式(1.13)得到

$$\frac{p(x,y,z,t)}{\rho}=-\varphi_t(x,y,z,t)=-\mathrm{i}\omega[\phi^{(0)}(x,y,z)+\phi^{(7)}(x,y,z)]\mathrm{e}^{\mathrm{i}\omega t}\tag{3.34}$$

线性化的谐波激励力和力矩可以通过压力沿着船体的积分得到，谐振水动力激励力和力矩为

$$\begin{cases}\widetilde{\boldsymbol{F}}_{\mathrm{exc}}=\boldsymbol{F}_{\mathrm{exc}}\mathrm{e}^{\mathrm{i}\omega t}=-\iint\limits_S p\boldsymbol{n}\mathrm{d}S=\rho\mathrm{i}\omega\mathrm{e}^{\mathrm{i}\omega t}\iint\limits_S[\phi^{(0)}(x,y,z)+\phi^{(7)}(x,y,z)]\boldsymbol{n}\mathrm{d}S\\ \widetilde{\boldsymbol{M}}_{\mathrm{exc}}=\boldsymbol{M}_{\mathrm{exc}}\mathrm{e}^{\mathrm{i}\omega t}=-\iint\limits_S p(\boldsymbol{x}-\boldsymbol{x}_{\mathrm{g}})\times\boldsymbol{n}\mathrm{d}S\\ \qquad=\rho\mathrm{i}\omega\mathrm{e}^{\mathrm{i}\omega t}\iint\limits_S[\phi^{(0)}(x,y,z)+\phi^{(7)}(x,y,z)](\boldsymbol{x}-\boldsymbol{x}_{\mathrm{g}})\times\boldsymbol{n}\mathrm{d}S\end{cases}\tag{3.35}$$

物体的简谐运动产生反作用力和力矩。对于 $j=1,2,\cdots,6$，我们可得

$$\begin{cases}\widetilde{\boldsymbol{F}}_j=\boldsymbol{F}_j\mathrm{e}^{\mathrm{i}\omega t}=-\iint\limits_S p\boldsymbol{n}\mathrm{d}S=\rho\mathrm{i}\omega\mathrm{e}^{\mathrm{i}\omega t}\iint\limits_S\phi_j(x,y,z)\boldsymbol{n}\mathrm{d}S\\ \widetilde{\boldsymbol{M}}_j=\boldsymbol{M}_j\mathrm{e}^{\mathrm{i}\omega t}=-\iint\limits_S p(\boldsymbol{x}-\boldsymbol{x}_{\mathrm{g}})\times\boldsymbol{n}\mathrm{d}S\\ \qquad=\rho\mathrm{i}\omega\mathrm{e}^{\mathrm{i}\omega t}\iint\limits_S\phi_j(x,y,z)(\boldsymbol{x}-\boldsymbol{x}_{\mathrm{g}})\times\boldsymbol{n}\mathrm{d}S\end{cases}\tag{3.36}$$

该运动使用牛顿第二定律描述为

$$(-\omega^2\mathscr{M}+\mathscr{C})\boldsymbol{Y}=\begin{pmatrix}\boldsymbol{F}\\ \boldsymbol{M}\end{pmatrix}+\begin{pmatrix}\boldsymbol{F}_{\mathrm{exc}}\\ \boldsymbol{M}_{\mathrm{exc}}\end{pmatrix}\tag{3.37}$$

其中，$\boldsymbol{Y}=(X_1,X_2,X_3,\Omega_1,\Omega_2,\Omega_3)^{\mathrm{T}}$ 是包含一阶平移运动与转动幅值的复数向量；$\mathscr{M}$ 为包含质量和惯性矩的质量矩阵。由常数项位移 $\boldsymbol{Y}$ 导致的反作用力用 $\mathscr{C}\boldsymbol{Y}$ 表示，其中 $\mathscr{C}$ 指的是线性的弹性矩阵。

从式(3.36)可以看出,力和力矩也与运动相关。我们使用附加质量和兴波阻尼来重新表示这部分力,写为

$$\{F_{ij}\}=\begin{pmatrix}\boldsymbol{F}\\ \boldsymbol{M}\end{pmatrix}$$

我们定义了附加质量矩阵$\mathscr{A}(\omega)$和兴波阻尼矩阵$\mathscr{B}(\omega)$,分别由 A_{ij} 和 B_{ij} 组成,如下所示:

$$\begin{pmatrix}\boldsymbol{F}\\ \boldsymbol{M}\end{pmatrix}=[\omega^2\mathscr{A}(\omega)-\mathrm{i}\omega\mathscr{B}(\omega)]\boldsymbol{Y} \tag{3.38}$$

在频域中,运动方程可以写为

$$\{-\omega^2[\mathscr{M}+\mathscr{A}(\omega)]+\mathrm{i}\omega\mathscr{B}(\omega)+\mathscr{C}\}\boldsymbol{Y}=\begin{pmatrix}\boldsymbol{F}_{\mathrm{exc}}\\ \boldsymbol{M}_{\mathrm{exc}}\end{pmatrix} \tag{3.39}$$

方程式(3.39)的系数取决于 ω。在时域中,非简谐运动的方程可以表示如下:

$$(\mathscr{M}+\mathscr{A})\frac{\partial^2\widetilde{\boldsymbol{Y}}}{\partial t^2}+\mathscr{C}\widetilde{\boldsymbol{Y}}+\int_0^t\mathscr{K}(t-s)\frac{\partial\widetilde{\boldsymbol{Y}}}{\partial s}(s)\,\mathrm{d}s=\begin{pmatrix}\widetilde{\boldsymbol{F}}_{\mathrm{exc}}\\ \widetilde{\boldsymbol{M}}_{\mathrm{exc}}\end{pmatrix} \tag{3.40}$$

在这个方程中,$\mathscr{K}(t)$是阶跃响应矩阵,由阶跃响应函数 K_{ij} 组成。这些函数是快速衰减的振荡函数,用于解释运动方程的记忆效应部分。与频率相关的附加质量和阻尼系数,与阶跃响应函数之间的关系如下:

$$\begin{cases}\mathscr{A}(\omega)=\mathscr{A}-\dfrac{1}{\omega}\displaystyle\int_0^\infty\mathscr{K}(t)\sin(\omega t)\,\mathrm{d}t\\ \mathscr{B}(\omega)=\displaystyle\int_0^\infty\mathscr{K}(t)\cos(\omega t)\,\mathrm{d}t\end{cases} \tag{3.41}$$

与频率相关的阻尼系数为阶跃响应函数的傅里叶余弦变换,对此逆变换可得到如下关系:

$$\mathscr{K}(t)=\frac{2}{\pi}\int_0^\infty\mathscr{B}(\omega)\cos(\omega t)\,\mathrm{d}\omega \tag{3.42}$$

使用该方法来计算阶跃响应函数,对于高频和低频下的阻尼系数精度非常敏感,建议使用渐近展开式的方法[15]。

3.2.5 浮体的升沉运动

我们将通过一个初值问题的公式来证明式(3.40)。我们考虑一个漂浮在无限水深中的静止物体,在 $t=0$ 时,它被迫以图 3.4 中垂直方向的自由度移动。这个运动限制不是必要的,下面给出的推导可以很容易地扩展到六个自由度。垂直运动的定义如下:

$$\begin{cases}\boldsymbol{x}_{\mathrm{g}}=(0,0,0)\quad(t\leqslant 0)\\ \boldsymbol{x}_{\mathrm{g}}=[0,Y(t),0]\quad(t>0)\end{cases} \tag{3.43}$$

考虑无限水深的情况,问题可以做如下解:

$$\begin{cases} \varphi_{xx}+\varphi_{yy}+\varphi_{zz}=0 \\ \varphi_{tt}+g\varphi_y=0 \quad (y=0) \\ \varphi\to 0 \quad (y\to-\infty) \\ \nabla\varphi\cdot\boldsymbol{n}=\dot{Y}(t)\boldsymbol{n}_2=f(\boldsymbol{x},t) \quad (\text{在表面 } S \text{ 上}) \end{cases} \tag{3.44}$$

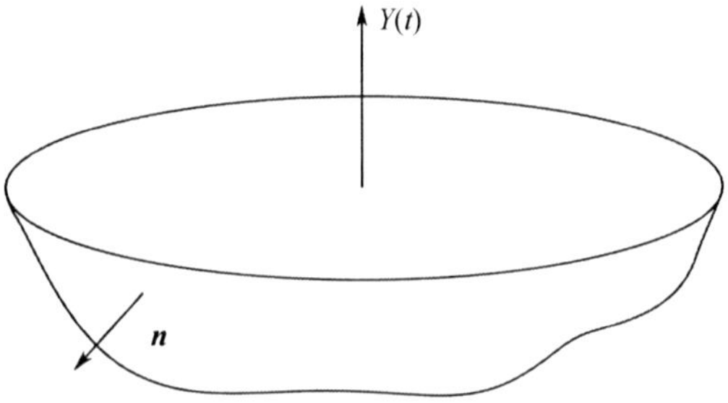

图 3.4　升沉运动

假设系统在 $t\leqslant 0$ 时处于静止，应用拉普拉斯变换为

$$\Phi(\boldsymbol{x},s)=\int_0^\infty e^{-st}\varphi(\boldsymbol{x},t)\,dt$$

在这个变换中，拉普拉斯算子保持不变。自由表面条件和边界条件变为

$$\begin{cases} s^2\Phi+g\Phi_y=0 \quad (y=0) \\ \nabla\Phi\cdot\boldsymbol{n}=F(\boldsymbol{x},s) \quad (\text{在表面 } S \text{ 上}) \end{cases} \tag{3.45}$$

为了得到解 $\Phi(\boldsymbol{x},s)$，我们首先考虑这个问题的源函数。源函数遵循式(3.45)中的自由表面条件，源自式(2.77)。如果在式(2.77)中插入 $\nu=-\dfrac{s^2}{g}$，就可以获得单位强度的源函数，即

$$\Phi_s(\boldsymbol{x},s)=-\frac{1}{4\pi r}+\frac{1}{4\pi\bar{r}}-\frac{1}{2\pi}\int_0^\infty\frac{gk}{gk+s^2}e^{k(y+y_0)}J_0(kR)\,dk \tag{3.46}$$

我们考虑在拉普拉斯平面强度为 $\bar{\sigma}(s)$ 的源，在时域中这就变成了在固定位置的强度为 $\sigma(t)$ 的源，可以通过对 $\bar{\sigma}(s)\Phi_s(\boldsymbol{x},s)$ 进行拉普拉斯逆变换得到

$$\varphi_s(\boldsymbol{x},t)=-\frac{\sigma(t)}{4\pi r}+\frac{\sigma(t)}{4\pi\bar{r}}-\frac{1}{2\pi}\int_0^\infty\int_0^t\sigma(\tau)\sqrt{gk}\sin[\sqrt{gk}(t-\tau)]e^{k(y+y_0)}J_0(kR)\,d\tau\,dk \tag{3.47}$$

式(3.47)中的第一部分与 Wehausen 和 Laitone[19] 书中的结果[式(13.49)]一致。这个源函数可以用格林定理来获得速度势函数 $\varphi(\boldsymbol{x},t)$ 的积分方程。然而，更方便的做法是定义格林函数 $G(\boldsymbol{x},\boldsymbol{\xi},s)$，其中 $\boldsymbol{x}=\boldsymbol{\xi}$ 处为拉普拉斯域中奇点的位置，这也就满足了浮体表面 S 的齐次边界条件：

$$\nabla G\cdot\boldsymbol{n}=0 \quad (\text{在表面 } S \text{ 上}) \tag{3.48}$$

应用格林定理，得出：

$$\Phi(\boldsymbol{x},s)=\iint_S G(\boldsymbol{x},\boldsymbol{\xi},s)F(\boldsymbol{\xi},s)\,dS_{\xi}$$

$$= V(s)\iint_S G(\boldsymbol{x},\boldsymbol{\xi},s)\boldsymbol{n}_2(\boldsymbol{\xi})\,\mathrm{d}S_{\xi} \tag{3.49}$$

其中，$V(s)$是垂直运动 $\dot{Y}(t)$的拉普拉斯变换。必须指出，格林函数 G 不能被明确地确定，引入它的原因是希望验证运动方程。因此，定义 G_a 为

$$G_a=\frac{1}{4\pi}\left(-\frac{1}{|\boldsymbol{x}-\boldsymbol{\xi}|}+\frac{1}{|\boldsymbol{x}-\bar{\boldsymbol{\xi}}|}\right)+g_a(\boldsymbol{x},\boldsymbol{\xi},s) \tag{3.50}$$

其中，在 $y=0$ 处，$g_a=0$，在表面 S 上，$\dfrac{\partial G_a}{\partial \boldsymbol{n}}=0$。这就给出了 G 的分解形式，即

$$G(\boldsymbol{x},\boldsymbol{\xi},s)=G_a(\boldsymbol{x},\boldsymbol{\xi})+K_a(\boldsymbol{x},\boldsymbol{\xi},s) \tag{3.51}$$

我们能够将式(3.49)写成如下形式：

$$\Phi(\boldsymbol{x},s)=V(s)\iint_S G_a(\boldsymbol{x},\boldsymbol{\xi})\boldsymbol{n}_2(\boldsymbol{\xi})\,\mathrm{d}S_{\xi}+V(s)\iint_S K_a(\boldsymbol{x},\boldsymbol{\xi},s)\boldsymbol{n}_2(\boldsymbol{\xi})\,\mathrm{d}S_{\xi} \tag{3.52}$$

对式(3.52)进行拉普拉斯逆变换得到

$$\varphi(\boldsymbol{x},t)=\dot{Y}(t)\psi(\boldsymbol{x})+\int_0^t \chi(\boldsymbol{x},t-\tau)\dot{Y}(\tau)\,\mathrm{d}\tau \tag{3.53}$$

其中

$$\psi(\boldsymbol{x})=\iint_S G_a(\boldsymbol{x},\boldsymbol{\xi})\boldsymbol{n}_2(\boldsymbol{\xi})\,\mathrm{d}S_{\xi} \tag{3.54}$$

$$\chi(t)=\iint_S k_a(\boldsymbol{x},\boldsymbol{\xi},t)\boldsymbol{n}_2(\boldsymbol{\xi})\,\mathrm{d}S_{\xi} \tag{3.55}$$

其中，$k_a(\boldsymbol{x},\boldsymbol{\xi},t)$是 $K_a(\boldsymbol{x},\boldsymbol{\xi},s)$的拉普拉斯逆变换。现在可以计算沿着船体 S 的压力：

$$p(\boldsymbol{x},t)=-\frac{1}{\rho}\varphi_t(\boldsymbol{x},t)=-\frac{1}{\rho}\left[\ddot{Y}(t)\psi(\boldsymbol{x})+\int_0^t\dot{\chi}(\boldsymbol{x},t-\tau)\dot{Y}(\tau)\,\mathrm{d}\tau\right] \tag{3.56}$$

接下来可以计算作用在船体上的力和力矩。首先关注升沉力，其他成分的力可以用同样的方式求解。

$$\begin{aligned}F_2(t)&=-\frac{1}{\rho}\iint_S\varphi_t(\boldsymbol{x})\boldsymbol{n}_2(\boldsymbol{x})\,\mathrm{d}S\\&=\frac{1}{\rho}\left[\ddot{Y}(t)\iint_S\psi(\boldsymbol{x})\boldsymbol{n}_2(\boldsymbol{x})\,\mathrm{d}S+\iint_S\int_0^t\dot{\chi}(\boldsymbol{x},t-\tau)\dot{Y}(\tau)\boldsymbol{n}_2(\boldsymbol{x})\,\mathrm{d}\tau\,\mathrm{d}S\right]\end{aligned} \tag{3.57}$$

升沉运动的牛顿公式如下：

$$M\frac{\mathrm{d}^2Y(t)}{\mathrm{d}t^2}+c_{22}Y(t)=F_2(t)+F_{\mathrm{ext}}(t) \tag{3.58}$$

其中，$F_{\mathrm{ext}}(t)$为浮体的外部作用力。如果将式(3.57)和式(3.40)做比较，则

$$(M+\bar{a}_{22})\frac{\mathrm{d}^2Y(t)}{\mathrm{d}t^2}+c_{22}Y(t)+\int_0^t K_{22}(t-\tau)\frac{\mathrm{d}Y(\tau)}{\mathrm{d}\tau}\mathrm{d}\tau=F_{\mathrm{ext}}(t) \tag{3.59}$$

我们可以看出：

$$\begin{cases}\bar{a}_{22}=-\dfrac{1}{\rho}\displaystyle\iint_S\psi(\boldsymbol{x})\boldsymbol{n}_2(\boldsymbol{x})\,\mathrm{d}S\\[2ex]K_{22}(t)=-\dfrac{1}{\rho}\displaystyle\iint_S\dot{\chi}(\boldsymbol{x},t)\boldsymbol{n}_2(\boldsymbol{x})\,\mathrm{d}S\end{cases} \tag{3.60}$$

以类似的方法,我们可以得到六个自由度运动的结果,以完全证明式(3.40)的结构,见参考文献[14]。对于细长船体,如果速度势中的定常部分可以用 Ux 来描述,那么船舶在波浪中航行的运动方程就可以得到。

3.3　低速近似

我们首先推导出势函数 $\varphi(\boldsymbol{x},t)$ 的方程,使得流体速度 $\boldsymbol{u}(\boldsymbol{x},t)$ 被定义为

$$\boldsymbol{u}(\boldsymbol{x},t)=\nabla\varphi(\boldsymbol{x},t)$$

总速度势函数将按如下方式分解为定常部分和非定常部分:

$$\varphi(\boldsymbol{x},t)=Ux+\overline{\phi}(\boldsymbol{x};U)+\widetilde{\phi}(\boldsymbol{x},t;U)$$

其中,U 是无扰动来流速度场,通过考虑在漂移角 β 下移动的固船坐标系得到,如图 3.5 所示。该方法对角度大小无要求。在频率为 $\omega=\omega_0+k_0U\cos\beta$ 处,速度势中的时间相关部分由入射、绕射和辐射(对应六种运动模式)波组成:

$$\widetilde{\phi}(\boldsymbol{x},t;U)=\widetilde{\phi}^{\mathrm{inc}}(\boldsymbol{x},t;U)+\widetilde{\phi}^{(7)}(\boldsymbol{x},t;U)+\sum_{j=1}^{6}\widetilde{\phi}^{(j)}(\boldsymbol{x},t;U)$$

其中,ω_0 和 $k_0=\omega_0^2/g$ 为大地坐标系中的频率与波数;ω 为船舶坐标系中观测到的频率。相对于水流,波浪以 β 的角度入射。为了计算线性波浪力,我们将考虑所有这些分量。

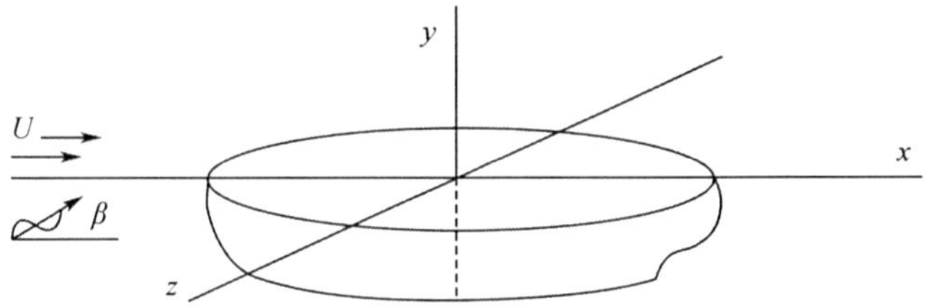

图 3.5　坐标系

我们考虑水深的情况,因此 $h=-\infty$,总势能 φ 的方程可以写成(在流体区域 D_e 中)

$$\Delta\varphi=0$$

在自由表面,有如下动力学和运动学边界条件:

$$\begin{cases} g\eta+\varphi_t+\dfrac{1}{2}\nabla\varphi\cdot\nabla\varphi=\mathscr{C}_{st} \\ \varphi_y-\varphi_x\eta_x-\varphi_z\eta_z-\eta_t=0 \end{cases}\quad(y=\eta)\tag{3.61}$$

在物体表面上有

$$\frac{\partial\varphi}{\partial\boldsymbol{n}}=\boldsymbol{V}\cdot\boldsymbol{n}$$

其中,$\boldsymbol{V}$ 是船体相对固船坐标系的平均速度。

我们假设与开尔文驻波相比,这些波浪较高,但它们实际上都很小,因此自由表面边界条件可以在 $y=0$ 处扩展。首先消除 η,从而得到如下的边界条件:

$$\frac{\partial^2}{\partial t^2}\varphi+g\frac{\partial}{\partial y}\varphi+\frac{\partial}{\partial t}(\nabla\varphi\cdot\nabla\varphi)+\frac{1}{2}\nabla\varphi\cdot\nabla[\nabla\varphi\cdot\nabla\varphi]=0\quad(y=\eta)\tag{3.62}$$

为了计算一阶波浪速度势，自由表面条件首先要进行线性化。我们假设 $\widetilde{\phi}(\boldsymbol{x},t;U)=\phi(\boldsymbol{x};U)\exp(\mathrm{i}\omega t)$，对于每个自由度，$i=1,2,\cdots,6$，$y=0$ 处自由表面条件可以写为

$$-\omega^2\phi+2\mathrm{i}\omega U\phi_x+U^2\phi_{xx}+g\phi_y=\mathrm{i}\omega\mathscr{D}(U;\overline{\phi})\{\phi\}\quad(y=0)\tag{3.63}$$

对于辐射势 $\phi^{(7)}$，最后一项需要用 $\mathscr{D}(U;\overline{\phi})\{\phi^{\mathrm{inc}}+\phi^{(7)}\}$ 替换，其中 $\mathscr{D}(U;\overline{\phi})$ 为作用在 ϕ 上的线性微分算子，二次项可以忽略。

$$\begin{aligned}\mathrm{i}\omega\mathscr{D}(U;\overline{\phi})\{\phi\}=\mathrm{i}\omega\{(\overline{\phi}_{xx}+\overline{\phi}_{zz})\phi+2\nabla\overline{\phi}\cdot\nabla\phi\}+\\(2U\overline{\phi}_x+\overline{\phi}_x^2)\phi_{xx}+2(U+\overline{\phi}_x)\overline{\phi}_z\phi_{xz}+\overline{\phi}_z^2\phi_{zz}+\\(3U\overline{\phi}_{xx}+\overline{\phi}_x\overline{\phi}_{xx}+\overline{\phi}_z\overline{\phi}_{xz})\phi_x+(2U\overline{\phi}_{xz}+\overline{\phi}_x\overline{\phi}_{xz}+\overline{\phi}_z\overline{\phi}_{zz})\phi_z\end{aligned}$$

对于 $\phi^{(j)}(j=1,2,\cdots,7)$ 的线性问题，通过沿船体、水线和自由表面 $y=0$ 的分布源来求解。对势函数，有如下关系：

$$\begin{aligned}4\pi\phi(\boldsymbol{x})=\iint_S\sigma(\boldsymbol{\xi})G(\boldsymbol{x},\boldsymbol{\xi})\mathrm{d}S_{\xi}-\frac{U^2}{g}\int_{\mathrm{WL}}\alpha_n\sigma(\boldsymbol{\xi})G(\boldsymbol{x},\boldsymbol{\xi})\mathrm{d}s_{\xi}+\\\frac{\mathrm{i}\omega}{g}\iint_{\mathrm{FS}}G(\boldsymbol{x},\boldsymbol{\xi})\mathscr{D}\{\phi\}\mathrm{d}S_{\xi}\quad(\boldsymbol{x}\in D_e)\end{aligned}\tag{3.64}$$

沿水线的分布遵循在自由表面 $y=0$ 处的积分使用散度定理。函数 $G(\boldsymbol{x},\boldsymbol{\xi})$ 是满足自由表面条件式(3.63)的格林函数，其中 $\mathscr{D}=0$ 及 $\alpha_n=\boldsymbol{e}_x\cdot\boldsymbol{n}$，其中 $\boldsymbol{e}_x$ 等于 x 方向上的单位向量。通常，船体上的边界条件如下：

$$\nabla\phi^{(j)}\cdot\boldsymbol{n}=V^{(j)}(\boldsymbol{x})\quad(\boldsymbol{x}\in S,j=1,2,\cdots,7)$$

其中，$V^{(j)}$ 是第 j 态运动引起的法向速度，其中 $j=1,2,\cdots6$，而 $V^{(7)}$ 等于入射振荡场的法向速度。因此 $V^{(j)}$ 的前三项 $j=1,2,3$ 对应于平移分量 $\boldsymbol{X}=\widetilde{\boldsymbol{X}}\exp(\mathrm{i}\omega t)$，后三项 $j=4,5,6$ 为相对于船体重心 $\widetilde{\boldsymbol{x}}_{\mathrm{g}}$ 的旋转运动的分量 $\boldsymbol{\Omega}=\widetilde{\boldsymbol{\Omega}}\exp(\mathrm{i}\omega t)$。组合位移矢量为

$$\boldsymbol{\alpha}=\boldsymbol{X}+\boldsymbol{\Omega}\times(\boldsymbol{x}-\boldsymbol{x}_{\mathrm{g}})=\widetilde{\boldsymbol{\alpha}}\exp(\mathrm{i}\omega t)$$

通常写作

$$\frac{\partial\phi}{\partial\boldsymbol{n}}=\mathrm{i}\omega\widetilde{\boldsymbol{\alpha}}\cdot\boldsymbol{n}+\{[\nabla(Ux+\overline{\phi})\cdot\nabla]\widetilde{\boldsymbol{\alpha}}-(\widetilde{\boldsymbol{\alpha}}\cdot\nabla)\nabla(Ux+\overline{\phi})\}\cdot\boldsymbol{n}$$

我们就可以获得源强度的方程，再次省略标号 j，则

$$\begin{aligned}-2\pi\sigma(\boldsymbol{x})-\iint_S\sigma(\boldsymbol{\xi})\frac{\partial}{\partial\boldsymbol{n}_x}G(\boldsymbol{x},\boldsymbol{\xi})\mathrm{d}S_{\xi}+\frac{U^2}{g}\int_{\mathrm{WL}}\alpha_n\sigma(\boldsymbol{\xi})\frac{\partial}{\partial\boldsymbol{n}_x}G(\boldsymbol{x},\boldsymbol{\xi})\mathrm{d}s_{\xi}+\\\frac{\mathrm{i}\omega}{g}\iint_{\mathrm{FS}}\frac{\partial}{\partial\boldsymbol{n}_x}G(\boldsymbol{x},\boldsymbol{\xi})\mathscr{D}\{\phi\}\mathrm{d}S_{\xi}=4\pi V(\boldsymbol{x})\quad(\boldsymbol{x}\in S)\end{aligned}\tag{3.65}$$

如果前进速度 U 很小，我们可以简化 $\mathscr{D}$，并迭代求解这个方程。然而，完整格林函数的精确数值计算是相当复杂的。因此，我们也可以利用 U 很小的事实，但需注意两个起作用的无量纲参数，即 $\tau=\dfrac{\omega U}{g}\ll1$ 和 $\nu=\dfrac{gl}{U^2}\gg1$。源的速度势和强度都能够使用 τ 的摄动级数来表示：

$$\sigma(\boldsymbol{\xi})=\sigma_0(\boldsymbol{\xi})+\tau\sigma_1(\boldsymbol{\xi})+\hat{\sigma}(\boldsymbol{\xi};U)\tag{3.66}$$

$$\phi(\boldsymbol{x})=\phi_0(\boldsymbol{x})+\tau\phi_1(\boldsymbol{x})+\hat{\phi}(\boldsymbol{x};U)\tag{3.67}$$

其中,当 $\tau \to 0$ 时,$\hat{\sigma}$ 和 $\hat{\phi}$ 都为 $O(\tau^2)$。

G 的展开就不那么简单了,表达为

$$G(\boldsymbol{x},\boldsymbol{\xi};U)=-\frac{1}{r}+\frac{1}{r'}-[\psi_0(\boldsymbol{x},\boldsymbol{\xi})+\tau\psi_1(\boldsymbol{x},\boldsymbol{\xi})+\cdots+\widetilde{\psi}_0(\boldsymbol{x},\boldsymbol{\xi})+\nu^{-1}\widetilde{\psi}_1(\boldsymbol{x},\boldsymbol{\xi})+\cdots] \quad (3.68)$$

中括号里的第一项对应零前进速度下的格林函数,可以通过一些快速计算代码求解。中括号里的第二项是由于低前进速度而引起的修正,可以通过现有快速代码的修正进行计算。这种方法的缺点是格林函数的渐近展开式只有在点源附近才是有效的。在有限距离内,非均匀的渐近行为必须被修正。中括号里的第三项是描述波浪格林函数的开尔文效应相关项。虽然在 ν 中这项是线性的,但当 U 趋于零时,它会趋于无穷。因为它是高度振荡的,所以对速度势函数的贡献为零。在实践中,前两项通过六个运动模态激励和运动的速度势及源强度的展开式计算。这种方法可以应用于深水情况。对于有限水深,有限速度的格林函数计算得到的成分不像深水情况那样容易计算,所需的表达式无法都用零速格林函数的导数来表示。因此这种分解格林函数的方法对于实际船型是不太实用的。目前,有一些计算程序可以有效地直接计算总的格林函数。

第4章 二阶理论

对于某些应用问题,应该考虑二阶波浪效应。特别是低频二阶力对波浪系泊系统的影响可能引起共振现象,导致系泊系统在共振频率处产生剧烈的振荡运动。为了描述这种现象,首先,在由两个频率接近的单色平面波组成简单波谱的情况下推导出二阶波浪;其次,用局部展开和远场展开推导二阶低频漂移力。我们以这种波浪反射引起的对垂直墙壁的力为例,对系泊系统的低频运动公式进行介绍。

4.1 二阶波浪理论

一般的非线性自由表面条件由式(1.11)和式(1.14)给出。对于二维平面波,可以写成

$$\begin{cases} \varphi_y = \eta_t + \varphi_x \eta_x \\ \varphi_t + \dfrac{1}{2}(\varphi_x^2 + \varphi_y^2) + g\eta = \text{constant} \end{cases} \quad [y = \eta(x,t)] \tag{4.1}$$

我们考虑 $\eta(x,t)$ 和 $\varphi(x,y,t)$ 为小量 $O(\varepsilon)$ 的情况,其中 ε 是波高的度量。因此势函数 $\varphi[x,\eta(x,t),t]$ 及其导数可以在 $y=0$ 处展开为泰勒(Taylor)级数。为了导出自由表面条件的二阶公式,我们需要一些达到小参数 η 的二阶的项,但是 x 导数只需要一阶。我们以如下方式展开 φ:

$$\begin{cases} \varphi[x,\eta(x,t),t] = \varphi(x,0,t) + \eta(x,t)\varphi_y(x,0,t) + O(\varepsilon^2) \\ \varphi_x[x,\eta(x,t),t] = \varphi_x(x,0,t) + O(\varepsilon) \\ \varphi_y[x,\eta(x,t),t] = \varphi_y(x,0,t) + \eta(x,t)\varphi_{yy}(x,0,t) + O(\varepsilon^2) \\ \varphi_t[x,\eta(x,t),t] = \varphi_t(x,0,t) + \eta(x,t)\varphi_{yt}(x,0,t) + O(\varepsilon^2) \end{cases} \tag{4.2}$$

因此我们可以得到

$$\begin{aligned} -g\eta &= \left[\varphi_t + \eta\varphi_{yt} + \frac{1}{2}(\varphi_x^2 + \varphi_y^2)\right]_{y=0} + O(\varepsilon^3) \\ &= \left[\varphi_t - \frac{\varphi_t\varphi_{yt}}{g} + \frac{1}{2}(\varphi_x^2 + \varphi_y^2)\right]_{y=0} + O(\varepsilon^3) \end{aligned} \tag{4.3}$$

为了消去式(4.1)中的 η,我们需要它的导数为

$$\begin{cases} -g\eta_t = \left[\varphi_{tt} - \dfrac{\varphi_{tt}\varphi_{yt}}{g} - \dfrac{\varphi_t\varphi_{ytt}}{g} + \varphi_x\varphi_{xt} + \varphi_y\varphi_{yt}\right]_{y=0} + O(\varepsilon^3) \\ -g\eta_x = \varphi_{xt}\big|_{y=0} + O(\varepsilon^2) \end{cases} \tag{4.4}$$

现在,$y=0$ 处的自由表面条件可以写为

$$g\varphi_y + \varphi_{tt} = \varphi_{yy}\varphi_t - 2\varphi_x\varphi_{xt} - \varphi_y\varphi_{yt} + \frac{\varphi_{tt}\varphi_{yt}}{g} + \frac{\varphi_t\varphi_{ytt}}{g} + O(\varepsilon^3) \tag{4.5}$$

势函数可以写成关于小参数 ε 的渐近展开式:

$$\varphi(x,y,t) = \varepsilon\varphi^{(1)}(x,y,t) + \varepsilon^2\varphi^{(2)}(x,y,t) + O(\varepsilon^3) \tag{4.6}$$

我们把这个展开式代入式(4.6)并在 $\varepsilon=0$ 处展开。然后我们得到了 $y=0$ 处 $\varphi^{(i)}$ 的条件：

$$\begin{cases} g\varphi_y^{(1)}+\varphi_{tt}^{(1)}=0 \\ g\varphi_y^{(2)}+\varphi_{tt}^{(2)}=\varphi_{yy}^{(1)}\varphi_t^{(1)}-2\varphi_x^{(1)}\varphi_{xt}^{(1)}-\varphi_y^{(1)}\varphi_{yt}^{(1)}+\dfrac{\varphi_{tt}^{(1)}\varphi_{yt}^{(1)}}{g}+\dfrac{\varphi_t^{(1)}\varphi_{ytt}^{(1)}}{g} \\ \qquad =-2[\varphi_x^{(1)}\varphi_{xt}^{(1)}+\varphi_y^{(1)}\varphi_{yt}^{(1)}]+\dfrac{1}{g}\varphi_t^{(1)}\dfrac{\partial}{\partial y}[g\varphi_y^{(1)}+\varphi_{tt}^{(1)}] \end{cases} \tag{4.7}$$

其中,我们使用 $\varphi^{(1)}$ 的表达式得到了最后一行的表达式。

我们考虑由两个频率为 ω 和 $\omega+\delta\omega$ 相近的单色平面波组成的入射波场。一阶波幅可以写成

$$\eta^{(1)}(x,t)=\mathscr{R}[a_1\mathrm{e}^{\mathrm{i}(\omega t-kx)}]+\mathscr{R}\{a_2\mathrm{e}^{\mathrm{i}[(\omega+\delta\omega)t-(k+\delta k)x+\vartheta]}\} \tag{4.8}$$

其中,a_1 和 a_2 为实常数。

对于有限水深,一阶势函数可以写成

$$\varphi^{(1)}(x,y,t)=\mathscr{R}[\psi_1(x,y,t)+\psi_2(x,y,t)]=\mathscr{R}\{\Psi\}=\frac{\Psi+\overline{\Psi}}{2} \tag{4.9}$$

以及

$$\begin{cases} \psi_1(x,y,t)=\alpha_1\dfrac{\cosh[k_1(y+h)]}{\cosh(k_1h)}\mathrm{e}^{\mathrm{i}(\omega_1t-k_1x)} \\ \psi_2(x,y,t)=\alpha_2\dfrac{\cosh[k_2(y+h)]}{\cosh(k_2h)}\mathrm{e}^{\mathrm{i}(\omega_2t-k_2x+\vartheta)} \end{cases} \tag{4.10}$$

其中,$\alpha_1=-\dfrac{\mathrm{i}g}{\omega_1}a_1$ 和 $\alpha_2=-\dfrac{\mathrm{i}g}{\omega_2}a_2$ 都为虚常数。

$\varphi^{(2)}$ 的自由表面条件可以写成

$$g\varphi_y^{(2)}+\varphi_{tt}^{(2)}=-\frac{1}{2}[(\Psi_x+\overline{\Psi}_x)(\Psi_{xt}+\overline{\Psi}_{xt})+(\Psi_y+\overline{\Psi}_y)(\Psi_{yt}+\overline{\Psi}_{yt})]+$$
$$\frac{1}{4g}(\Psi_t+\overline{\Psi}_t)\frac{\partial}{\partial y}[\overline{(g\Psi_y+\Psi_{tt})}+(g\Psi_y+\Psi_{tt})] \tag{4.11}$$

如果我们把式(4.9)代入式(4.10),可以看出几个指数项的组合起了重要作用。我们看到,如果把 ψ_1 和它本身结合,可以得到一个倍频项 $2\omega t$ 的贡献。这里我们需要特别关注差频 $\delta\omega=\omega_1-\omega_2$ 的贡献。这些项是由 Ψ_1、$\overline{\Psi}_2$ 以及 Ψ_2、$\overline{\Psi}_1$ 的乘积生成的。我们限制 $\delta\omega$ 的影响,首先考虑如下这些项:

$$\Psi_{1x}\overline{\Psi}_{2xt}+\Psi_{2x}\overline{\Psi}_{1xt}+\overline{\Psi}_{1x}\Psi_{2xt}+\overline{\Psi}_{2x}\Psi_{1xt}=2k_1k_2\delta\omega\alpha_1\alpha_2\sin(\delta\omega t-\delta kx+\vartheta) \tag{4.12}$$

其中,$\delta k=k_1-k_2$。

我们还发现:

$$\begin{aligned} &\Psi_{1y}\overline{\Psi}_{2yt}+\Psi_{2y}\overline{\Psi}_{1yt}+\overline{\Psi}_{1y}\Psi_{2yt}+\overline{\Psi}_{2y}\Psi_{1yt} \\ &=2k_1k_2\delta\omega\alpha_1\alpha_2\tanh(k_1h)\tanh(k_2h)\sin(\delta\omega t-\delta kx+\vartheta) \end{aligned} \tag{4.13}$$

在最后一项中,差频 $\delta\omega$ 的缓变部分变为

$$\frac{1}{4g}(\Psi_t+\overline{\Psi}_t)\frac{\partial}{\partial y}[\overline{(g\Psi_y+\Psi_{tt})}+(g\Psi_y+\Psi_{tt})]$$

$$\approx -\frac{1}{2}\omega^2\delta\omega\alpha_1\alpha_2\frac{\mathrm{d}}{\mathrm{d}\omega}\left[\frac{\omega^3}{g^2\sinh^2(kh)}\right]\sin(\delta\omega t-\delta kx+\vartheta)+O[(\delta\omega)^2] \tag{4.14}$$

因此,低频 $\delta\omega$ 的“合成”二阶波浪在 $y=0$ 处的自由表面条件为

$$g\varphi_y^{(2)}+\varphi_{tt}^{(2)}=\overline{\mathscr{C}}\delta\omega\alpha_1\alpha_2\sin(\delta\omega t-\delta kx+\vartheta) \tag{4.15}$$

以及

$$\overline{\mathscr{C}}=-k^2\frac{\cosh(2kh)}{\cosh^2(kh)}-\frac{1}{2}\omega^2\frac{\mathrm{d}}{\mathrm{d}\omega}\left[\frac{\omega^3}{g^2\sinh^2(kh)}\right] \tag{4.16}$$

低频波浪速度势的解为

$$\varphi^{(2)}(x,y,t)=\frac{\overline{\mathscr{C}}\delta\omega\alpha_1\alpha_2\cosh[\delta k(y+h)]}{g\delta k\sinh(\delta kh)-(\delta\omega)^2\cosh(\delta kh)}\sin(\delta\omega t-\delta kx+\vartheta) \tag{4.17}$$

这个解可以改写为

$$\varphi^{(2)}(x,y,t)=\mathscr{R}\{\mathscr{C}\alpha_1\alpha_2\cosh[\delta k(y+h)]\mathrm{e}^{\mathrm{i}(\delta\omega t-\delta kx+\vartheta)}\} \tag{4.18}$$

其中

$$\mathscr{C}=\frac{-\mathrm{i}\overline{\mathscr{C}}\delta\omega}{g\delta k\sinh(\delta kh)-(\delta\omega)^2\cosh(\delta kh)} \tag{4.19}$$

这表示一个缓变二阶波浪,其波速等于群速度 $c_g=\frac{\mathrm{d}\omega}{\mathrm{d}k}$。我们必须知道这个波浪不满足线性一阶自由表面条件。因此,当它受到固定物体的干扰时,它产生频率为 $\delta\omega$ 的线性一阶波浪,而反射的一阶波浪会产生一个合成二阶波浪。因此,我们至少要区分三种不同类型的波浪。

4.2 波浪漂移力和力矩

当存在较小的流时,波浪中的三维物体所受的定常波浪漂移力可以用两种不同的方法计算,而对于低频波浪漂移力则只有一种方法。在这两种情况下,我们都能沿着物体进行压力积分,而对于常数项,需要使用动量守恒定律推导出仅由远场波形组成的表达式。如果我们考虑流的影响,可以把总速度势写为

$$\begin{aligned}\varphi(\boldsymbol{x},t)&=Ux+\overline{\phi}(\boldsymbol{x};U)+\phi(\boldsymbol{x};U)\mathrm{e}^{-\mathrm{i}\omega t}\\&=Ux+\overline{\phi}(\boldsymbol{x};U)+\left[\phi^{\mathrm{inc}}(\boldsymbol{x};U)+\phi^{(7)}(\boldsymbol{x};U)+\sum_{j=1}^{6}\phi^{(j)}(\boldsymbol{x};U)\overline{\alpha}_j\right]\mathrm{e}^{-\mathrm{i}\omega t}\end{aligned} \tag{4.20}$$

式(4.20)描述了单色波的绕射情况。假设定常扰动 $\overline{\phi}(\boldsymbol{x};U)$ 相对于 Ux 较小。否则,我们还必须考虑与时间相关的势函数对 $\overline{\phi}(\boldsymbol{x};U)$ 的依赖性。如果我们想通过之前的点源叠加法来计算调和速度势,则必须忽略 $\overline{\phi}(\boldsymbol{x};U)$ 的影响。如果在时域内求解非定常势,就需要考虑这一点。在二阶常数或低频力和力矩的公式中,需要考虑 $\overline{\phi}(\boldsymbol{x};U)$ 的影响。势 $\phi^{(7)}(\boldsymbol{x};U)$ 为入射波引起的散射波,势 $\phi^{(j)}(\boldsymbol{x};U)$ 是由浮体的六个自由度运动之一 $\overline{\alpha}_j$ 引起的辐射势。

4.2.1 局部展开法计算恒定和低频漂移力

首先我们处理二阶缓变漂移力。作用在船体上的力可以通过精确的船体湿表面 $\tilde{S}$ 的压力积分得到。表面压力由 $\bar{S}$ 上的伯努利方程给出,即

$$p(\boldsymbol{x},t)=-\rho\left(\frac{\partial\varphi}{\partial t}+\frac{1}{2}\nabla\varphi\cdot\nabla\varphi+gy-\frac{1}{2}U^2\right)$$

作用在船体上的力可以通过对表面压力的积分得到

$$\boldsymbol{F}=\int_{\tilde{S}}p\boldsymbol{n}\mathrm{d}S \tag{4.21}$$

这一过程看似简单,但并非如此,因为线性速度势是在平均船体表面上计算的,而积分需要达到自由水面的位置,但 $y=0$ 的自由表面已经发生扰动。因此,力的表达式必须展开为在平均船体表面 S 和无扰动水线上的积分。我们假设船体表面上点 $\boldsymbol{x}$ 的总位移以线性化形式给出为

$$\boldsymbol{\alpha}=\boldsymbol{X}+\boldsymbol{\Omega}\times(\boldsymbol{x}-\boldsymbol{x}_{\mathrm{g}}) \tag{4.22}$$

其中,$\boldsymbol{X}$ 为平移,$\boldsymbol{\Omega}$ 为物体相对于其重心 $\boldsymbol{x}_{\mathrm{g}}$ 的旋转运动。

在此基础上进行几点假设,尽管其中或多或少存在一些疑问。把压力在平均表面 S 附近展开为泰勒级数,这是能够实现的,因为压力是 $\boldsymbol{x}$ 的可微函数:

$$p_{\tilde{S}}=p_S+\boldsymbol{\alpha}\cdot\nabla p_S+\frac{1}{2}(\boldsymbol{\alpha}\cdot\nabla)^2p_S+O(|\boldsymbol{\alpha}|^3) \tag{4.23}$$

需要对这种方法的适用性提出一些几何限制,如对于自由表面附近的垂直船体,需要积分满足近似关系:

$$\int_{\tilde{S}}f(\boldsymbol{x})\mathrm{d}S\approx\int_S f(\boldsymbol{x})\mathrm{d}S+\int_{\mathrm{WL}}\int_{\alpha_2}^{\eta}f(\boldsymbol{x})\mathrm{d}y\mathrm{d}l \tag{4.24}$$

我们假设波高和船体运动幅值是小量 $O(\varepsilon)$,因此我们将对 ε 摄动展开:

$$\begin{cases}\varphi(\boldsymbol{x},t)=\bar{\varphi}(\boldsymbol{x})+\varepsilon\psi^{(1)}(\boldsymbol{x},t)+\varepsilon^2\psi^{(2)}(\boldsymbol{x},t)+O(\varepsilon^3)\\ \eta(x,z,t)=\bar{\eta}(x,z)+\varepsilon\eta^{(1)}(x,z,t)+\varepsilon^2\eta^{(2)}(x,z,t)+O(\varepsilon^3)\\ p_S=\bar{p}(\boldsymbol{x})+\varepsilon p^{(1)}(\boldsymbol{x},t)+\varepsilon^2p^{(2)}(\boldsymbol{x},t)+O(\varepsilon^3)\\ \boldsymbol{X}=\varepsilon\boldsymbol{X}^{(1)}+\varepsilon^2\boldsymbol{X}^{(2)}+O(\varepsilon^3)\\ \boldsymbol{\Omega}=\varepsilon\boldsymbol{\Omega}^{(1)}+\varepsilon^2\boldsymbol{\Omega}^{(2)}+O(\varepsilon^3)\\ \boldsymbol{x}-\boldsymbol{x}_{\mathrm{g}}=\bar{\boldsymbol{x}}-\boldsymbol{x}_{\mathrm{g}}+\varepsilon\boldsymbol{\Omega}^{(1)}\times(\bar{\boldsymbol{x}}-\boldsymbol{x}_{\mathrm{g}})+\varepsilon^2\boldsymbol{\Omega}^{(2)}\times(\bar{\boldsymbol{x}}-\boldsymbol{x}_{\mathrm{g}})+O(\varepsilon^3)\\ \boldsymbol{n}=\bar{\boldsymbol{n}}+\varepsilon\boldsymbol{\Omega}^{(1)}\times\bar{\boldsymbol{n}}+\varepsilon^2\boldsymbol{\Omega}^{(2)}\times\bar{\boldsymbol{n}}+O(\varepsilon^3)\end{cases} \tag{4.25}$$

其中的二阶项,比如 $\psi^{(2)}(\boldsymbol{x},t)$,都包含一个恒定项,这是由于波浪分量的二次项与它自身相关。

摄动级数的第一项与时间无关,所以稳定波高为

$$\bar{\eta}=\frac{1}{2}(\nabla\bar{\varphi}\cdot\nabla\bar{\varphi}-U^2)$$

我们假设一个较小的定常速度,小到足以使自由表面能够线性化。把摄动级数[式(4.25)]代入实际船体表面压力的泰勒级数[式(4.23)],并保留 ε 的同阶项,我们得到

$$
\begin{cases}
\bar{p}_{\tilde{S}} = \bar{p} \\
p^{(1)}_{\tilde{S}} = p^{(1)} + [\boldsymbol{X}^{(1)} + \boldsymbol{\Omega}^{(1)} \times (\bar{\boldsymbol{x}} - \boldsymbol{x}_{\mathrm{g}})] \cdot \nabla \bar{p} \\
p^{(2)}_{\tilde{S}} = p^{(2)} + \{\boldsymbol{X}^{(2)} + \boldsymbol{\Omega}^{(2)} \times (\bar{\boldsymbol{x}} - \boldsymbol{x}_{\mathrm{g}}) + \boldsymbol{\Omega}^{(1)} \times [\boldsymbol{\Omega}^{(1)} \times (\bar{\boldsymbol{x}} - \boldsymbol{x}_{\mathrm{g}})]\} \cdot \nabla \bar{p} + \\
[\boldsymbol{X}^{(1)} + \boldsymbol{\Omega}^{(1)} \times (\bar{\boldsymbol{x}} - \boldsymbol{x}_{\mathrm{g}})] \cdot \nabla p^{(1)} + \dfrac{1}{2}\{[\boldsymbol{X}^{(1)} + \boldsymbol{\Omega}^{(1)} \times (\bar{\boldsymbol{x}} - \boldsymbol{x}_{\mathrm{g}})] \cdot \nabla\}^2 \bar{p}
\end{cases}
\tag{4.26}
$$

从伯努利方程和速度势的摄动级数中我们得到了平均湿表面上的压力分量：

$$
\begin{cases}
\bar{p} = -\rho\left[g y_0 + \dfrac{1}{2}(\nabla \bar{\varphi} \cdot \nabla \bar{\varphi} - U^2)\right] \\
p^{(1)} = -\rho\left[\nabla \bar{\varphi} \cdot \nabla \psi^{(1)} + \dfrac{\partial \psi^{(1)}}{\partial t}\right] \\
p^{(2)} = -\rho\left[\dfrac{\partial \psi^{(2)}}{\partial t} + \dfrac{1}{2}\nabla \psi^{(1)} \cdot \nabla \psi^{(1)} + \nabla \psi^{(2)} \cdot \nabla \bar{\varphi}\right]
\end{cases}
\tag{4.27}
$$

我们沿着船体进行压力积分，在多频情况下进行高频滤波，在单色波情况下进行平均，得到二阶低频和恒定漂移力。二阶力可以表示为

$$
\boldsymbol{F}^{(2)} = \frac{1}{2}\rho g \int_{\mathrm{WL}} [\boldsymbol{\eta}^{(1)} - \alpha_2^{(1)}]^2 \bar{\boldsymbol{n}} \mathrm{d}l + \boldsymbol{\Omega}^{(1)} \times M \frac{\mathrm{d}^2 \boldsymbol{X}^{(1)}}{\mathrm{d}t^2} -
$$

$$
\rho \int_S \left\{[\boldsymbol{\alpha}^{(1)} \cdot \nabla]\left[\frac{\partial \psi^{(1)}}{\partial t} + \nabla \psi^{(1)} \cdot \nabla \bar{\varphi}\right] + \frac{1}{2}\nabla \psi^{(1)} \cdot \nabla \psi^{(1)} + \frac{\partial \psi^{(2)}}{\partial t} + \nabla \psi^{(2)} \cdot \nabla \bar{\varphi}\right\} \bar{\boldsymbol{n}} \mathrm{d}S
\tag{4.28}
$$

对于二阶力矩，可以得到一个类似的表达式：

$$
\boldsymbol{M}^{(2)} = \frac{1}{2}\rho g \int_{\mathrm{WL}} [\boldsymbol{\eta}^{(1)} - \alpha_2^{(1)}]^2 (\bar{\boldsymbol{x}} - \boldsymbol{x}_{\mathrm{g}}) \times \bar{\boldsymbol{n}} \mathrm{d}l + \boldsymbol{\Omega}^{(1)} \times M \frac{\mathrm{d}^2 \boldsymbol{\Omega}^{(1)}}{\mathrm{d}t^2} -
$$

$$
\rho \int_S \left\{[\boldsymbol{\alpha}^{(1)} \cdot \nabla]\left[\frac{\partial \psi^{(1)}}{\partial t} + \nabla \psi^{(1)} \cdot \nabla \bar{\varphi}\right] + \frac{1}{2}\nabla \psi^{(1)} \cdot \nabla \psi^{(1)} + \frac{\partial \psi^{(2)}}{\partial t} + \nabla \psi^{(2)} \cdot \nabla \bar{\varphi}\right\}
(\bar{\boldsymbol{x}} - \boldsymbol{x}_{\mathrm{g}}) \times \bar{\boldsymbol{n}} \mathrm{d}S
\tag{4.29}
$$

如果考虑有限水深，二阶势对二阶力和力矩的影响是相当大的。从基于远场展开的分析来看，它们对二阶恒定漂移力的影响可以忽略不计，而在二阶常数矩的计算中，它们的影响不可忽略。许多常用的计算机代码可以近似地处理这种影响。

4.2.2 基于远场展开的恒定漂移力

本小节的重点是漂移力的恒定分量。在本节中，我们将应用一种方法，使结果在数值上更精确。直接压力积分需要由势函数微分得到速度，并依靠数值方法得到源强度。这可能导致结果不够准确，不符合我们的目的。我们不在求解器中使用高阶面元法，而是使用速度势的结果，并通过对流体区域应用冲量守恒来避免微分。这种方法是得出第一个漂移力结果的方法。这里我们仅求解平均漂移力。

水平平均漂移力的分量 $\overline{F}_x$ 和 $\overline{F}_z$，以及绕垂直轴的力矩的分量 $\overline{M}_y$ 可以表示为

$$\overline{F_x} = -\iint_{S_\infty} \overline{[p\cos\theta + \rho V_R(V_R\cos\theta - V_\theta\sin\theta)]R\mathrm{d}\theta\mathrm{d}y} \tag{4.30}$$

$$\overline{F_z} = -\iint_{S_\infty} \overline{[p\sin\theta + \rho V_R(V_R\sin\theta + V_\theta\cos\theta)]R\mathrm{d}\theta\mathrm{d}y} \tag{4.31}$$

$$\overline{M_y} = -\rho\iint_{S_\infty} \overline{V_R V_\theta R^2\mathrm{d}\theta\mathrm{d}y} \tag{4.32}$$

其中，p 为一阶水动压力；$\boldsymbol{V}$ 为流体速度，其径向和切向分量分别为 V_R 与 V_θ；S_∞ 为随体坐标系下半径为 R 的大圆柱形控制面。我们从这些公式中推导出一阶势源密度的表达式为

$$\sigma = \sigma^{(7)} + \sum_{j=1}^{6}\sigma^{(j)}\overline{\alpha}_j$$

其中，$\alpha_j = \overline{\alpha}_j \mathrm{e}^{-\mathrm{i}\omega t}$；$j=1,2,\cdots,6$ 为六种运动模式；上标 7 为源强度的绕射分量。

然而，在我们所述的情况中，速度势的形式与之前相同：

$$\begin{aligned}\varphi(\boldsymbol{x},t) &= Ux + \overline{\phi}(\boldsymbol{x};U) + \phi(\boldsymbol{x};U)\mathrm{e}^{-\mathrm{i}\omega t}\\ &= Ux + \overline{\phi}(\boldsymbol{x};U) + \left[\phi^{\mathrm{inc}}(\boldsymbol{x};U) + \phi^{(7)}(\boldsymbol{x};U) + \sum_{j=1}^{6}\phi^{(j)}(\boldsymbol{x};U)\overline{\alpha}_j\right]\mathrm{e}^{-\mathrm{i}\omega t}\end{aligned} \tag{4.33}$$

其中，势 $\phi^{(j)}(\boldsymbol{x};U)$ $(j=1,2,\cdots,7)$ 的形式来自式(3.64)，是由运动和绕射引起的势。我们假设势和源强度用摄动级数式(3.66)与式(3.67)表示，并且前两项在这个阶段是已知的。

在远场 $R\gg1$ 中，我们忽略式(4.33)中恒定势 $\overline{\phi}(\boldsymbol{x};U)$ 的影响，因此将式(4.33)近似为

$$\begin{aligned}\varphi(\boldsymbol{x},t) = {} & Ux + \frac{g\eta_\mathrm{a}}{\omega_0}\exp\{k_1(\beta)y + \mathrm{i}[k_1(\beta)(x\cos\beta + z\sin\beta) - \mathrm{i}\omega t]\} + \\ & F(\theta;U)\mathrm{e}^{\mathrm{i}S(\theta;U)}\sqrt{\frac{1}{R}}\exp\{k_1(\theta)y + \mathrm{i}[k_1(\theta)R - \mathrm{i}\omega t]\}\end{aligned} \tag{4.34}$$

其中，η_a 为入射波在 β 方向的振幅；波数 $k_1(\beta)$ 为

$$\begin{aligned}k_1(\beta) &= \frac{g + 2\omega U\cos\beta - g\sqrt{1+4\tau\cos\beta}}{2U^2\cos^2\beta}\\ &\approx \widetilde{k}(1-2\tau\cos\beta) + O(\tau^2)\\ &= k_0 + O(\tau^2)\end{aligned} \tag{4.35}$$

其中，$\widetilde{k} = \omega^2/g$。注意，这个波数是在随体坐标系中定义的，不同于之前所定义的大地坐标系 $k_0 = \omega_0^2/g$。函数 $F(\theta)\mathrm{e}^{\mathrm{i}S(\theta)}$ 是由式(3.64)的远场势展开得到的。我们可以得到较大的 $|\boldsymbol{x}|$ 和较小的 U：

$$4\pi\phi^{(j)}(\boldsymbol{x};U) = \iint_S \sigma^{(j)}(\boldsymbol{\xi})\Psi(\boldsymbol{x},\boldsymbol{\xi})\mathrm{d}S_\xi - \frac{2\mathrm{i}\omega}{g}\iint_{\mathrm{FS}} \nabla\overline{\phi}\cdot\nabla\phi^{(j)}\Psi(\boldsymbol{x},\boldsymbol{\xi})\mathrm{d}S_\xi \tag{4.36}$$

其中，$\Psi(\boldsymbol{x},\boldsymbol{\xi})$ 为格林公式在远场的渐近展开式，即

$$\begin{aligned}\Psi(\boldsymbol{x},\boldsymbol{\xi}) \approx {} & 2\pi\mathrm{i}\sqrt{\frac{2}{\pi R}}\frac{\exp\{\mathrm{i}[k_1(\theta)R - \frac{\pi}{4}]\}}{1 + \frac{2U}{g}[\omega - k_1(\theta)U\cos\theta]\cos\theta}\cdot\\ & \sqrt{k_1(\theta)}\exp[k_1(\theta)(y+\eta) - \mathrm{i}k_1(\theta)(\xi\cos\theta + \zeta\sin\theta)]\end{aligned} \tag{4.37}$$

局部波数 $k_1(\theta)$ 定义为

$$k_1(\theta)=\frac{g+2\omega U\cos\theta-g\sqrt{1+4\tau\cos\theta}}{2U^2\cos^2\theta} \tag{4.38}$$

由于函数 $\nabla\overline{\phi}(\boldsymbol{\xi})$ 随着 $|\boldsymbol{\xi}|\to\infty$ 快速变小，这表明式(4.36)中的最后一项可以用 $\nabla\phi^{(j)}$ 代替 $\nabla\phi_0^{(j)}$ 来近似，可以推导出

$$F(\theta;U)\mathrm{e}^{\mathrm{i}S(\theta;U)}=\sqrt{\frac{k_1(\theta)}{2\pi}}\left\{\frac{\mathrm{e}^{\frac{\pi\mathrm{i}}{4}}}{1+\frac{2U}{g}[\omega-k_1(\theta)U\cos\theta]\cos\theta}\right\}\cdot$$

$$\left\{\iint_S[\sigma_0(\boldsymbol{\xi})+\tau\sigma_1(\boldsymbol{\xi})+\cdots]\exp[k_1(\theta)\eta-\mathrm{i}k_1(\theta)(\xi\cos\theta+\zeta\sin\theta)]\mathrm{d}S_{\boldsymbol{\xi}}-\right.$$

$$\left.2\mathrm{i}\tau\iint_{\mathrm{FS}}\frac{\nabla\overline{\phi}}{U}\cdot\nabla\phi_0^{(\mathrm{T})}\exp[-\mathrm{i}k_1(\theta)(\xi\cos\theta+\zeta\sin\theta)]\mathrm{d}S_{\boldsymbol{\xi}}\right\} \tag{4.39}$$

其中

$$\phi_0^{(\mathrm{T})}=\phi_0^{(7)}+\sum_{j=1}^{6}\phi_0^{(j)}\overline{\alpha}_j$$

显然，式(4.39)可以改写为

$$F(\theta;U)\mathrm{e}^{\mathrm{i}S(\theta;U)}=(1-2\tau\cos\theta)F_0(\theta)\mathrm{e}^{\mathrm{i}S_0(\theta)}+\tau F_1(\theta)\mathrm{e}^{\mathrm{i}S_1(\theta)}+O(\tau^2) \tag{4.40}$$

函数 $F_i(\theta)$ 和 $S_i(\theta)$ 包含局域波数 $k_1(\theta)$。

式(4.30)和式(4.31)的积分上界为自由表面，即

$$\tilde{\eta}=\frac{1}{g}\mathscr{R}\{[\mathrm{i}\omega\phi(x,0,z)-U\phi_x(x,0,z)]\mathrm{e}^{-\mathrm{i}\omega t}\}$$

它的推导来源于压力项：

$$\overline{\int_{-\infty}^{\tilde{\eta}}p\mathrm{d}y}=\overline{\frac{\rho g}{2}\tilde{\eta}^2}-\frac{\rho}{2}\overline{\int_{-\infty}^{0}(|\boldsymbol{V}|^2-U^2)\mathrm{d}y}$$

我们可以得到 $\overline{F}_x$ 的表达式：

$$\overline{F}_x=-\frac{\rho}{4}\int_0^{2\pi}\tilde{k}\phi\phi^*R\cos\theta\mathrm{d}\theta+\frac{\rho}{2}\tau\int_0^{2\pi}\Im(\phi\phi_x^*\cos\theta+\phi\phi_z^*\sin\theta)R\mathrm{d}\theta+$$

$$\frac{\rho}{4}\int_0^{2\pi}\int_{-\infty}^{0}\left[\left(\frac{1}{R^2}\phi_\theta\phi_\theta^*-\phi_R\phi_R^*+\phi_y\phi_y^*\right)R\cos\theta+(\phi_R\phi_\theta^*+\phi_\theta\phi_R^*)\sin\theta\right]\mathrm{d}\theta\mathrm{d}y \tag{4.41}$$

以及 $\overline{F}_z$ 的表达式：

$$\overline{F}_z=-\frac{\rho}{4}\int_0^{2\pi}\tilde{k}\phi\phi^*R\sin\theta\mathrm{d}\theta-\frac{\rho}{2}\tau\int_0^{2\pi}\Im(\phi\phi_x^*\sin\theta-\phi\phi_z^*\cos\theta)R\mathrm{d}\theta+$$

$$\frac{\rho}{4}\int_0^{2\pi}\int_{-\infty}^{0}\left[\left(\frac{1}{R^2}\phi_\theta\phi_\theta^*-\phi_R\phi_R^*+\phi_y\phi_y^*\right)R\sin\theta-(\phi_R\phi_\theta^*+\phi_\theta\phi_R^*)\cos\theta\right]\mathrm{d}\theta\mathrm{d}y \tag{4.42}$$

在这些表达式中，* 表示复共轭。关于 y 的积分需要特别注意，入射波、辐射波以及绕射波的指数是不同的，波数分别依赖于 β 和 θ。函数 ϕ 由式(4.34)可得

$$\phi=\frac{g\eta_a}{\omega_0}\exp[k_1(\beta)y+ik_1(\beta)(x\cos\beta+z\sin\beta)]+F(\theta;U)e^{iS(\theta;U)}\sqrt{\frac{1}{R}}\exp[k_1(\theta)y+ik_1(\theta)R] \tag{4.43}$$

由式(4.43)和式(4.41)可知,对 $\overline{F}_x$ 的贡献由两部分组成:其一,$F_x^{(1)}$ 来源于形似 $R^{-1/2}$ 的外积部分;其二,$F_x^{(2)}$ 来源于式(4.41)中形似 R^{-1} 的平方项。我们可以写为

$$\overline{F}_x=F_x^{(1)}+F_x^{(2)} \tag{4.44}$$

经过复杂的推导以及对大参数 R 的渐近展开,得到平均纵荡力 $F_x^{(1)}$ 和平均横荡力 $F_z^{(1)}$:

$$F_x^{(1)}\approx\mathscr{A}\sqrt{\frac{2\pi}{\tilde{k}}}F(\beta^*;U)\cos\left[S(\beta^*;U)+\frac{\pi}{4}\right]\cos\beta+O(\tau^2) \tag{4.45}$$

以及

$$F_z^{(1)}\approx\mathscr{A}\sqrt{\frac{2\pi}{\tilde{k}}}F(\beta^*;U)\cos\left[S(\beta^*;U)+\frac{\pi}{4}\right]\sin\beta+O(\tau^2) \tag{4.46}$$

其中

$$\mathscr{A}=-\frac{\rho\omega^2}{2\omega_0}\eta_a,\beta^*=\beta-2\tau\sin\beta$$

波浪漂移力的第二部分可以用同样的方法来分析,可得到

$$F_x^{(2)}\approx-\frac{\rho}{4}\tilde{k}\int_0^{2\pi}F^2(\theta;U)(\cos\theta-2\tau\sin^2\theta)d\theta+O(\tau^2) \tag{4.47}$$

以及

$$F_z^{(2)}\approx-\frac{\rho}{4}\tilde{k}\int_0^{2\pi}F^2(\theta;U)[\sin\theta(1+2\tau\cos\theta)]d\theta+O(\tau^2)$$

对于零航速情况,该结果符合 Maruo[9] 的经典公式;对于一般情况,如果由于船向左航行而改变了一些符号,则结果符合 Nossen 等[13] 的结论。作用在具有恒定前进速度和波浪的船舶上的二阶力矩的公式可以用类似的方法导出[3]。

4.3 二阶效应案例

4.3.1 波浪与垂直壁面的相互作用

在本节中,我们将通过在二维情况下,两个平面波在 $x=0$ 处作用于垂直壁面的例子,来展示反射对二阶波浪效应的影响。壁面在线性弹簧的约束下可以自由移动。之所以选择这种情况,是因为它能明确地展示一阶和二阶效应的大多数重要部分。

我们继续讨论复势函数。复杂入射波速度势函数由三个分量组成:

$$\begin{aligned}\varphi_{inc}&=\alpha_1\frac{\cosh[k_1(y+h)]}{\cosh(k_1h)}e^{i(\omega_1t-k_1x)}+\alpha_2\frac{\cosh[k_2(y+h)]}{\cosh(k_2h)}e^{i(\omega_2t-k_2x+\vartheta)}+\\&\mathscr{C}\alpha_1\alpha_2\cosh[\delta k(y+h)]e^{i(\delta\omega t-\delta kx+\vartheta)}\\&=\varphi_{inc}^{(1)}+\varphi_{inc}^{(2)}\end{aligned} \tag{4.48}$$

其中，$\mathscr{C}$在式(4.19)中被定义。

首先，我们假设壁面在空间中是固定的，并且波浪在壁面处的法向速度等于零。

$$\frac{\partial\varphi}{\partial x}=0 \quad (x=0^-) \tag{4.49}$$

因为反射系数等于1，一阶反射波为

$$\varphi_{\text{refl}}^{(1)}=\alpha_1\frac{\cosh[k_1(y+h)]}{\cosh(k_1 h)}\mathrm{e}^{\mathrm{i}(\omega_1 t+k_1 x)}+\alpha_2\frac{\cosh[k_2(y+h)]}{\cosh(k_2 h)}\mathrm{e}^{\mathrm{i}(\omega_2 t+k_2 x+\vartheta)} \tag{4.50}$$

相应地，缓变二阶变为

$$\varphi_{\text{refl}}^{(2)}=\mathscr{C}\alpha_1\alpha_2\cosh[\delta k(y+h)]\mathrm{e}^{\mathrm{i}(\delta\omega t+\delta kx+\vartheta)} \tag{4.51}$$

如果我们只考虑一阶反射波，这个缓变二阶势就是反射波的合成波。但在自由表面条件下，由入射波和反射波速度势函数引起的二阶势[式(4.7)]的二次项必须被考虑在内。

将一阶项合并，然后计算它对所有缓变二阶势的贡献是很方便的。因此我们用下面的公式计算二阶项的贡献：

$$\begin{aligned}\varphi^{(1)}(x,y,t)&=\mathscr{R}[\varphi_{\text{inc}}^{(1)}+\varphi_{\text{refl}}^{(1)}]\\&=2\sum_{j=1,2}\alpha_j\frac{\cosh[k_j(y+h)]}{\cosh(k_j)h}\cos(k_j x)\cos(\omega_j t+\vartheta_j)\end{aligned} \tag{4.52}$$

其中，$\vartheta_1=0$；$\vartheta_2=\vartheta$。

缓变二阶势的自由表面条件变为

$$\begin{aligned}g\varphi_y^{(2)}+\varphi_{tt}^{(2)}\approx&\,2\alpha_1\alpha_2\delta\omega\sin(\delta\omega t+\vartheta)\cdot\\&\left[-k^2\sin(k_1 x)\sin(k_2 x)+\left(\frac{k^2}{2}-\frac{k\omega}{c_g}-\frac{\omega^4}{2g^2}\right)\cos(k_1 x)\cos(k_2 x)\right]\end{aligned} \tag{4.53}$$

我们用一阶波浪的色散关系简化式(4.53)，可以改写为

$$\begin{aligned}g\varphi_y^{(2)}+\varphi_{tt}^{(2)}&\approx\alpha_1\alpha_2\left\{-\left(\frac{1}{2}k^2+\frac{k\omega}{c_g}+\frac{\omega^4}{2g^2}\right)\cos(\delta kx)+\left(\frac{3}{2}k^2-\frac{k\omega}{c_g}-\frac{\omega^4}{2g^2}\right)\cos[(k_1+k_2)x]\right\}\cdot\\&\quad\delta\omega\sin(\delta\omega t+\vartheta)\\&=\{\mathscr{C}_1\cos(\delta kx)+\mathscr{C}_2\cos[(k_1+k_2)x]\}\delta\omega\sin(\delta\omega t+\vartheta)\end{aligned} \tag{4.54}$$

其中

$$\mathscr{C}_1=-\alpha_1\alpha_2\left(\frac{1}{2}k^2+\frac{k\omega}{c_g}+\frac{\omega^4}{2g^2}\right)$$

$$\mathscr{C}_2=\alpha_1\alpha_2\left(\frac{3}{2}k^2-\frac{k\omega}{c_g}-\frac{\omega^4}{2g^2}\right)$$

因此，缓变势函数由在 x 轴方向上缓慢变化的 δk 和快速变化的 k_1+k_2 组成。后一项是入射波和反射波相互作用的结果。通过分离变量可以得到解：

$$\begin{aligned}\varphi^{(2)}(x,y,t)=&\left\{\frac{\mathscr{C}_1\cos(\delta kx)\cosh[\delta k(y+h)]}{g\delta k\sinh(\delta kh)-(\delta\omega)^2\cosh(\delta kh)}+\frac{\mathscr{C}_2\cos[(k_1+k_2)x]\cosh[(k_1+k_2)(y+h)]}{g(k_1+k_2)\sinh[(k_1+k_2)h]}\right\}\cdot\\&\delta\omega\sin(\delta\omega t+\vartheta)\end{aligned} \tag{4.55}$$

合成缓变波的贡献在 $x=0$ 处满足边界条件。这只在这种简单的情况下有效。式(4.55)的第二部分与第一部分相比是渐进小量，因此我们可以忽略它。所以最终结果近似地等于式(4.18)和式(4.51)的和。然而，在考虑它对二阶力的影响时，我们不能忽略小项。

对于具有更复杂几何的物体，我们还必须计算一个自由的二阶项的贡献以满足物体表

面的边界条件。

下一节将说明当壁面能够自由移动时，在自由表面条件[式(4.11)]下，相应地，反射势也会起重要作用。

4.3.2 固定壁面上的受力

我们用同样的固定的不可穿透的平板问题来说明二阶缓变水平力的计算方法。板上的压力由式(1.13)给出：

$$\varphi_t+\frac{1}{2}(\varphi_x^2+\varphi_y^2)+gy+\frac{p-p_0}{\rho}=0 \tag{4.56}$$

作用在壁面上的水平力与时间有关，每单位长度的水平力为

$$F_x(t)=\int_{-h}^{\eta(0,t)}p(0,y,t)\mathrm{d}y := F^{(1)}(t)+F^{(2)}(t)+\cdots \tag{4.57}$$

其中，$F^{(1)}(t)$为一阶力；$F^{(2)}(t)$为缓变力。

我们忽略其他二阶项。一阶力为

$$F^{(1)}(t)=-\rho\int_{-h}^{0}\varphi_t^{(1)}(0,y,t)\mathrm{d}y=-2\mathrm{i}\rho\sum_{j=1,2}\frac{\alpha_j\omega_j^3}{gk_j^2}\mathrm{e}^{\mathrm{i}(\omega_j t+\vartheta_j)} \tag{4.58}$$

低频二阶力由二阶缓变势和一阶势的二次项组成。如果平板是自由运动的，我们还必须考虑运动流场的影响和平板局部位移的影响。然而，这里平板是固定在空间中的。二阶缓变势[式(4.55)]所产生的力变为

$$F^{(2a)}(t)=\rho\left[\frac{\mathscr{C}_1 c_g\delta\omega\sinh(\delta kh)}{g\delta k\sinh(\delta kh)-(\delta\omega)^2\cosh(\delta kh)}+\frac{\mathscr{C}_2(\delta\omega)^2\sinh(2kh)}{4gk^2\sinh(2kh)}\right]\cdot \cos(\delta\omega t+\vartheta) \tag{4.59}$$

式(4.59)中的第二项$O[(\delta\omega)^2]$小于第一项$O(1)$，因此可以忽略。由一阶势产生的部分等于

$$F^{(2b)}(t)=\frac{\rho}{2}\left(\frac{1}{g}\varphi_t^2\bigg|_{y=0}-\int_{-h}^{0}\varphi_y^2\mathrm{d}y\right) \tag{4.60}$$

这是因为在$x=0$处，$\varphi_x=0$。如果我们把式(4.52)代入式(4.60)，将得到缓变部分为

$$F^{(2b)}(t)=\frac{\rho}{2}\alpha_1\alpha_2\left[\frac{\omega^2}{g}-\frac{k^2\sinh(\delta kh)}{\delta k\cosh^2(kh)}\right]\cos(\delta\omega t+\vartheta) \tag{4.61}$$

式(4.61)中的两项与式(4.59)中的第一项具有相同的数量级。在固定壁面的情况下，这两项是二阶缓变力的仅有贡献。

4.3.3 移动壁面

如果壁面能够移动，情况就会变得更加复杂。我们只考虑壁面在水平方向上可以自由移动的情况，如图4.1所示。

壁面的质量为M，其运动受到弹簧常数为C的线性弹簧的约束。其他结构也可以用同样的方法处理。壁面的运动包含对不同频率的一阶入射波引起的一阶力和二阶分量的响应。一阶运动将产生一个与运动同相位或反相位的反作用力。与运动同相位的力导致了质量的增加，而反相位的力产生了波动阻尼。二阶低频力现在由几项组成。由于不仅在

式(4.59)和式(4.61)中所描述的力作用在壁面上,而且壁面的“高频”位移的影响也起着不可忽视的作用,因此我们首先研究一阶高频运动。

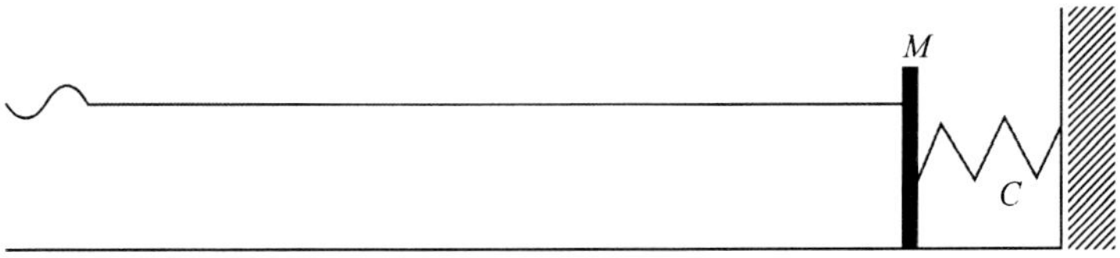

图 4.1 移动壁面

4.3.4 壁面的一阶运动

在壁面只能在水平方向上自由移动的情况下,运动方程可以写为

$$M\frac{\mathrm{d}^2\bar{x}}{\mathrm{d}t^2}+C\bar{x}=F_{\mathrm{exc}}(t)+F_{\mathrm{react}}(t) \tag{4.62}$$

其中,$F_{\mathrm{exc}}(t)$为入射波产生的激励力;$F_{\mathrm{react}}(t)$为运动产生的反作用力。

一般情况下,随时间变化的反作用力可以写为

$$F_{\mathrm{react}}(t)=a\frac{\mathrm{d}^2\bar{x}}{\mathrm{d}t^2}(t)+\int_{-\infty}^{t}\mathscr{L}(t-\tau)\frac{\mathrm{d}\bar{x}}{\mathrm{d}\tau}(\tau)\mathrm{d}\tau$$

因为我们考虑问题的线性部分,所以可以分别考虑每个频率的运动方程。我们考虑频率为 ω 的入射波,因此写成 $\bar{x}=x_{\mathrm{w}}\mathrm{e}^{\mathrm{i}\omega t}$。在单个频率 ω 下,激振力等于式(4.58),反作用力可改写为

$$F_{\mathrm{react}}(t)=F_{\mathrm{react}}\mathrm{e}^{\mathrm{i}\omega t}=[\omega^2a(\omega)-\mathrm{i}\omega b(\omega)]x_{\mathrm{w}}\mathrm{e}^{\mathrm{i}\omega t} \tag{4.63}$$

与船舶运动理论类似,我们可把运动方程写为

$$[M+a(\omega)]\frac{\mathrm{d}^2\bar{x}}{\mathrm{d}t^2}+b(\omega)\frac{\mathrm{d}\bar{x}}{\mathrm{d}t}+C\bar{x}=F_{\mathrm{exc}}(t) \tag{4.64}$$

其中,$a(\omega)$是频率相关的附加质量;$b(\omega)$是频率相关的兴波阻尼系数。

如果壁面以振幅 x_{w} 强迫移动,则二维线性波浪速度势的边值问题 $\bar{\varphi}(x,y,t)=\varphi(x,y)\mathrm{e}^{\mathrm{i}\omega t}$ 为

$$\begin{cases}\varphi_{xx}+\varphi_{yy}=0\\ \varphi_y=\dfrac{\omega^2}{g}\varphi\quad(y=0)\\ \varphi_y=0\quad(y=-h)\\ \varphi_x=\mathrm{i}\omega x_{\mathrm{w}}\quad(x=0)\end{cases} \tag{4.65}$$

此外,在远场,我们只允许波浪向远离壁面的方向传播。解可以写成特征函数的和:

$$\varphi(x,y)=\sum_{m=0}^{\infty}a_m\cosh[k_m(y+h)]\mathrm{e}^{\mathrm{i}k_mx} \tag{4.66}$$

其中,k_0 为色散关系 $k\sinh(kh)=\dfrac{\omega^2}{g}\cosh(kh)$的正实数根;当 $m=1,2,\cdots$时,$k_m=-\mathrm{i}\kappa_m$,是同一色散关系的负虚根。

如果我们使用在 $x=0$ 处边界条件的正交关系,则

$$a_m=\frac{4\omega\sinh(k_m h)}{k_m[\sinh(2k_m h)+2k_m h]}x_w \tag{4.67}$$

由运动引起的在壁面上的一阶力变为

$$\begin{aligned}F_{\text{react}}&=-\mathrm{i}\omega\rho\int_{-h}^{0}\varphi(0,y)\,\mathrm{d}y\\&=-4\mathrm{i}\omega^2\rho\sum_{m=0}^{\infty}\frac{\sinh^2(k_m h)}{k_m^2[\sinh(2k_m h)+2k_m h]}x_w\end{aligned} \tag{4.68}$$

附加质量和兴波阻尼变为

$$\begin{cases}a(\omega)=4\rho\sum\limits_{m=1}^{\infty}\dfrac{\sin^2(\kappa_m h)}{\kappa_m^2[\sin(2\kappa_m h)+2\kappa_m h]}\\[2ex] b(\omega)=4\omega\rho\dfrac{\sinh^2(k_0 h)}{k_0^2[\sinh(2k_0 h)+2k_0 h]}\end{cases} \tag{4.69}$$

对于单个波浪的系统,我们把式(4.58)与式(4.64)结合起来,得到壁面运动的振幅为

$$x_w=-2\mathrm{i}\rho\frac{\alpha\omega^3}{gk_0^2\{-[M+a(\omega)]\omega^2+\mathrm{i}b(\omega)\omega+C\}} \tag{4.70}$$

对于两个波浪系统,我们可以写成一阶运动为

$$\bar{x}^{(1)}(t)=-2\mathrm{i}\rho\sum_{j=1,2}\frac{\alpha_j\omega_j^3\mathrm{e}^{\mathrm{i}(\omega_j t+\vartheta_j)}}{gk_{0j}^2\{-[M+a(\omega_j)]\omega_j^2+\mathrm{i}b(\omega_j)\omega_j+C\}} \tag{4.71}$$

如果我们现在重新考虑缓变势函数式(4.11)的自由表面条件,会看到右边由入射波、反射波和辐射波的项组成。一般来说,这些影响在数值代码中几乎不考虑。在这个简单的例子中,我们可以解析地确定这个势。向左传播的波浪现在由反射波和辐射波组成,所以我们用向左传播的波浪 $\varphi_{\text{refl}}+\varphi_{\text{react}}$ 代替式(4.50),即

$$\varphi_{\text{react}}^{(1)}=\beta_1\frac{\cosh[k_1(y+h)]}{\cosh(k_1 h)}\mathrm{e}^{\mathrm{i}(\omega_1 t+k_1 x+\theta_1)}+\beta_2\frac{\cosh[k_2(y+h)]}{\cosh(k_2 h)}\mathrm{e}^{\mathrm{i}(\omega_2 t+k_2 x+\theta_2)} \tag{4.72}$$

其中,$k_{1,2}$ 是色散关系的实根,且

$$\beta_{1,2}\mathrm{e}^{\mathrm{i}\theta_{1,2}}=\frac{2\omega_{1,2}\sinh(2k_{1,2}h)}{k_{1,2}[\sinh(2k_{1,2}h)+2k_{1,2}h]}x_w^{1,2}$$

我们可以证明,与行波的影响相比,色散关系的虚根对二阶势的影响渐近变小。因此,我们忽略了衰减波的影响。与式(4.72)中势函数结合的二阶势等于式(4.51),其中的 α 替换为 β,则

$$\varphi_{\text{react}}^{(2)}=\mathscr{C}\beta_1\beta_2\cosh[\delta k(y+h)]\mathrm{e}^{\mathrm{i}(\delta\omega t+\delta kx+\delta\theta)} \tag{4.73}$$

该波浪的势函数在 $x=0$ 处不服从边界条件,因此我们必须考虑相同频率 $\delta\omega$ 的自由波 $\varphi^{(2')}$。我们有自由二阶缓变势的边界条件为

$$\varphi_x^{(2')}\big|_{x=0}=-\mathscr{C}\beta_1\beta_2\delta k\cosh[\delta k(y+h)]\mathrm{e}^{\mathrm{i}(\delta\omega t+\delta\theta)} \tag{4.74}$$

之后我们写为

$$\varphi^{(2')}(x,y,t)=-\mathscr{C}\beta_1\beta_2\delta k\psi(x,y)\mathrm{e}^{\mathrm{i}(\sigma t+\delta\theta)}$$

其中,$\sigma=\delta\omega$,并得到 ψ 的边值问题为

$$
\begin{cases}
\psi_{xx}+\psi_{yy}=0 \\
\psi_y-\dfrac{(\sigma)^2}{g}\psi=0 \quad (y=0) \\
\psi_y=0 \quad (y=-h) \\
\psi_x=\cosh[\delta k(y+h)]=f(y) \quad (x=0)
\end{cases}
\tag{4.75}
$$

需要注意的是,δk 不是线性色散关系 $k\sinh(kh)-\dfrac{\sigma^2}{g}\cosh(kh)=0$ 的解。色散关系的零点为实值 $k_0=\pm\widetilde{k}$ 和虚值 $k_j=\pm\mathrm{i}\widetilde{\kappa}_j(j=1,2,\cdots)$。因为波浪沿负 x 轴方向传播,所以我们只考虑正实值 $+k_0$ 和负虚值 $-\mathrm{i}\widetilde{\kappa}_j$。函数集 $\cosh[k_j(y+h)]$ 构成函数的完全正交集。这很容易证明:

$$
\int_{-h}^{0}\cosh[k_i(y+h)]\cosh[k_j(y+h)]\mathrm{d}y=0 \quad (i\neq j)
$$

因此我们把解写成

$$
\psi(x,y)=\sum_{j=0}^{\infty}a_j\cosh[k_j(y+h)]\mathrm{e}^{\mathrm{i}k_jx}
\tag{4.76}
$$

其中

$$
a_j=\frac{\displaystyle\int_{-h}^{0}f(y)\cosh[k_j(y+h)]\mathrm{d}y}{\mathrm{i}k_j\displaystyle\int_{-h}^{0}\cosh^2[k_j(y+h)]\mathrm{d}y}
=\frac{2\left\{\dfrac{\sinh[(k_j+\delta k)h]}{k_j+\delta k}+\dfrac{\sinh[(k_j-\delta k)h]}{k_j-\delta k}\right\}}{\mathrm{i}[\sinh(2k_jh)+2k_jh]}
\tag{4.77}
$$

我们可以注意到 $\widetilde{k}$ 和 δk 都很小,因此认为它们具有相同的数量级。所以,我们可以得出结论,行波部分与衰减波部分相比占主导地位。这就得到了自由二阶波浪的如下近似:

$$
\varphi^{(2')}(x,y,t)=-\frac{2}{\mathrm{i}}\mathscr{C}\beta_1\beta_2\delta k\left\{\frac{\sinh[(\widetilde{k}+\delta k)h]}{\widetilde{k}+\delta k}+\frac{\sinh[(\widetilde{k}-\delta k)h]}{\widetilde{k}-\delta k}\right\}\cdot
\frac{\cosh[\widetilde{k}(y+h)]\mathrm{e}^{\mathrm{i}(\sigma t+\widetilde{k}x+\delta\theta)}}{\sinh(2\widetilde{k}h)+2\widetilde{k}h}
$$

$$
=\mathscr{C}\gamma_1\gamma_2\cosh[\widetilde{k}(y+h)]\mathrm{e}^{\mathrm{i}(\sigma t+\widetilde{k}x+\delta\theta)}
\tag{4.78}
$$

其中

$$
\gamma_j=\frac{-2\beta_j\delta k}{\mathrm{i}[\sinh(2\widetilde{k}h)+2\widetilde{k}h]}\left\{\frac{\sinh[(\widetilde{k}+\delta k)h]}{\widetilde{k}+\delta k}+\frac{\sinh[(\widetilde{k}-\delta k)h]}{\widetilde{k}-\delta k}\right\}
$$

此外,二阶缓变自由波与边界缓变合成波具有相同的数量级。

4.3.5 运动对低频漂移力的影响

如果壁面在移动,式(4.58)也包含二次项,因为势函数必须在实际位置取得。我们把式(4.58)写成

$$F^{(1')}(t)=-\rho\int_{-h}^{0}\varphi_t^{(1)}[\bar{x}(t),y,t]\mathrm{d}y\approx F^{(1)}(t)-\rho\bar{x}(t)\int_{-h}^{0}\varphi_{xt}^{(1)}(0,y,t)\mathrm{d}y \tag{4.79}$$

因为在这种特殊情况下,$\varphi_x^{(1)}(0,y,t)=0$,一阶运动对低频漂移力的影响等于零。在波浪与系泊物体相互作用的情况下,它可以给出与式(4.59)和式(4.61)两项相同数量级的贡献。

4.3.6 壁面的二阶运动

由壁面的一阶运动引起的二阶合成波和二阶自由波速度势对二阶力的贡献等于

$$F^{(2c)}(t)=-\rho\delta\omega\mathscr{R}\left\{\mathrm{i}\mathscr{C}\left[\frac{\beta_1\beta_2\sinh(\delta kh)}{\delta k}+\frac{\gamma_1\gamma_2\sinh(\tilde{k}h)}{\tilde{k}}\right]\mathrm{e}^{\mathrm{i}(\delta\omega t+\delta\theta)}\right\} \tag{4.80}$$

这一项与 $F^{(2a)}(t)$ 和 $F^{(2b)}(t)$ 具有相同的数量级,因为对于 $\delta\omega=\sigma$ 的小值,$\mathscr{C}\delta\omega=O(1)$。作用在壁面上的总的低频二阶力等于

$$F^{(2)}(t)=F^{(2a)}(t)+F^{(2b)}(t)+F^{(2c)}(t)\doteqdot\mathscr{R}\{\bar{F}^{(2)}\mathrm{e}^{\mathrm{i}\sigma t}\mathrm{e}^{\mathrm{i}\sigma t}\} \tag{4.81}$$

由式(4.64)描述的低频运动为

$$[M+a(\sigma)]\frac{\mathrm{d}^2\bar{x}}{\mathrm{d}t^2}+b(\sigma)\frac{\mathrm{d}\bar{x}}{\mathrm{d}t}+C\bar{x}=\mathscr{R}\{\bar{F}^{(2)}\mathrm{e}^{\mathrm{i}\sigma t}\} \tag{4.82}$$

这个方程的调和解变为

$$\bar{x}(t)=\mathscr{R}\left\{\frac{\bar{F}^{(2)}\mathrm{e}^{\mathrm{i}\sigma t}}{-[M+a(\sigma)]\sigma^2+\mathrm{i}b(\sigma)\sigma+C}\right\} \tag{4.83}$$

对于在 $M\sigma^2\approx C$ 附近共振的柔性弹簧-质量系统,当 σ 值很小时,运动幅度就会变得很大。这一点与先前所做的假设产生了矛盾。在一阶势函数的公式中,我们必须考虑剧烈运动的影响。这反过来又影响了二阶低频的运动。因此,我们可以假定运动方程式(4.82)的右边取决于物体的低频速度。因此 $\bar{F}^{(2)}$ 是 $\frac{\mathrm{d}\bar{x}}{\mathrm{d}t}=U(\sigma t)$ 的函数,并且我们可以通过泰勒级数来展开,舍去二次以上项的公式如下:

$$\bar{F}^{(2)}(U)=\bar{F}^{(2)}(0)+U\frac{\mathrm{d}\bar{F}^{(2)}}{\mathrm{d}U}(0)+O(U^2) \tag{4.84}$$

因此,在运动方程中,我们必须考虑一个额外的阻尼项等于$\frac{\mathrm{d}\bar{F}^{(2)}}{\mathrm{d}U}(0)$。这种阻尼称为波浪漂移阻尼。我们把如何计算这个阻尼项作为一个开放性问题。一般来说,它的值比运动方程中的兴波阻尼大得多。除此之外,黏性阻尼也会对阻尼值产生影响。因此,柔性固定壁面的运动振幅仍然非常值得关注。

4.3.7 一些意见

这一分析表明,如果考虑船舶系泊在浮标上,几乎不可能考虑到所有的影响。一些在壁面情况下计算出的影响可以近似地考虑进去。一般来说,由黏性效应引起的阻尼项足以考虑在内。然而,对于高海况,由二阶运动引起的阻尼可能变得更加重要。我们必须记住,后者是波高的二次函数,在高海况下可能占主导地位。

第5章　渐近公式

在本章中,我们将描述均匀流经过一艘薄船的情况。在第2章中,我们用傅里叶变换的方法推导了布置在均匀流中的定常点源的流场。在本章中,薄船周围的定常流场将被写成在船对称平面上的分布源的叠加。对于波浪阻力,该理论诞生了首次发表于1898年的经典"米歇尔(Michell)积分"。

本章的第二部分讨论了关于短肥型船在前进速度恒定下的短波绕射问题。船的速度被认为很小。如果船的双体势已知,那么可以使用渐近短波理论。所使用的方法是在声学理论中众所周知的射线法。我们给出了一些已知形状的双体势的表达式结果,即圆柱体和球体。在文献中也可以找到一些船形的结果。

5.1　薄船流体力学,米歇尔理论

我们考虑一艘对称的船以速度 U 匀速移动,建立右手坐标系 $\bar{x}$、$\bar{y}$、$\bar{z}$,其中 $\bar{x}$ 轴为速度方向,$\bar{y}$ 轴向上(最初在米歇尔理论中向下)方向为正。为方便起见,我们将坐标系固定在船上,换句话说,我们考虑一个经过船的定常流。来流在负 $\bar{x}$ 方向上以 U 匀速流动。我们假设船体的方程由 $\bar{z}=\pm B\bar{f}(\bar{x},\bar{y})$ 给出,其中 $\bar{f}$ 是定义了船体在 $\bar{x}$、$\bar{y}$ 平面上投影的光滑函数。船宽 B 与船长 L 相比是较小的。船体引起的扰动由速度势 $\bar{\varphi}$ 来描述,它满足式(1.32)中定义的拉普拉斯方程和线性化的自由表面条件,现在自由表面条件写为

$$U^2\bar{\varphi}_{\bar{x}\bar{x}}+g\bar{\varphi}_{\bar{y}}=0 \quad (\bar{y}=0) \tag{5.1}$$

此外,还有船体表面的边界条件,表明船体总的法向速度为零。根据所使用的坐标系,我们在 $\bar{x}$ 方向上有一个不受干扰的速度 $-U$,因此速度是 $(-U+\bar{\varphi}_{\bar{x}},\bar{\varphi}_{\bar{y}},\bar{\varphi}_{\bar{z}})$。由于船体法向量是 $(\pm\bar{f}_{\bar{x}},\pm\bar{f}_{\bar{y}},-1)$,我们最终得到了这个条件:

$$-U\bar{f}_{\bar{x}}+\bar{\varphi}_{\bar{x}}\bar{f}_{\bar{x}}+\bar{\varphi}_{\bar{y}}\bar{f}_{\bar{y}}\mp\bar{\varphi}_{\bar{z}}=0 \tag{5.2}$$

现在我们引入无量纲坐标 $x=\bar{x}/L$、$y=\bar{y}/L$、$z=\bar{z}/L$,以及无量纲势 φ,由下式定义为

$$\bar{\varphi}=\varepsilon UL\phi(x,y,z)$$

其中,$\varepsilon=B/L$。显然,这不会影响拉普拉斯方程。然而,自由表面条件式(5.1)变为

$$F^2\varphi_{xx}+\varphi_y=0 \quad (y=0) \tag{5.3}$$

其中,$F=U/\sqrt{gL}$ 为弗劳德数。进一步,通过建立 $\bar{f}(x,y)=Bf(x,y)$,将条件式(5.2)以无量纲形式变换为

$$-f_x+\varepsilon\varphi_x f_x+\varepsilon\varphi_y f_y\mp\varphi_z=0 \quad [z=\pm\varepsilon f(x,y)] \tag{5.4}$$

一阶近似中,在 $z=0$ 平面上,这个条件简化为

$$\varphi_z=\mp f_x \tag{5.5}$$

由于流的对称性,我们看到在 $z=0$ 处,船体外的 $\varphi_z=0$。这样我们就得到了拉普拉斯方程定义的 φ 的边值问题:

$$\varphi_{xx}\varphi_{yy}+\varphi_{zz}=0 \tag{5.6}$$

以及边界条件为

$$\varphi \text{ 有限} \quad (y \to -\infty) \tag{5.7}$$

$$\varphi_z = \begin{cases} \mp f_x & \text{内部} \\ 0 & \text{外部} \end{cases} \quad (\text{船体在 } z=0 \text{ 平面上的投影})$$

解决这个问题有两种方法:第一种是使用傅里叶变换;第二种是通过在中心平面上的分布源来实现。在第 2 章中,我们通过傅里叶变换推导了深水条件下均匀流中点源的流场表达式(2.125),因此,在本节中我们使用第二种方法。我们用一个稍微不同的符号来表示这个所谓的格林函数:

$$\mathscr{G}(x,y,z;\tilde{x},\tilde{y},\tilde{z}) = -\frac{1}{4\pi r} + \frac{1}{4\pi \bar{r}} - \frac{1}{2\pi^2}\int_0^\infty \mathrm{d}k\int_0^\pi \mathrm{d}\vartheta \frac{1}{1-kv\cos^2\vartheta} \cdot \mathrm{e}^{k[(y+\tilde{y})-\mathrm{i}(x-\tilde{x})\cos\vartheta]}\cos[k(z-\tilde{z})\sin\vartheta] \tag{5.8}$$

边值问题的解为船体在对称平面上的投影 $\mathscr{S}_0$ 处强度为 $\sigma(\tilde{x},\tilde{y})$ 的分布源:

$$\varphi(x,y,z;\tilde{x},\tilde{y},\tilde{z}) = \iint_{\mathscr{S}_0} \mathscr{G}(x,y,z;\tilde{x},\tilde{y},0)\sigma(\tilde{x},\tilde{y})\,\mathrm{d}\tilde{x}\mathrm{d}\tilde{y} \tag{5.9}$$

我们在对称平面上应用边界条件,并利用格林函数和式(3.17)的对称性,使得

$$\sigma(\tilde{x},\tilde{y}) = -2f_x(\tilde{x},\tilde{y}) \tag{5.10}$$

船的阻力可以通过船体上的压力分布进行积分得到。沿船体的压力分布由伯努利方程式(1.13)可知。由于压力相对于中心平面是对称的,我们便得到了总力 $\mathscr{R}$ 在 x 方向上的分量:

$$\mathscr{R} = 2\rho U\iint_{\mathscr{S}_0} \varphi_x(x,y,0)f_x(x,y)\,\mathrm{d}x\mathrm{d}y \tag{5.11}$$

通过这个表达式,我们看到 $1/r$ 和 $1/\bar{r}$ 对 $\mathscr{R}$ 没有任何贡献,因为根据达朗贝尔(d'Alembert)悖论,它们不应该有任何贡献。达朗贝尔悖论指出,在没有涡的势流中,作用在物体上的总力等于零。

经过相当烦琐的计算,最终结果为

$$\mathscr{R} = \frac{4g^2\rho}{\pi U^2}\int_0^{\frac{\pi}{2}} \sec^3\vartheta[P^2(\vartheta)+Q^2(\vartheta)]\,\mathrm{d}\vartheta \tag{5.12}$$

其中

$$P = \iint_{\mathscr{S}_0} f_x \mathrm{e}^{y\frac{\sec^2\vartheta}{F^2}}\cos\left(\frac{x\sec\vartheta}{F^2}\right)\mathrm{d}x\mathrm{d}y$$

$$Q = \iint_{\mathscr{S}_0} f_x \mathrm{e}^{y\frac{\sec^2\vartheta}{F^2}}\sin\left(\frac{x\sec\vartheta}{F^2}\right)\mathrm{d}x\mathrm{d}y$$

通过改变变量和积分顺序,我们可以将式(5.12)的结果表示为多种不同的形式。如果假设 $\lambda=\sec\vartheta$,则可以验证:

$$\mathscr{R} = \frac{4g^2\rho}{\pi U^2}\iint_{\mathscr{S}_0}\mathrm{d}x\mathrm{d}y\iint_{\mathscr{S}_0}\mathrm{d}\tilde{x}\mathrm{d}\tilde{y}f_x(x,y)f_x(\tilde{x},\tilde{y})M\left(\frac{x-\tilde{x}}{F^2},\frac{y-\tilde{y}}{F^2}\right) \tag{5.13}$$

其中

$$M(x,y)=\int_1^{\infty}\frac{\lambda^2}{\sqrt{\lambda^2-1}}\mathrm{e}^{\lambda^2 y}\cos\lambda x\mathrm{d}\lambda$$

$\mathscr{R}$ 的表达式(5.13)通常称为“米歇尔积分”(1898年)。在实践中,这个表达式给出了在中等弗劳德数中航行的有限种类船舶的合理近似值。对于较小的 F 值,如对于非常大的船舶,它高估了波浪阻力,而对于短肥型船,它根本无效。目前一般认为,对于这些船体,完全非线性自由表面问题必须用数值方法求解。在关于数值方法的章节中,我们将再次关注波浪阻力的计算。

5.2 航行船舶的短波绕射

在本节中,我们将讲述一个渐近短波理论来计算在深水中缓慢航行的船舶的附加阻力。在这种方法中,船长弗劳德数 $F=U/\sqrt{gL}$ 也被假设为很小。在这种情况下,定常势 $\overline{\phi}_s(\boldsymbol{x})$ 可以用双体势 $\overline{\phi}_r(\boldsymbol{x})$ 代替。在第 1 章中,我们导出了波浪势的自由表面条件。在坐标系:

$$x'=x,y'=y-\eta_r(x,z),z'=z$$

我们得到了非定常波浪速度势 $\phi(\boldsymbol{x},t)$ 的边界条件,省略首项后为

$$\frac{1}{g}\left(\frac{\partial}{\partial t}+u\frac{\partial}{\partial x}+w\frac{\partial}{\partial z}\right)^2\phi+\frac{\partial}{\partial y}\phi=0\quad(y=0)\tag{5.14}$$

其中,η_r 为由 ϕ_r 引起的自由表面升高,水平速度 $\boldsymbol{u}=(u,w)=\nabla_2\phi_r$ 在未受扰动的自由表面处计算。这个表达式中的各项必须具有相同的数量级。如果波浪的频率很大,而无量纲参数 $\tau=\omega U/g$ 仍然是有限的。可以证明,自由表面条件中被忽略的项在这种情况下很小。

势函数 $\phi(\boldsymbol{x},t)$ 服从拉普拉斯方程:

$$\Delta\phi=0\quad(\text{在流体区域})\tag{5.15}$$

在船体表面,$\dfrac{\partial\phi}{\partial\boldsymbol{n}}=0$。在无穷远处,入射波流场由平面波组成,即

$$\phi^{\mathrm{inc}}=\mathrm{e}^{\mathrm{i}k_0(x\cos\theta+z\sin\theta)+k_0y+\mathrm{i}\omega t}\tag{5.16}$$

其中,$k_0=\omega_0^2/g$ 为深水波数;$\omega=\omega_0+k_0U\cos\theta$ 为相对频率。我们考虑相对于船长 L 的短波,即 $k_0L=\omega_0^2L/g\gg1$,然而选择 $k=\omega^2/g$ 为大参数更方便。

我们引入了众所周知的射线展开:

$$\phi(\boldsymbol{x},t;k)=a(\boldsymbol{x},k)\mathrm{e}^{\mathrm{i}kS(\boldsymbol{x})+\mathrm{i}\omega t}\tag{5.17}$$

其中,$S(\boldsymbol{x})$ 是相位函数;$a(\boldsymbol{x},k)$ 是振幅函数。后者被写成关于 $\mathrm{i}k$ 的负幂的常规级数展开式:

$$a(\boldsymbol{x},k)=\sum_{j=0}^{N}\frac{a_j(\boldsymbol{x})}{(\mathrm{i}k)^j}+o[(\mathrm{i}k)^{-N}]\tag{5.18}$$

我们只确定 $S(\boldsymbol{x})$ 和 $a_0(\boldsymbol{x})$。

式(5.17)代入拉普拉斯方程式(5.15)得到

$$-k^2a\nabla_3S\cdot\nabla_3S+\mathrm{i}k(2\nabla_3a\cdot\nabla_3S+a\Delta_3S)+O(1)=0\tag{5.19}$$

其中,下标 3 表示三维 ∇ 和 Δ 算子。如果没有使用下标,则作用于 S 或 a_0 的算子在水平面上是二维的。将式(5.19)中的数量级进行比较,可以得到在流体区域满足 S 和 a_0 的一组

方程：

$$\begin{cases} O(k^2):\nabla_3 S\cdot\nabla_3 S=0 \\ O(k^1):2\nabla_3 a_0\cdot\nabla_3 S+a_0\Delta_3 S=0 \end{cases}\quad\text{（在流体区域）}\tag{5.20}$$

然后将式(5.17)代入自由表面条件式(5.14)，得到

$$-k^2[(1-\boldsymbol{u}\cdot\nabla S)^2-\mathrm{i}S_y]a-\mathrm{i}k[2\boldsymbol{u}\cdot\nabla a-2(\boldsymbol{u}\cdot\nabla S)(\boldsymbol{u}\cdot\nabla a)-\boldsymbol{u}\cdot\nabla(\boldsymbol{u}\cdot\nabla S)a+\mathrm{i}a_y]+O(1)=0\tag{5.21}$$

比较式(5.21)的数量级，则

$$\begin{cases} O(k^2):\mathrm{i}S_y=(1-\boldsymbol{u}\cdot\nabla S)^2 \\ O(k^1):a_{0y}=\mathrm{i}[2\boldsymbol{u}\cdot\nabla a_0-2(\boldsymbol{u}\cdot\nabla S)(\boldsymbol{u}\cdot\nabla a_0)-\boldsymbol{u}\cdot\nabla(\boldsymbol{u}\cdot\nabla S)a_0] \end{cases}\quad(y=0)\tag{5.22}$$

通过消去 S_z，得到了自由表面的相位函数方程。式(5.20)和式(5.22)产生程函方程：

$$(1-\boldsymbol{u}\cdot\nabla S)^4-\nabla S\cdot\nabla S=0\tag{5.23}$$

以及输运方程

$$[2\nabla S+4(1-\boldsymbol{u}\cdot\nabla S)^3\boldsymbol{u}]\cdot\nabla a_0+a_0MS=0\tag{5.24}$$

其中

$$MS=\Delta_3 S-2\boldsymbol{u}\cdot\nabla(\boldsymbol{u}\cdot\nabla S)(1-\boldsymbol{u}\nabla S)^2$$

为了求解程函方程式(5.23)，我们引入符号 $\boldsymbol{p}=(p,q):=(S_x,S_z)$，将式(5.23)写成标准形式为 $F(x,z,S,p,q)=0$，并应用特征线法。特征方程为沙比-拉格朗日(Charpit-Lagrange)方程：

$$\begin{cases} \dfrac{\mathrm{d}x}{\mathrm{d}\sigma}=F_p=-4(1-\boldsymbol{u}\cdot\boldsymbol{p})^3u-2p \\ \dfrac{\mathrm{d}z}{\mathrm{d}\sigma}=F_q=-4(1-\boldsymbol{u}\cdot\boldsymbol{p})^3w-2q \\ \dfrac{\mathrm{d}p}{\mathrm{d}\sigma}=-(F_x+pF_S)=4(1-\boldsymbol{u}\cdot\boldsymbol{p})^3(\boldsymbol{u}_x\cdot\boldsymbol{p}) \\ \dfrac{\mathrm{d}q}{\mathrm{d}\sigma}=-(F_z+qF_S)=4(1-\boldsymbol{u}\cdot\boldsymbol{p})^3(\boldsymbol{u}_z\cdot\boldsymbol{p}) \end{cases}\tag{5.25}$$

方程式(5.25)的解在几何光学中称为“射线”。通过求解方程得到相位函数为

$$\frac{\mathrm{d}S}{\mathrm{d}\sigma}=pF_p+qF_q=-4(1-\boldsymbol{u}\cdot\boldsymbol{p})^3+2\boldsymbol{p}\cdot\boldsymbol{p}\tag{5.26}$$

我们必须理解的是，射线并不垂直于波阵面 $S=\mathrm{constant}$。沿着射线的输运方程变为

$$\frac{\mathrm{d}a_0}{\mathrm{d}\sigma}=a_0MS\tag{5.27}$$

算子 MS 的最终形式为

$$MS=S_{xx}\left(1-2|\nabla S|u^2-\frac{S_x^2}{S_x^2+S_z^2}\right)+S_{xz}\left(-4|\nabla S|u^2-2\frac{S_xS_z}{S_x^2+S_z^2}\right)+S_{zz}\left(1-2|\nabla S|u^2-\frac{S_x^2}{S_x^2+S_z^2}\right)-2|\nabla S|\nabla(\boldsymbol{u}\cdot\boldsymbol{u})\cdot\nabla S\tag{5.28}$$

在用相位和振幅函数一起求解特征方程之前，必须确定 MS 中的二阶导数。要得到 $S_{xx}=p_x$，$S_{xz}=p_z=q_x$ 和 $S_{zz}=q_z$，可以使用数值微分。此外，我们也可以推导出这些项的常微分方程：

$$\begin{cases} \dfrac{dp_x}{d\sigma}=12(1-\boldsymbol{u}\cdot\boldsymbol{p})^2(\boldsymbol{u}\cdot\boldsymbol{p})_x^2-2\boldsymbol{p}_x\cdot\boldsymbol{p}_x-4(1-\boldsymbol{u}\cdot\boldsymbol{p})^3(\boldsymbol{u}_{xx}\cdot\boldsymbol{p}+2\boldsymbol{u}_x\cdot\boldsymbol{p}_x) \\ \dfrac{dp_z}{d\sigma}=12(1-\boldsymbol{u}\cdot\boldsymbol{p})^2(\boldsymbol{u}\cdot\boldsymbol{p})_x(\boldsymbol{u}\cdot\boldsymbol{p})_z-2\boldsymbol{p}_x\cdot\boldsymbol{p}_z-4(1-\boldsymbol{u}\cdot\boldsymbol{p})^3(\boldsymbol{u}_{xz}\cdot\boldsymbol{p}+\boldsymbol{u}_x\cdot\boldsymbol{p}_z+\boldsymbol{u}_z\cdot\boldsymbol{p}_x) \\ \dfrac{dq_z}{d\sigma}=12(1-\boldsymbol{u}\cdot\boldsymbol{p})^2(\boldsymbol{u}\cdot\boldsymbol{p})_z^2-2\boldsymbol{p}_z\cdot\boldsymbol{p}_z-4(1-\boldsymbol{u}\cdot\boldsymbol{p})^3(\boldsymbol{u}_{zz}\cdot\boldsymbol{p}+2\boldsymbol{u}_z\cdot\boldsymbol{p}_z) \end{cases} \tag{5.29}$$

特征方程和与特征值相关的方程都可以求解。我们给出了在与物体一定距离处入射场的初始条件,该入射场的射线图不受双体势的干扰。这些常微分方程是用四阶龙格-库塔(Runge-Kutta)法求解的。在物体上,我们考虑由诺伊曼边界条件(无通量)产生的适当的反射律求解。

平均阻力$\boldsymbol{F}_{aw}$被定义为由于波浪而作用在船体上的时间平均力。x方向上的力就是附加阻力。通常我们有

$$\boldsymbol{F}_{aw}=-\overline{\int_{y=-\infty}^{\zeta}\int_{WL}p\boldsymbol{n}\,dl\,dy} \tag{5.30}$$

在渐近情况下,该表达式为

$$\boldsymbol{F}_{aw}=-\frac{1}{4}\int_{WL}\left\{[\nabla S^{(i)}\cdot\nabla S^{(i)}]^{\frac{1}{4}}a_0^{(i)}+[\nabla S^{(r)}\cdot\nabla S^{(r)}]^{\frac{1}{4}}a_0^{(r)}\right\}^2\boldsymbol{n}\,dl+$$
$$\frac{1}{4}\int_{WL}\left[a_0^{(i)^2}|\nabla S^{(i)}|+a_0^{(r)^2}|\nabla S^{(r)}|+2a_0^{(i)}a_0^{(r)}\frac{\nabla S^{(i)}\cdot\nabla S^{(r)}+|\nabla S^{(i)}||\nabla S^{(r)}|}{|\nabla S^{(i)}|+|\nabla S^{(r)}|}\right]\boldsymbol{n}\,dl \tag{5.31}$$

振幅和相位的上标(i)(r)分别代表入射波与反射波。在图5.1和图5.2中,我们给出了$\theta=0^\circ$处$\tau=0.25$和$\tau=0.50$时深水中圆柱体的射线图。在图5.3中,给出了圆柱和球体的平均力的值。在图5.2中,我们看到,在短肥型船首,反射线形成了焦散曲线。这些线附近的振幅变得无限大。原则上,我们可以在这些线附近推导出一个一致有效的有限振幅渐近理论。计算表明,在焦散点附近,波浪变短,振幅变大。这样的结果导致,即使在低入射波的情况下,波浪也会在短肥型船首前破裂。这在实际中也是可以观察到的。

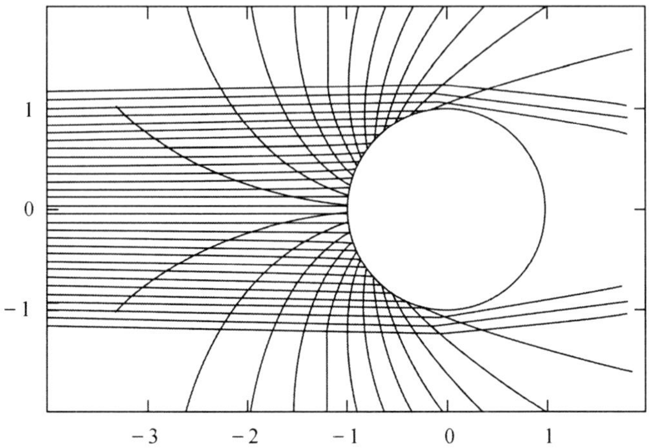

图5.1 $\tau=0.25$时圆柱体的射线图

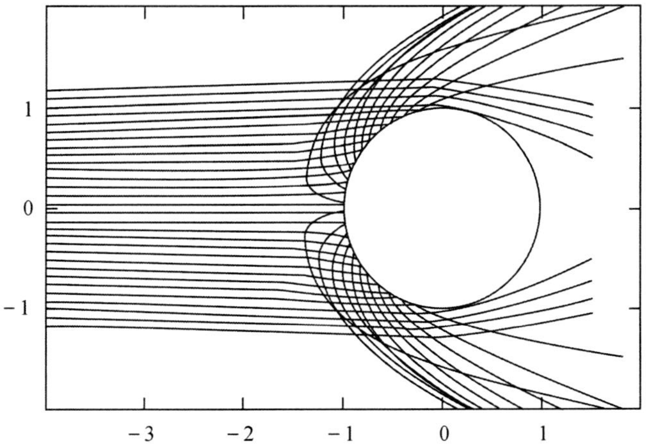

图 5.2　$\tau=0.50$ 时圆柱体的射线图

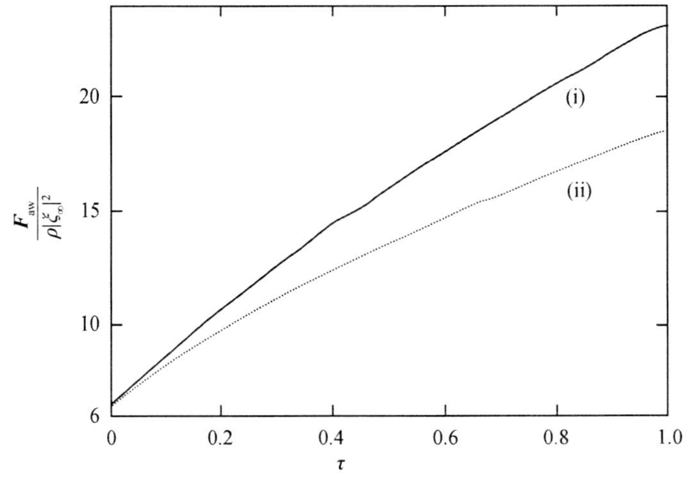

(i)圆柱;(ii)球体。

图 5.3　附加阻力

我们可以得出结论,对驻点附近速度场的正确描述对船首附近的波形影响很大,并且随着速度值的增加,附加阻力显著增加。

第6章　柔性浮式平台

在本章中,我们考虑了入射波与柔性浮船坞或具有有限吃水的超大型浮式平台(very large floating platform,VLFP)的二维相互作用。水深是有限的。刚性船坞的情况是一个经典问题。例如,Mei 和 Black[10]已经通过变分法解决了刚性问题。他们考虑了固定底部和固定自由表面的障碍物,因此该问题也涵盖了小吃水的情况。在将问题分解为对称和反对称问题后,该方法包括速度势的本征函数展开式及其在两个区域边界处的法向导数的匹配。原则上,该方法可以扩展到柔性平台的情况。最近,我们导出了一种更简单的方法,既适用于移动刚性船坞,也适用于柔性船坞[5]。然而,我们只考虑了吃水为零的物体。在本章中,我们将介绍吃水有限但很小的情况下的方法。吃水与平台的长度相比很小,以确保我们可以将弹性板、薄板理论用作模型,而板上的压力适用于有限深度。该方法基于格林定理的直接应用,并结合平台外部流体区域中的势流和板的挠度适当选择展开函数。通过格林定理获得的积分方程可以使用弹性板挠度方程转换为积分-微分方程。必须谨慎选择适当的格林函数。使用仅由积分表达式组成的格林函数的公式是至关重要的。在本书9.4节中,我们推导了二维情况下的格林函数。我们应用柯西(Cauchy)留数定理,可以推导得到 Wehausen 和 Laitone[19]的书中的表达式。在三维情况下,我们也可以导出这样的表达式。这个版本的源函数的优点是可以首先计算出相对于空间坐标的积分,然后应用留数定理。在零吃水平台的情况下,这种方法导出了板区域的色散关系和仅用于挠度系数的代数方程组。在这里,我们推导出了一组耦合代数方程,用于求解流体区域中势流的展开系数和挠度。

6.1　有限吃水问题

在本小节中,我们导出了一般几何形状的柔性平台对波浪进行绕射的一般公式。流体是理想的,因此我们引入速度势 $\boldsymbol{V}(\boldsymbol{x},t)=\nabla\Phi(\boldsymbol{x},t)$,其中 $\boldsymbol{V}(\boldsymbol{x},t)$ 是流体速度矢量,$\Phi(\boldsymbol{x},t)$ 是拉普拉斯方程的解:

$$\Delta\Phi=0 \quad (\text{在流体中}) \tag{6.1}$$

以及平均水面 $y=0$ 处的线性化的运动学条件 $\Phi_y=\tilde{v}_t$ 和动力学条件 $p/\rho=-\Phi_t-g\tilde{v}$,其中 $\tilde{v}(x,z,t)$ 表示自由表面高程,ρ 是水的密度。平台外 $y=0$ 和 $(x,z)\in\mathscr{F}$ 处的线性化自由表面条件变为

$$\frac{\partial^2\Phi}{\partial t^2}+g\frac{\partial\Phi}{\partial y}=0 \tag{6.2}$$

平台位于平均自由表面 $y=0$ 处,其厚度为 d。平台被建模为零厚度的弹性板。板的中性轴在 $y=0$ 处,而水压分布在 $y=-d$ 处。Meylan 和 Squire[11]也考虑了有限厚度。他们考虑了有限厚度板挠度的弹性方程,但却应用了 $y=0$ 处的运动方程。他们表明弹性模型的变化对大型平台的影响很小。我们的弹性模型可以通过改变四阶微分算子很容易地进行修改,

但由于缺乏合适的参数知识，我们决定不这样做。因此我们忽略了水平运动和扭转运动。为了描述垂直挠度 $\tilde{v}(x,z,t)$，我们应用各向同性薄板理论，得到了 $\tilde{v}$ 的方程：

$$m(x,z)\frac{\partial^2\tilde{v}}{\partial t^2}=-\left(\frac{\partial^2}{\partial x^2}+\frac{\partial^2}{\partial z^2}\right)\left[D(x,z)\left(\frac{\partial^2\tilde{v}}{\partial x^2}+\frac{\partial^2\tilde{v}}{\partial z^2}\right)\right]+p\big|_{y=-d} \tag{6.3}$$

其中，$m(x,z)$ 是平台单位面积的分段常数质量，而分段常数 $D(x,z)$ 是其等效弯曲刚度。

我们对式(6.3)进行关于 t 的微分，并使用运动学和动力学条件得出在平台区域 $(x,z)\in\mathscr{P}$ 内 $y=-d$ 处 Φ 的以下方程：

$$\left\{\left(\frac{\partial^2}{\partial x^2}+\frac{\partial^2}{\partial z^2}\right)\left[\frac{D(x,z)}{\rho g}\left(\frac{\partial^2}{\partial x^2}+\frac{\partial^2}{\partial z^2}\right)\right]+\frac{m(x,z)}{\rho g}\frac{\partial^2}{\partial t^2}+1\right\}\frac{\partial\Phi}{\partial y}+\frac{1}{g}\frac{\partial^2\Phi}{\partial t^2}=0 \tag{6.4}$$

由于板是自由浮动的，我们不考虑静水压力。

平台的边缘没有剪切力和力矩。我们假设弯曲刚度沿着边缘是恒定的，其边缘的法向导数等于零。此外，我们假设边缘在水平面上的曲率半径很大，因此，可以认为边缘局部是直的。然后，我们在边缘处有以下边界条件：

$$\begin{cases}\dfrac{\partial^2\tilde{v}}{\partial \boldsymbol{n}^2}+\nu\dfrac{\partial^2\tilde{v}}{\partial s^2}=0\\[2ex]\dfrac{\partial^3\tilde{v}}{\partial \boldsymbol{n}^3}+(2-\nu)\dfrac{\partial^3\tilde{v}}{\partial \boldsymbol{n}\partial s^2}=0\end{cases} \tag{6.5}$$

其中，ν 是泊松比；$\boldsymbol{n}$ 是在水平面和边缘的法向量；s 表示边缘的弧长。

在流体区域的底部 $y=-h$ 处我们有

$$\frac{\partial\Phi}{\partial y}=0 \tag{6.6}$$

我们假设速度势是一个时间调和函数，$\Phi(\boldsymbol{x},t)=\phi(\boldsymbol{x})\mathrm{e}^{\mathrm{i}\omega t}$。我们引入以下参数：

$$K=\frac{\omega^2}{g},\mu=\frac{m\omega^2}{\rho g},\mathscr{D}=\frac{D}{\rho g}$$

在实际情况下，平台的总长度 L 为几千米。我们在自由表面 $y=0$ 处得到

$$\frac{\partial\phi}{\partial z}-K\phi=0 \tag{6.7}$$

以及在平板上 $y=-d$ 处，对于单个板条有

$$\left[\mathscr{D}\left(\frac{\partial^2}{\partial x^2}+\frac{\partial^2}{\partial z^2}\right)^2-\mu+1\right]\frac{\partial\phi}{\partial y}-K\phi=0 \tag{6.8}$$

未扰动入射波的势函数由下式给出：

$$\phi^{\mathrm{inc}}(\boldsymbol{x})=\frac{g\eta_\infty}{\mathrm{i}\omega}\frac{\cosh[k_0(y+h)]}{\cosh(k_0h)}\exp[\mathrm{i}k_0(x\cos\beta+z\sin\beta)] \tag{6.9}$$

其中，η_∞ 是原始坐标系中的波幅；ω 是频率；波数 k_0 是有限水深条件下色散关系的负实根，即

$$k_0\tanh(k_0h)=K \tag{6.10}$$

这里将条件限制在正入射的情况下，即 $\beta=0$。参考文献[6]表明可以很容易地扩展到斜波。

为了获得平台的挠度 $\tilde{v}(x,z,t)=\mathscr{R}[v(x,z)e^{i\omega t}]$ 的积分方程，见参考文献[4][6]，利用满足海床[式(6.6)]和自由表面[式(6.7)]边界条件的格林函数 $\mathscr{G}(\boldsymbol{x};\boldsymbol{\xi})$，应用格林定理是非常方便的。格林定理在流体区域的应用使我们得到了势函数的以下表达式：

$$4\pi\phi(\boldsymbol{x})=4\pi\phi^{\mathrm{inc}}(\boldsymbol{x})+\int_{\mathscr{C}}\phi(\boldsymbol{\xi})\frac{\partial\mathscr{G}(\boldsymbol{x};\boldsymbol{\xi})}{\partial\boldsymbol{n}}\mathrm{d}S+\int_{\mathscr{S}}\left[\phi(\boldsymbol{\xi})\frac{\partial\mathscr{G}(\boldsymbol{x};\boldsymbol{\xi})}{\partial\eta}-\frac{\partial\phi(\boldsymbol{\xi})}{\partial\eta}\mathscr{G}(\boldsymbol{x};\boldsymbol{\xi})\right]\mathrm{d}S \tag{6.11}$$

第一个积分是沿着平台的垂直侧，其中流体的法向速度等于零。第二个积分整体是沿着底面的。在二维情况下，(x,y) 平面总势能函数的表达式变为

$$2\pi\phi(x,y)=2\pi\phi^{\mathrm{inc}}(x,y)+\int_{-d}^{0}\left[\phi(0,\eta)\frac{\partial\mathscr{G}(x,y;0,\eta)}{\partial\xi}-\phi(l,\eta)\frac{\partial\mathscr{G}(x,y;l,\eta)}{\partial\xi}\right]\mathrm{d}\eta+$$
$$\int_{0}^{l}\left[\phi(\xi,-d)\frac{\partial\mathscr{G}(x,y;\xi,-d)}{\partial\eta}-\frac{\partial\phi(\xi,-d)}{\partial\eta}\mathscr{G}(x,y;\xi,-d)\right]\mathrm{d}\xi \tag{6.12}$$

我们继续讨论二维情况。

二维情况下的格林函数 $G(x,y;\xi,\eta)$ 可以通过相对于 x 坐标的傅里叶变换来导出。如本书 9.4 节所述，其形式如下：

$$G(x,y;\xi,\eta)=\int_{-\infty}^{\infty}\frac{1}{\gamma}\frac{K\sinh\gamma y+\gamma\cosh\gamma y}{K\cosh\gamma h-\gamma\sinh\gamma h}\cosh\gamma(\eta+h)\mathrm{e}^{\mathrm{i}\gamma(x-\xi)}\mathrm{d}\gamma\quad(y>\eta) \tag{6.13}$$

$$G(x,z;\xi,\eta)=\int_{-\infty}^{\infty}\frac{1}{\gamma}\frac{K\sinh\gamma\eta+\gamma\cosh\gamma\eta}{K\cosh\gamma h-\gamma\sinh\gamma h}\cosh\gamma(y+h)\mathrm{e}^{\mathrm{i}\gamma(x-\xi)}\mathrm{d}\gamma\quad(y<\eta) \tag{6.14}$$

如果在复 γ 平面上闭合积分路径，我们会得到 Wehausen 和 Laitone[19] 所述的复变形式式(13.34)：

$$G(x,z;\xi,\eta)=-2\pi\mathrm{i}\sum_{i=0}^{\infty}\frac{1}{k_i}\frac{k_i^2-K^2}{hk_i^2-hK^2+K}\cosh k_i(y+h)\cosh k_i(\eta+h)\mathrm{e}^{ik_i|x-\xi|} \tag{6.15}$$

其中，k_0 和 $k_i(i=1,2,\cdots,\infty)$ 是色散关系式(6.10)的正实根与正虚根。

这种格林函数公式的优点在于，通过格林定理，我们可以首先对空间变量进行解析积分，来导出展开系数的代数方程组。

众所周知，对于刚性情况，Mei 和 Black[10] 认为，势函数可以在平台外部和下方区域的本征函数中展开。在传统方法中，质量和速度的连续性可分别导出 $x=0$ 与 $x=l$ 处的方程组，然后利用正交关系给出了一组未知系数的方程。在零厚度的情况下，Hermans[5] 指出，可以仅针对挠度的展开系数获得一组代数方程。在这里，我们也使用这种方法来获得有限厚度情况下的一组耦合代数方程。我们也可以对柔性平台下方的势函数进行非正交扩展，见参考文献[8]。在这种情况下，我们可以事后将挠度表示为指数函数的展开。正如预期的那样，两种方法得出的色散关系是相同的。

6.2 半解析解

方程式(6.12)和它的三维版本式(6.11),以及板底部的条件式(6.8),可以通过数值微分代码求解。然而,研究如何半解析地求解简单几何的方程是很有趣的。在这里,我们计算一个板条的情况。

我们使用式(6.8)和运动学条件来消除关系式(6.12)中的函数 $\phi(\xi,-d)$:

$$\phi_{\eta}(\xi,-d)=-\mathrm{i}\omega v(\xi) \tag{6.16}$$

然后我们得到

$$2\pi\phi(x,y)=2\pi\phi^{\mathrm{inc}}(x,y)+\int_{-d}^{0}\left[\phi(0,\eta)\frac{\partial\mathscr{G}(x,y;0,\eta)}{\partial\xi}-\phi(l,\eta)\frac{\partial\mathscr{G}(x,y;l,\eta)}{\partial\xi}\right]\mathrm{d}\eta-\mathrm{i}\omega\int_{0}^{l}\left[\frac{1}{K}\left(\mathscr{D}\frac{\partial^4}{\partial\xi^4}-\mu+1\right)v(\xi)\frac{\partial\mathscr{G}(x,y;\xi,-d)}{\partial\eta}-v(\xi)\mathscr{G}(x,y;\xi,-d)\right]\mathrm{d}\xi \tag{6.17}$$

我们假设挠度 $v(x)$ 可以写成指数函数的展开式,在 $N+2$ 项处截断为

$$v(x)=\eta_{\infty}\sum_{n=0}^{N+1}\left[a_n\mathrm{e}^{\mathrm{i}\kappa_n x}+b_n\mathrm{e}^{-\mathrm{i}\kappa_n(x-l)}\right] \tag{6.18}$$

κ_n 的值来自色散关系,尚待确定。如果我们考虑 κ_n 具有负实值,或者,如果它们是复数,具有正虚部,那么表达式(6.18)的第一部分表示向右传播和衰减的模态,第二部分描述了向左传播和衰减的模态。

此外,我们在 N 项截断的一系列正交本征函数中扩展了 $x\leqslant0$ 和 $x\geqslant l$ 的势函数,即

$$\phi(x,y)=\frac{g\eta_{\infty}}{\mathrm{i}\omega}\left[\frac{\cosh k_0(y+h)}{\cosh k_0h}\mathrm{e}^{\mathrm{i}k_0x}+\sum_{n=0}^{N-1}\alpha_n\frac{\cosh k_n(y+h)}{\cosh k_nh}\mathrm{e}^{-\mathrm{i}k_nx}\right]\quad(x\leqslant0) \tag{6.19}$$

$$\phi(x,y)=\frac{g\eta_{\infty}}{\mathrm{i}\omega}\sum_{n=0}^{N-1}\beta_n\frac{\cosh k_n(y+h)}{\cosh k_nh}\mathrm{e}^{\mathrm{i}k_n(x-l)}\quad(x\geqslant l) \tag{6.20}$$

式(6.18)中展开函数数量的差异是由于我们在板的边缘有四个边界条件[式(6.5)]。系数 α_0 和 β_0 分别是反射系数与透射系数。需要注意的是,平台下的势函数并不是在一组正交特征函数中展开的。顺便说一句,这样的集合并不存在。通过应用式(6.17)可以简单地将解决方案扩展到流动区域中的平台底部。我们引入了 $4N+4$ 个未知系数。接下来,我们导出这些系数的代数方程组。

首先,我们在板的底部取(x,y),推导得到以下方程:

$$2\pi\left(\mathscr{D}\frac{\partial^4}{\partial x^4}-\mu+1\right)(x)=-2\pi\frac{K}{\mathrm{i}\omega}\phi^{\mathrm{inc}}(x,-d)-\frac{K}{\mathrm{i}\omega}\int_{-d}^{0}\left[\phi(0,\eta)\frac{\partial\mathscr{G}(x,-d;0,\eta)}{\partial\xi}-\phi(l,\eta)\frac{\partial\mathscr{G}(x,-d;l,\eta)}{\partial\xi}\right]\mathrm{d}\eta+\lim_{y\uparrow-d}\int_{0}^{l}\left[\left(D\frac{\partial^4}{\partial\xi^4}-\mu+1\right)v(\xi)\frac{\partial\mathscr{G}(x,y;\xi,-d)}{\partial\eta}-Kv(\xi)\mathscr{G}(x,y;\xi,-d)\right]\mathrm{d}\xi \tag{6.21}$$

在解析地进行了空间积分之后,我们在最后一个积分中取极限。这意味着我们将因子

2π 保持在等式的左侧。常用的因子 π 和主值积分可以通过取极限来获得。然而,在我们的方法中,避免主值积分更方便。在右侧的第一个积分中,我们为格林函数插入级数展开式(6.15),为势函数插入展开式(6.19)和式(6.20),而在第二个积分中我们使用式(6.14)作为格林函数,使用式(6.18)作为挠度。在关于 η 的第一次积分中以及在最后一次积分中,可以进行关于 ξ 的积分。接下来,我们闭合复杂 γ 平面中积分的剩余轨迹。

如果现在使 $e^{i\kappa_n x}$ 和 $e^{-i\kappa_n(x-l)}$ 的系数相等,我们便得到了 κ_n 的以下色散关系,κ_n 是下面方程的零点:

$$(\mathscr{D}\kappa^4-\mu)K\cosh\kappa d+[K^2-\kappa^2(\mathscr{D}\kappa^4-\mu+1)]\frac{\sinh\kappa d}{\kappa}=(\mathscr{D}\kappa^4-\mu+1)\frac{K\cosh\kappa h-\kappa\sinh\kappa h}{\cosh\kappa(-d+h)}$$

经过一些变换后,这种关系可以改写为

$$[(\mathscr{D}\kappa^4-\mu-1)\kappa\tanh\kappa(h-d)-K](K\sinh\kappa d-\kappa\cosh\kappa d)=0 \tag{6.22}$$

对于 $d=0$,色散关系恢复了零吃水平台的情况。应该注意的是,关系式(6.22)与 h 被 $h-d$ 取代的零吃水关系式并不完全相同。因此,我们忽略了第二部分的零点,它们只出现在 K 足够大的值上。

6.2.1 半无限平台

让我们首先考虑半平面问题。我们引入一些轻微的物理阻尼来消除式(6.21)中的最后一个积分和第一个积分的第二部分中上界的影响。我们在式(6.21)的最后一个积分中确定轨迹后得到的项包含指数函数 $e^{ik_n x}$。我们取每个指数的系数为零。这导致了系数 a_n 和 α_n 的一组 N 维代数方程。对于半平面问题,我们得到当 $i=0,1,\cdots,N-1$ 时的关系式:

$$\sum_{n=0}^{N-1}\frac{\alpha_n}{\cosh k_n h}\mathscr{K}_{i,n}-\sum_{n=0}^{N+1}\frac{a_n}{\kappa_n-k_i}\left[(\mathscr{D}\kappa_n^4-\mu+1)\sinh k_i(h-d)-\frac{K}{k_i}\cosh k_i(h-d)\right]$$
$$=\delta_i^0\frac{hk_0^2-hK^2+K}{(k_0^2-K^2)\cosh k_0 h}-\frac{\mathscr{K}_{i,0}}{\cosh k_0 h} \tag{6.23}$$

其中,系数 $\mathscr{K}_{i,n}$ 定义为

$$2\mathscr{K}_{i,n}=\frac{1}{k_i+k_n}[\sinh(k_i+k_n)h-\sinh(k_i+k_n)(h-d)]+$$
$$\frac{1}{k_i-k_n}[\sinh(k_i-k_n)h-\sinh(k_i-k_n)(h-d)] \tag{6.24}$$

这是针对一组 $2N+2$ 个未知系数的 N 个方程。在板的边缘有两个条件,所以我们仍然需要 N 个条件。在平台的垂直前端[式(6.17)]给出了关系式:

$$2\pi\phi(0,y)=2\pi\phi^{inc}(0,y)+\lim_{x\to 0}\int_{-d}^{0}\phi(0,\eta)\frac{\partial\mathscr{G}(x,y;0,\eta)}{\partial\xi}d\eta-$$
$$i\omega\int_0^\infty\left[\frac{1}{K}\left(\mathscr{D}\frac{\partial^4}{\partial\xi^4}-\mu+1\right)v(\xi)\frac{\partial\mathscr{G}(0,y;\xi,-d)}{\partial\eta}-v(\xi)\mathscr{G}(0,y;\xi,-d)\right]d\xi \tag{6.25}$$

我们在这个方程中插入级数展开式(6.18)和式(6.19),并比较了 $\cosh k_i(y+h)$ 的系数。对于格林函数,我们在两个积分中使用表达式(6.15)。

我们得到当 $i=0,1,\cdots,N-1$ 时的关系式：

$$\frac{hk_i^2-hK^2+K}{(k_i^2-K^2)\cosh k_ih}\alpha_i-\sum_{n=0}^{N-1}\frac{\alpha_n}{\cosh k_nh}\mathscr{K}_{i,n}-$$
$$\sum_{n=0}^{N+1}\frac{a_n}{\kappa_n+k_i}\left[(\mathscr{D}\kappa_n^4-\mu+1)\sinh k_i(h-d)-\frac{K}{k_i}\cosh k_i(h-d)\right]$$
$$=\frac{1}{\cosh k_0h}\mathscr{K}_{i,0} \tag{6.26}$$

我们给出了一个吃水为 2 m、水深为 10 m 的半无限平台的挠度振幅绝对值的一些结果。图 6.1 分别展示了深水波长为 $\lambda=2\pi/K=150$ m、90 m、30 m 三个值的结果。正如预期的那样，振幅随着波长的增加而增加。图 6.2 展示了在 $\lambda=90$ m 和水深 10 m 时，吃水深度 $d=0$、2 m、4 m、6 m 的几个值的振幅绝对值。图 6.3 展示了水深对挠度振幅的影响。我们选择了 $h=100$ m、20 m、10 m，$d=2$ m 和波长 $\lambda=90$ m 对应的频率。挠度振幅随着水深的增加而增加。为了对较大的水深值进行计算，必须去掉公式中的所有双曲正弦和双曲余弦函数。这可以通过使用这些函数的标准公式和自由表面水波的色散关系来实现。通过这些做法可以获得非常准确的结果。图 6.4 显示了相同水深、$d=5$ m 和波长固定值 $\lambda_0=2\pi/k_0=100$ m 下挠度的实部。我们还计算了平台前波浪高程振幅的绝对值，结果如图 6.5 所示。可以清楚地看出，在 $x=0$ 时，波浪和平台的高程是不连续的。反射波的振幅 $\alpha_0=0.456\ 57-0.436\ 39\mathrm{i}$。

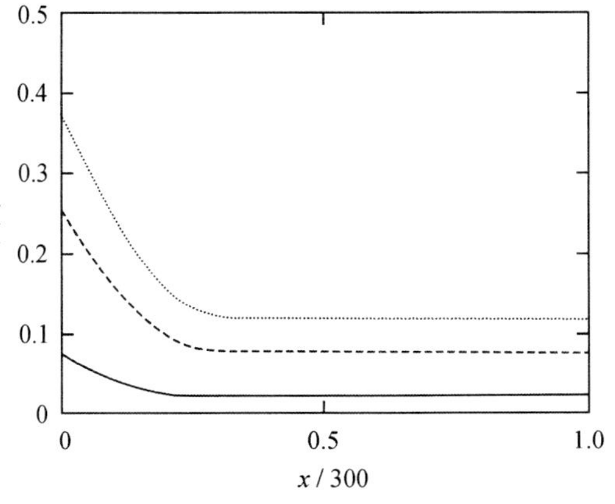

图 6.1　$\mathscr{D}=10^7$ m^4，$d=2$ m，$h=10$ m，$\lambda=150$ m、90 m、30 m

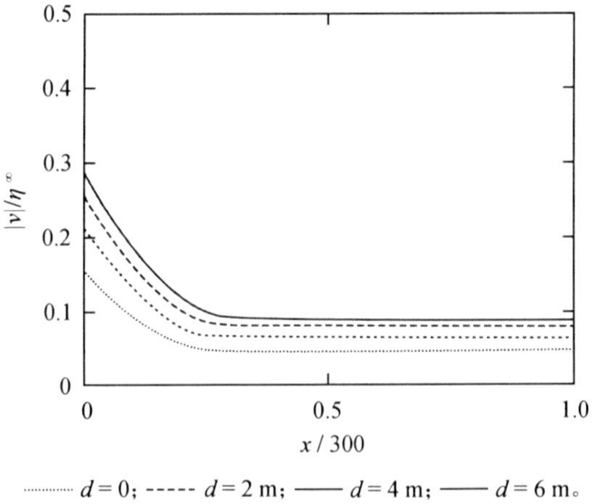

图 6.2 $\mathscr{D}=10^7\ \mathrm{m}^4$, $d=0$、2 m、4 m、6 m, $h=10$ m, $\lambda=90$ m

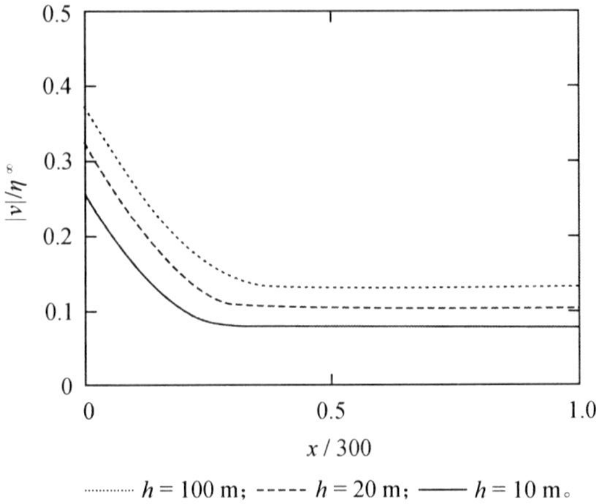

图 6.3 $\mathscr{D}=10^7\ \mathrm{m}^4$, $d=2$ m, $h=100$ m、20 m、10 m, $\lambda=90$ m

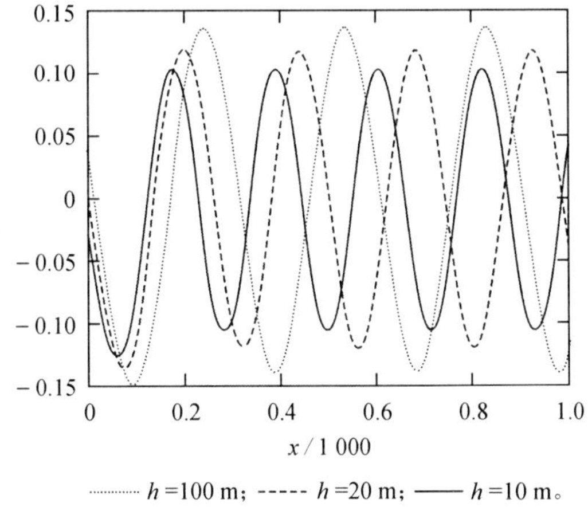

图 6.4 $\mathscr{D}=10^7\ \mathrm{m}^4$, $d=5$ m, $h=100$ m、20 m、10 m, $\lambda_0=100$ m 时挠度的实部

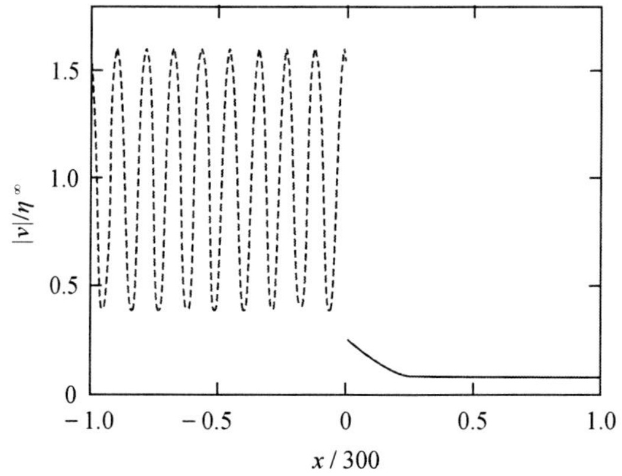

----- 波幅；—— 挠度。

图 6.5　$\mathscr{D}=10^7\ \text{m}^4$、$d=2$ m、$h=10$ m、$\lambda=90$ m 时波浪和挠度的振幅

6.2.2　有限长板条

我们遵循与半无限情况相同的过程。第一步是比较式(6.21)中指数函数 $e^{\pm ik_n x}$ 的系数。这导致了一组关于系数 a_n、b_n、α_n 和 β_n 的 $2N$ 个代数方程。

$$\sum_{n=0}^{N-1}\frac{\alpha_n}{\cosh k_n h}\mathscr{K}_{i,n}-\sum_{n=0}^{N+1}\frac{a_n}{\kappa_n-k_i}\left[(\mathscr{D}\kappa_n^4-\mu+1)\sinh k_i(h-d)-\frac{K}{k_i}\cosh k_i(h-d)\right]+$$

$$\sum_{n=0}^{N+1}\frac{b_n}{\kappa_n+k_i}\left[(\mathscr{D}\kappa_n^4-\mu+1)\sinh k_i(h-d)-\frac{K}{k_i}\cosh k_i(h-d)\right]e^{i\kappa_n l}$$

$$=\delta_i^0\frac{hk_0^2-hK^2+K}{(k_0^2-K^2)\cosh k_0 h}-\frac{\mathscr{K}_{i,0}}{\cosh k_0 h}\tag{6.27}$$

$$\sum_{n=0}^{N-1}\frac{\beta_n}{\cosh k_n h}\mathscr{K}_{i,n}+\sum_{n=0}^{N+1}\frac{a_n}{\kappa_n+k_i}\left[(\mathscr{D}\kappa_n^4-\mu+1)\sinh k_i(h-d)-\frac{K}{k_i}\cosh k_i(h-d)\right]$$

$$e^{i\kappa_n l}-\sum_{n=0}^{N+1}\frac{b_n}{\kappa_n+k_i}\left[(\mathscr{D}\kappa_n^4-\mu+1)\sinh k_i(h-d)-\frac{K}{k_i}\cosh k_i(h-d)\right]=0\tag{6.28}$$

这是一组 $2N$ 个方程，包含 $4N+4$ 个未知系数。接下来，我们分别考虑 $x=0$ 和 $x=l$ 处的方程。在对空间变量进行积分后，得到所有 $\cosh k_i(y+h)$ 项的总和。通过取每项 $\cosh k_i(y+h)$ 函数的系数等于零，我们得到了未知展开系数的一组 $2N$ 个方程。

在 $x=0$ 处我们得到

$$\frac{hk_i^2-hK^2+K}{(k_i^2-K^2)\cosh k_i h}\alpha_i-\sum_{n=0}^{N-1}\frac{\alpha_n-\beta_n e^{ik_i l}}{\cosh k_n h}\mathscr{K}_{i,n}-\sum_{n=0}^{N+1}\frac{a_n}{\kappa_n+k_i}$$

$$\left[(\mathscr{D}\kappa_n^4-\mu+1)\sinh k_i(h-d)-\frac{K}{k_i}\cosh k_i(h-d)\right]\times\left[1-e^{i(\kappa_n+k_i)l}\right]+$$

$$\sum_{n=0}^{N+1}\frac{b_n}{\kappa_n-k_i}\left[(\mathscr{D}\kappa_n^4-\mu+1)\sinh k_i(h-d)-\frac{K}{k_i}\cosh k_i(h-d)\right]\times\left(e^{i\kappa_n l}-e^{ik_i l}\right)$$

$$=\frac{1}{\cosh k_0 h}\mathscr{K}_{i,0}\tag{6.29}$$

在 $x=l$ 处我们得到

$$\frac{hk_i^2-hK^2+K}{(k_i^2-K^2)\cosh k_ih}\beta_i+\sum_{n=0}^{N-1}\frac{\alpha_n e^{ik_il}-\beta_n}{\cosh k_nh}\mathscr{K}_{i,n}+\sum_{n=0}^{N+1}\frac{a_n}{\kappa_n-k_i}$$

$$\left[(\mathscr{D}\kappa_n^4-\mu+1)\sinh k_i(h-d)-\frac{K}{k_i}\cosh k_i(h-d)\right]\times(e^{i\kappa_nl}-e^{ik_il})-$$

$$\sum_{n=0}^{N+1}\frac{b_n}{\kappa_n+k_i}\left[(\mathscr{D}\kappa_n^4-\mu+1)\sinh k_i(h-d)-\frac{K}{k_i}\cosh k_i(h-d)\right]\times\left[1-e^{i(\kappa_n+k_i)l}\right]$$

$$=\frac{hk_0^2-hK^2+K}{(k_0^2-K^2)\cosh k_0h}e^{ik_0l}-\frac{1}{\cosh k_0h}\mathscr{K}_{i,0} \tag{6.30}$$

连同板条末端的四个关系,我们得到了 $4N+4$ 个未知系数的 $4N+4$ 个代数方程。

这里所写的方程组不太适合直接进行数值计算。特别是对于较大的水深值,双曲正弦和双曲余弦函数的自变量会变得相当大,因此,在计算系数时要减去大数。为了获得高的数值精度,必须去掉这些函数。这可以通过使用水域的色散关系来实现。在本书 9.5 节中给出了一组更合适的方程。

我们展示了宽度为 300 m 的二维平台的一些计算结果。在所有情况下,取弯曲刚度 $\mathscr{D}=10^7\ \text{m}^4$、板条宽度 $l=300$ m、水深 $h=10$ m 的固定值。图 6.6 和图 6.7 显示了 $d=0$ 与 $d=2$ m 时挠度幅度随波长的变化。图 6.8 和图 6.9 显示了波长固定值下吃水深度的依赖性。第一种情况的结果表明,随着吃水深度的增加,挠度也会增加。随后将显示这是反射曲线的偏移造成的。图 6.10 显示了弯曲刚度 $\mathscr{D}=10^{10}\ \text{m}^4$ 和较大波长 $\lambda/l=0.5$ 的结果。这种情况可与自由表面波和刚体的相互作用相比较。我们可以清楚地观察到,平台的运动仅包括垂荡和俯仰运动。

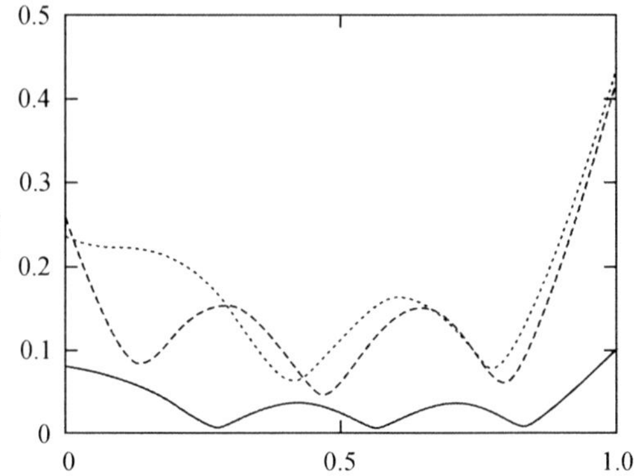

········ $\lambda/l=0.5$; ----- $\lambda/l=0.3$; —— $\lambda/l=0.1$。

图 6.6 $\mathscr{D}=10^7\ \text{m}^4$、$l=300$ m、$d=0$、$h=10$ m, $\lambda/l=0.5, 0.3, 0.1$

图 6.11 和图 6.13 显示了两个波长值下板条前后水面振幅的绝对值,以及零吃水情况下板挠度的振幅。第二种情况是接近零反射的情况。如图 6.12 和图 6.14 所示,在 4 m 吃水的情况下,我们可以看到 $\lambda/l=0.215$,或根据实际波长 $\lambda_0/l=0.178$,接近全反射。这与图 6.13 中的零吃水情况形成对比,因为透射-反射曲线发生了偏移。出于同样的原因,与图

6.9 中的结果相比,如果图 6.8 中的吃水深度增加,挠度的绝对值也会增加。

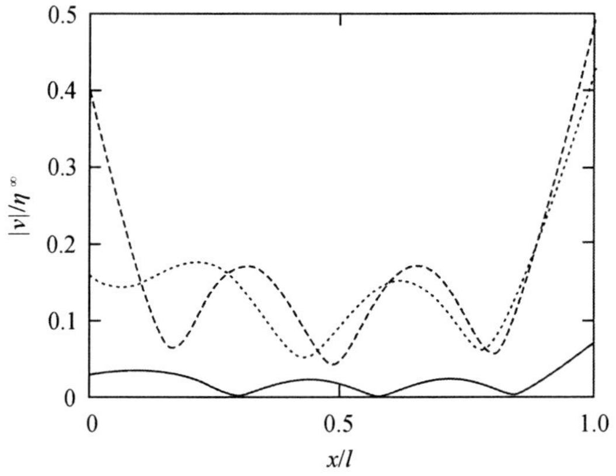

········ $\lambda/l=0.5$; ----- $\lambda/l=0.3$; —— $\lambda/l=0.1$。

图 6.7　$\mathscr{D}=10^7\ \mathrm{m}^4, l=300\ \mathrm{m}, d=2\ \mathrm{m}, h=10\ \mathrm{m}, \lambda/l=0.5, 0.3, 0.1$

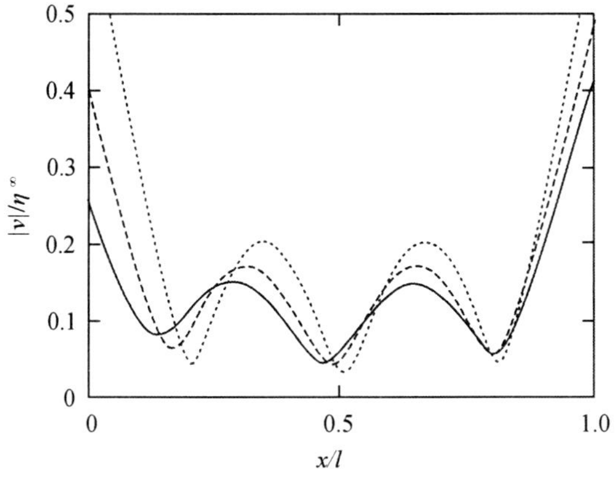

········ $d=0$; ----- $d=2$ m; —— $d=4$ m。

图 6.8　$\mathscr{D}=10^7\ \mathrm{m}^4, l=300\ \mathrm{m}, d=0$、2 m、4 m, $h=10\ \mathrm{m}, \lambda/l=0.3$

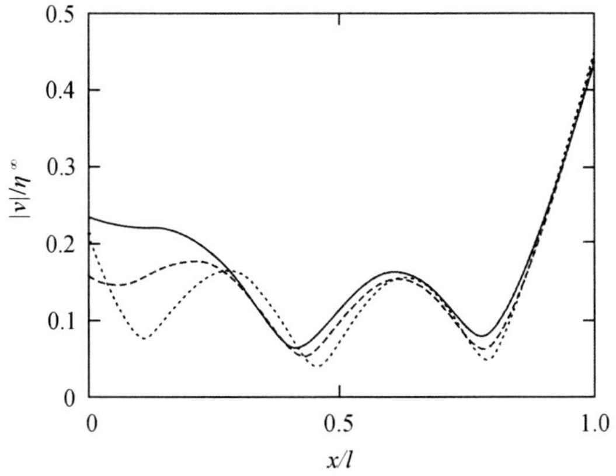

········ $d=0$; ----- $d=2$ m; —— $d=4$ m。

图 6.9　$\mathscr{D}=10^7\ \mathrm{m}^4, l=300\ \mathrm{m}, d=0$、2 m、4 m, $h=10\ \mathrm{m}, \lambda/l=0.5$

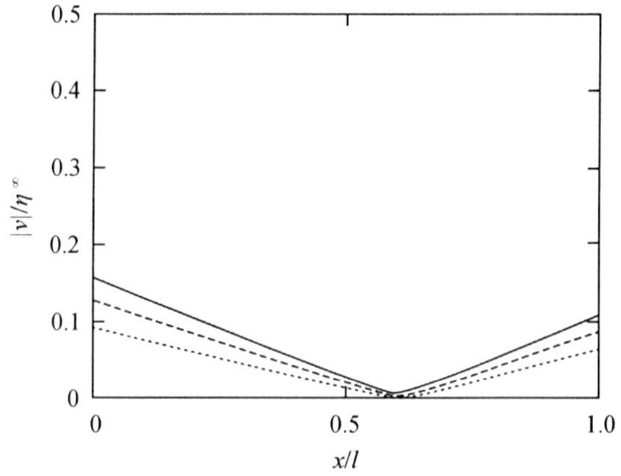

⋯⋯ $d=0$；----- $d=2$ m；—— $d=4$ m。

图 6.10　$\mathscr{D}=10^{10}$ m^4，$l=300$ m，$d=0$、2 m、4 m，$h=10$ m，$\lambda/l=0.5$

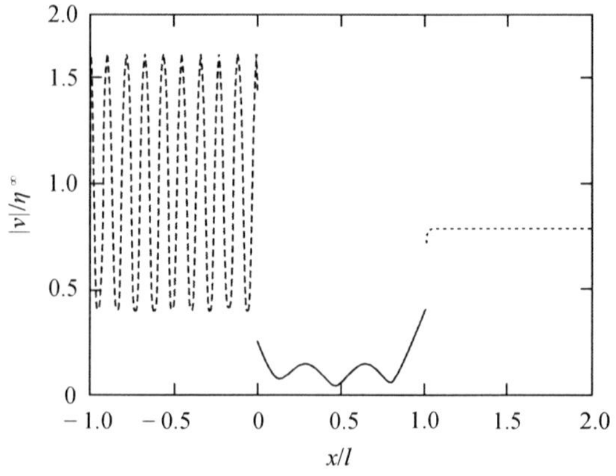

⋯⋯ 透射波波幅绝对值；----- 反射波波幅绝对值；—— 挠度绝对值。

图 6.11　$\mathscr{D}=10^7$ m^4，$l=300$ m，$d=0$，$h=10$ m，$\lambda/l=0.3$

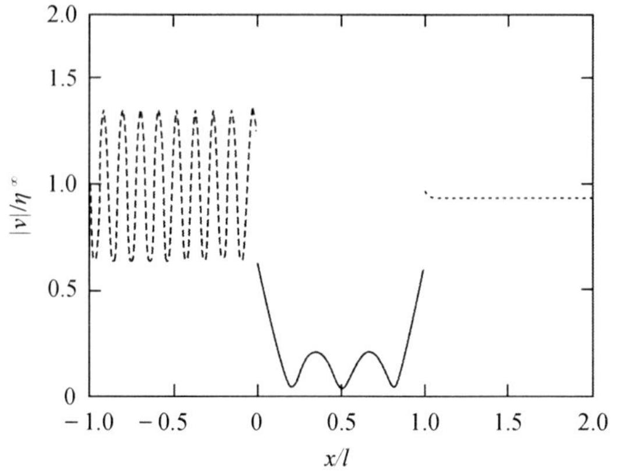

⋯⋯ 透射波波幅绝对值；----- 反射波波幅绝对值；—— 挠度绝对值。

图 6.12　$\mathscr{D}=10^7$ m^4，$l=300$ m，$d=4$ m，$h=10$ m，$\lambda/l=0.3$

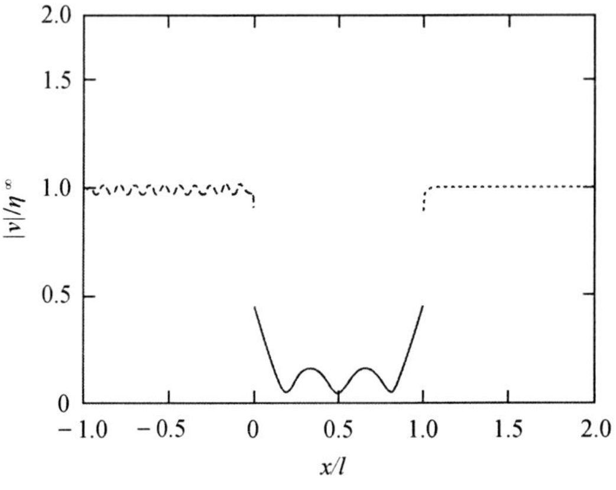

·········· 透射波波幅绝对值；----- 反射波波幅绝对值；—— 挠度绝对值。

图 6.13 $\mathscr{D}=10^7\ \mathrm{m}^4, l=300\ \mathrm{m}, d=0, h=10\ \mathrm{m}, \lambda/l=0.215$

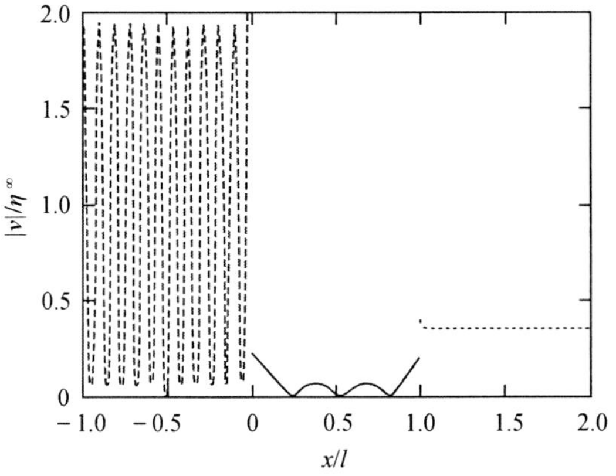

·········· 透射波波幅绝对值；----- 反射波波幅绝对值；—— 挠度绝对值。

图 6.14 $\mathscr{D}=10^7\ \mathrm{m}^4, l=300\ \mathrm{m}, d=4\ \mathrm{m}, h=10\ \mathrm{m}, \lambda/l=0.215$

对于长度为 300 m、深度为 10 m 的板条的反射和透射系数，零吃水深度如图 6.15 所示，吃水深度为 2 m 如图 6.16 所示。如果定义 $R=\alpha_0$ 和 $T=\beta_0$，注意没有指数函数，我们会发现在所有情况下存在关系 $|T|^2+|R|^2=1$ 和 $T\overline{R}+\overline{T}R=0$，至少满足 10 位小数，可以参见如 Mei 和 Black[10] 或 Roseau[16] 的推导。这些系数表现为实际波长 $\lambda_0/l=2\pi/k_0 l$ 的函数。在图 6.17 和图 6.18 中，这些系数是针对 100 m 的水深给出的。在所有情况下，弯曲刚度系数 $\mathscr{D}=10^7\ \mathrm{m}^4$。图 6.18、图 6.19 和图 6.20 显示了不同尺寸板条的结果。在图 6.21 和图 6.22 中，显示了宽度 $l=100$ m、吃水 $d=8$ m 的板条的结果。我们可以清楚地观察到，短波条件下会发生全反射。

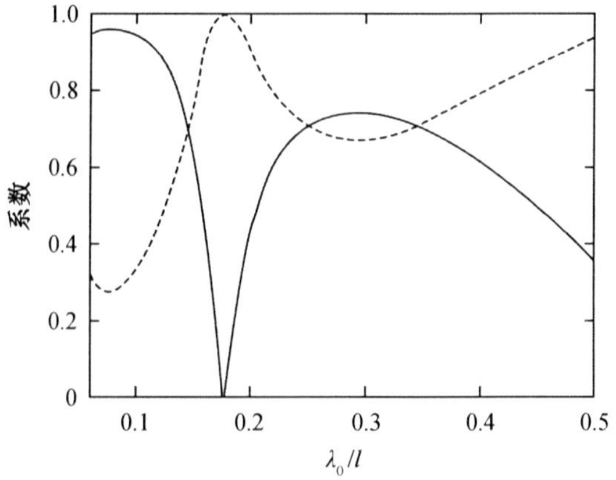

图 6.15 $h=10$ m、$d=0$、$l=300$ m 时的反射系数和透射系数

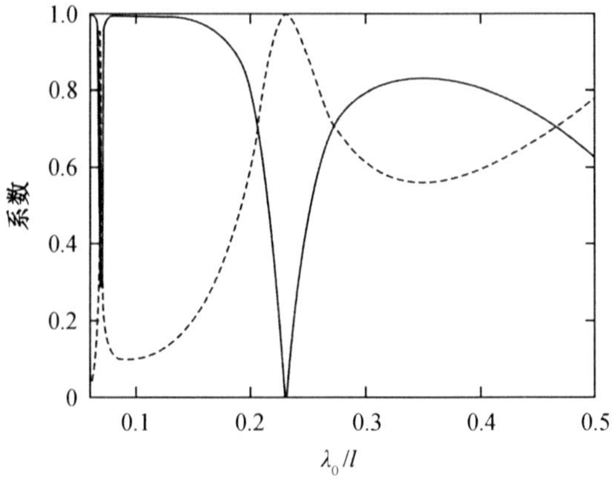

图 6.16 $h=10$ m、$d=4$ m、$l=300$ m 时的反射系数和透射系数

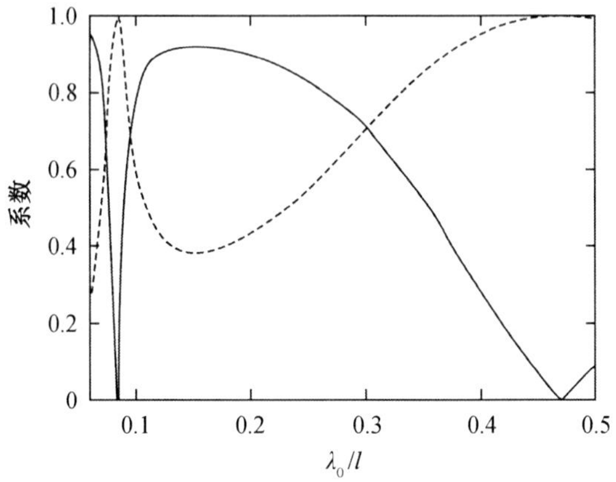

图 6.17 $h=100$ m、$d=0$、$l=300$ m 时的反射系数和透射系数

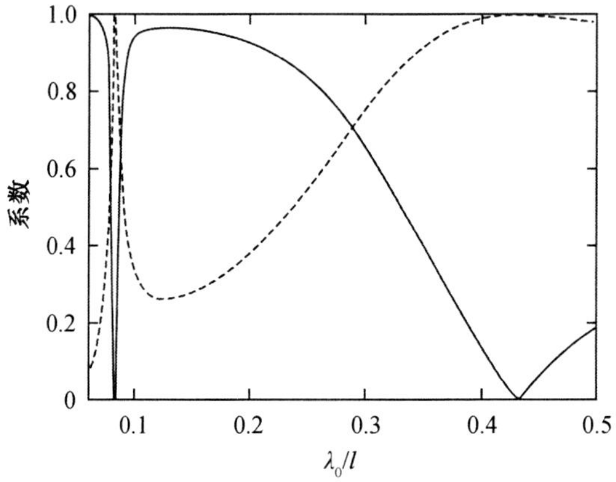

—— 反射系数；----- 透射系数。

图 6.18　$h=100$ m、$d=2$ m、$l=300$ m 时的反射系数和透射系数

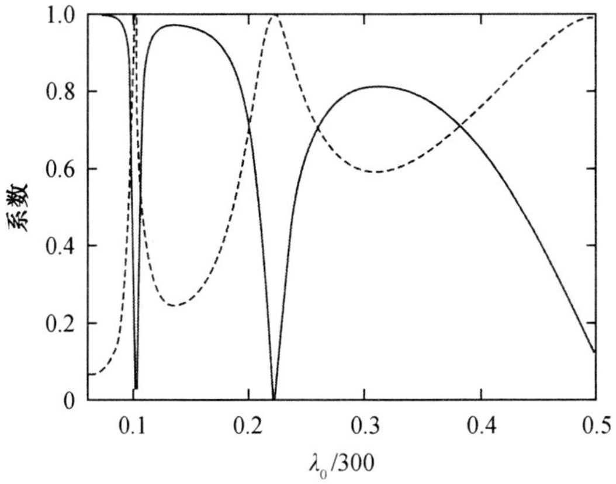

—— 反射系数；----- 透射系数。

图 6.19　$h=100$ m、$d=2$ m、$l=650$ m 时的反射系数和透射系数

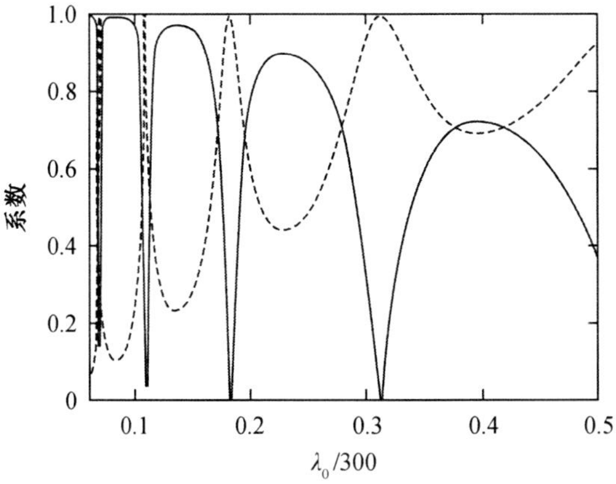

—— 反射系数；----- 透射系数。

图 6.20　$h=100$ m、$d=2$ m、$l=1\ 000$ m 时的反射系数和透射系数

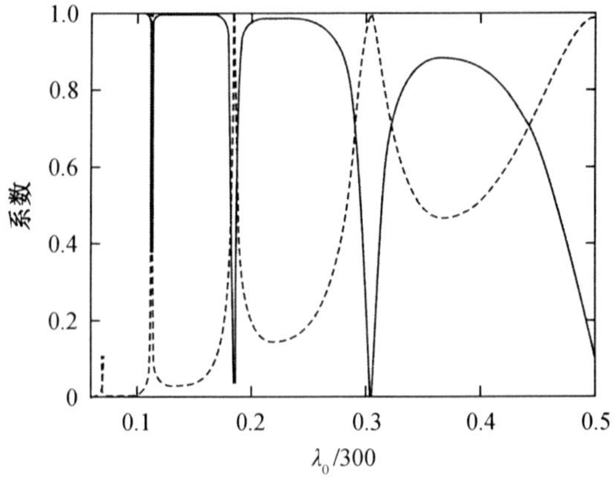

—— 反射系数；----- 透射系数。

图 6.21　$h=100$ m、$d=8$ m、$l=1\ 000$ m 时的反射系数和透射系数

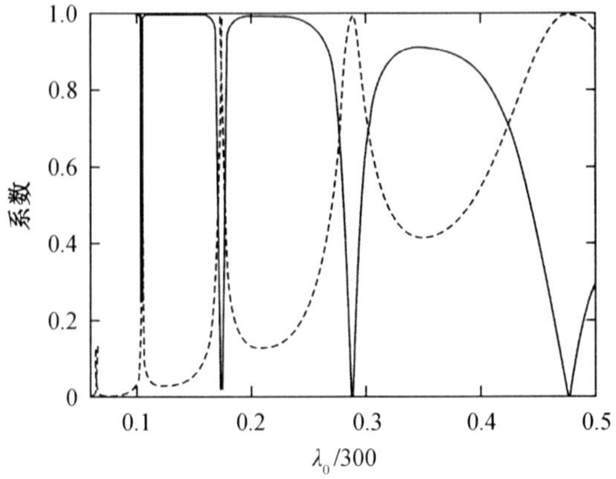

—— 反射系数；----- 透射系数。

图 6.22　$h=500$ m、$d=8$ m、$l=1\ 000$ m 时的反射系数和透射系数

第 7 章　不规则和非线性波

海面的波动几乎总是随机的，因为海面的详细构造在空间和时间上都会以不规则的方式变化。第 7.1 节简要介绍了维纳（Wiener）频谱与海面波的广义傅里叶表示法[2,20]。这样，我们就将波幅为随机过程的谐波进行叠加，得到波面升高的表达式。

本章其余各节主要讨论非线性波。在第 7.2 节中，我们将从精确的流体力学方程系统地推导出浅水波理论，作为扰动程序中的最低阶近似值。在这里，相关的小参数是水深与某些和水平方向相关的特征长度（如波长）之比；当该参数较小时，被认为该波浪是浅水波。这是一种不同于以往针对微幅波的线性理论的近似方法。这里的方程是准线性方程，与气体动力学中的方程完全类似。二阶近似的内容在第 7.3 节中。我们将推导缓慢变化波列的渐近理论，可将其视为在少量波长和周期的数量级区域内均匀分布；还将讨论一些非线性色散波现象，更详细的内容可见参考文献[7]。

7.1　维纳频谱

实际海洋运动绝非频率恒定的谐波运动。在本书 2.1.2 节中，我们给出了海面表达式 $\eta(x,t)$ 的积分形式：

$$\eta(x,t)=\int_{-\infty}^{\infty}\left[A(k)\mathrm{e}^{-\mathrm{i}(kx-\omega t)}+A^{*}(k)\mathrm{e}^{\mathrm{i}(kx-\omega t)}\right]\mathrm{d}k$$

假设 $\int_{-\infty}^{\infty}|A(k)^{2}|\mathrm{d}k$ 是收敛的。但是高频波幅并不趋于零。傅里叶积分的表示方法在此不再适用，我们必须使用维纳提出的理论。我们将在下文中概述这一理论。详细内容见维纳的著作[20]。

为了更好地理解，我们从三角多项式 $f(t)$ 开始推导：

$$f(t)=\sum_{j=1}^{n}A_{j}\mathrm{e}^{\mathrm{i}\lambda_{j}t}$$

并计算：

$$f(t+\tau)f^{*}(t)=\sum_{j=1}^{n}\sum_{k=1}^{n}A_{j}A_{k}^{*}\mathrm{e}^{\mathrm{i}\lambda_{j}t}\mathrm{e}^{\mathrm{i}(\lambda_{j}-\lambda_{k})\tau}$$

此处 A_k^* 同样也表示 A_k 的复共轭。求出这个量的平均值，可以得到

$$\lim_{T\to\infty}\frac{1}{2T}\int_{-T}^{T}f(t+\tau)f^{*}(\tau)\mathrm{d}\tau=\sum_{j=1}^{n}\sum_{k=1}^{n}A_{j}A_{k}^{*}\mathrm{e}^{\mathrm{i}\lambda_{j}t}\lim_{T\to\infty}\frac{1}{2T}\int_{-T}^{T}\mathrm{e}^{\mathrm{i}(\lambda_{j}-\lambda_{k})\tau}\mathrm{d}\tau$$

对于 $\lambda_j=\lambda_k$，这个极限等于 1，但对于 $\lambda_j\neq\lambda_k$，极限不存在。从而有

$$\lim_{T\to\infty}\frac{1}{2T}\int_{-T}^{T}f(t+\tau)f^{*}(\tau)\mathrm{d}\tau=\sum_{j=1}^{n}|A_{j}|^{2}\mathrm{e}^{\mathrm{i}\lambda t}$$

换言之，如果我们把

$$\varphi(t)=\lim_{T\to\infty}\frac{1}{2T}\int_{-T}^{T}f(t+\tau)f^{*}(\tau)\mathrm{d}\tau$$

那么对每一个 t，$\varphi(t)$ 都存在，而且是连续的，且 $\varphi(t)$ 由与构成 $f(t)$ 的项频率相同的项组成，其振幅等于 $f(t)$ 相应项振幅的平方。因此，我们可以找到一个函数的傅里叶积分表示法，其值在无穷远处不趋于零。我们可以利用该类空间变量和时间变量的函数来分析表面波。

接下来，我们将为实变量 t 的复变函数 $f(t)$ 建立维纳理论：

$$\varphi(t)=\lim_{T\to\infty}\frac{1}{2T}\int_{-T}^{T}f(t+\tau)f^{*}(\tau)\,\mathrm{d}\tau \tag{7.1}$$

对于所有 t 都存在。显然，$\varphi(0)$ 也存在。这意味着函数的平方平均数存在。此外，根据施瓦茨(Schwarz)不等式，可以证明对于所有实数 t 都有

$$|\varphi(t)|\leqslant\varphi(0)$$

事实上，不难看出

$$\begin{aligned}
|\varphi(t)|&=\overline{\lim_{T\to\infty}}\left|\frac{1}{2T}\int_{-T}^{T}f(t+\tau)f^{*}(\tau)\,\mathrm{d}\tau\right|\\
&\leqslant\left[\overline{\lim_{T\to\infty}}\frac{1}{2T}\int_{-T-|t|}^{T+|t|}|f(\tau)|^{2}\mathrm{d}\tau\,\overline{\lim_{T\to\infty}}\frac{1}{2T}\int_{-T}^{T}|f(\tau)|^{2}\mathrm{d}\tau\right]^{1/2}\\
&\leqslant\left[\left(\lim_{T\to\infty}\frac{T+|t|}{T}\right)\left(\overline{\lim_{T\to\infty}}\frac{1}{2(T+|t|)}\int_{-T-|t|}^{T+|t|}|f(\tau)|^{2}\mathrm{d}\tau\right)\cdot\left(\overline{\lim_{T\to\infty}}\frac{1}{2T}\int_{-T}^{T}|f(\tau)|^{2}\mathrm{d}\tau\right)\right]^{1/2}\\
&=[1\times\varphi(0)\times\varphi(0)]^{1/2}\\
&=\varphi(0)
\end{aligned}$$

在这里，$\overline{\lim}=\lim\sup$ 表示上极限。回顾一下 $\overline{\lim}\,S_n=A\Leftrightarrow$ 序列 $\{S_n\}_{n=1}^{\infty}$ 是有上界的，并且以 A 为最大极限点。

现在，我们尝试为式(7.1)中的函数 $f(t)$ 定义一个合理的傅里叶变换。根据式(7.1)，$f(t)$ 的标准傅里叶变换为 $\frac{1}{\sqrt{2\pi}}\int_{-\infty}^{\infty}f(\tau)\mathrm{e}^{-\mathrm{i}\omega\tau}\mathrm{d}\tau$ 不一定存在，但极限：

$$\lim_{T\to\infty}\int_{-T}^{T}f(\tau)\mathrm{e}^{\mathrm{i}\omega\tau}\mathrm{d}\tau$$

确实存在。由此我们可以考虑积分：

$$\int_{-\infty}^{\infty}\frac{\mathrm{e}^{\mathrm{i}\omega\tau}}{\mathrm{i}t}\mathrm{d}t$$

虽然，在 $t=0$ 时这个积分的被积函数是奇异的。由于 $\varphi(0)$ 存在，因此

$$\frac{1}{2T}\int_{-T}^{T}|f(t)|^{2}\mathrm{d}t$$

在 T 中是有界的，所以在 $|t|>1$ 时的函数为 $f(t)/\mathrm{i}t$，在 $t\leqslant1$ 时函数为 0，都属于 L_2，从而其傅里叶变换(L_2 中的)存在并属于 L_2。因此我们定义

$$S(\omega)=\frac{1}{\sqrt{2\pi}}\underset{A\to\infty}{\mathrm{l.i.m.}}\left[\int_{-A}^{-1}+\int_{1}^{A}\right]\frac{f(t)\mathrm{e}^{-\mathrm{i}\omega t}}{-\mathrm{i}t}\mathrm{d}t+\frac{1}{\sqrt{2\pi}}\int_{-1}^{1}\frac{\mathrm{e}^{-\mathrm{i}\omega t}-1}{-\mathrm{i}t}\mathrm{d}t \tag{7.2}$$

且考虑到差值 $S(\omega+\varepsilon)-S(\omega-\varepsilon)$ 可简化为

$$S(\omega+\varepsilon)-S(\omega-\varepsilon)=\frac{1}{\sqrt{2\pi}}\underset{A\to\infty}{\mathrm{l.i.m.}}\int_{-A}^{A}f(t)\,\frac{2\sin\varepsilon t}{t}\mathrm{e}^{-\mathrm{i}\omega t}\mathrm{d}t \tag{7.3}$$

在这里和后续章节中，如果满足以下条件，我们将使用均值极限的符号：$\underset{a\to a_0}{\mathrm{l.i.m.}}\,g_\alpha(\omega)=g(\omega)$，则

$$\lim_{\alpha \to \alpha_0} \int_{-\infty}^{\infty} |g_\alpha(\omega) - g(\omega)|^2 d\omega = 0$$

其中,α_0 是包括∞在内的任意固定常数。基于我们对式(7.1)中 $f(t)$ 的假设,因为式(7.3)中的 $S(\omega+\varepsilon)-S(\omega-\varepsilon)$ 的差值$\left[\text{即} f(t)\dfrac{2\sin \varepsilon t}{t}\text{的普通傅里叶变换}\right]$,显然式(7.2)中的 $S(\omega)$ 是存在的。这里,式(7.2)中定义的 $S(\omega)$ 被称为 $f(t)$ 的广义傅里叶变换。

在此,维纳使用了陶伯(Tauberian)定理:如果在 $0 \leqslant t < \infty$ 时,$\varphi(t) \geqslant 0$,并且以下任意一个极限:

$$\lim_{T \to \infty} \frac{1}{T}\int_0^T \varphi(t)\,dt \text{ 或} \lim_{\varepsilon \to 0} \frac{2}{\pi\varepsilon}\int_0^\infty \varphi(t) \frac{\sin^2(\varepsilon t)}{t^2} dt$$

存在,则另一个极限也存在,且具有相同的值。维纳对这一定理的证明非常复杂。不过,作为一个推论,我们可以得到以下结果:

$$\lim_{\varepsilon \to 0} \frac{1}{4\pi\varepsilon}\int_{-\infty}^{\infty} |S(\omega+\varepsilon) - S(\omega-\varepsilon)|^2 d\omega = \lim_{T \to \infty} \frac{1}{2T}\int_{-T}^{T} |f(t)|^2 dt$$

现在我们定义 $S_\tau(\omega)$,它与 $f(t+\tau)$ 的关系和式(7.2)中 $S(\omega)$ 与 $f(t)$ 的关系相同。那么我们可以得到

$$\begin{aligned} & S_\tau(\omega+\varepsilon) - S_\tau(\omega-\varepsilon) - e^{i\tau\omega}[S(\omega+\varepsilon) - S(\omega-\varepsilon)] \\ = & \frac{1}{\sqrt{2\pi}}\left[\underset{A \to \infty}{\text{l.i.m.}} \int_{-A}^{A} f(t+\tau) \frac{2\sin(\varepsilon t)}{t} e^{-it\omega} dt - \underset{A \to \infty}{\text{l.i.m.}} \int_{-A}^{A} f(t+\tau) \frac{2\sin(\varepsilon t)}{t} e^{-i\varepsilon(t-\tau)} dt\right] \end{aligned}$$

此式可以变换为

$$\frac{1}{\sqrt{2\pi}} \underset{A \to \infty}{\text{l.i.m.}} \int_{-A}^{A} f(t)\left\{\frac{2\sin[\varepsilon(t-\tau)]}{t-\tau} - \frac{2\sin(\varepsilon t)}{t}\right\} e^{-i\omega(t-\tau)} dt$$

因此,根据普朗歇尔(Plancherel)定理,我们可以得到

$$\begin{aligned} & \int_{-\infty}^{\infty} |S_\tau(\omega+\varepsilon) - S_\tau(\omega-\varepsilon) - e^{i\omega\tau}[S(\omega+\varepsilon) - S(\omega-\varepsilon)]|^2 d\omega \\ = & \int_{-\infty}^{\infty} |f(t)|^2 \left\{\frac{2\sin[(t-\tau)\varepsilon]}{t-\tau} - \frac{2\sin(t\varepsilon)}{t}\right\}^2 dt \end{aligned}$$

从而有

$$\left|\frac{2\sin[(t-\tau)\varepsilon]}{t-\tau} - \frac{2\sin(t\varepsilon)}{t}\right| \leqslant \frac{16\varepsilon|\tau|}{|t|+|\tau|}$$

因此,根据陶伯定理,以及如果 $\dfrac{1}{2T}\displaystyle\int_{-t}^{T} |f(t)|^2 dt$ 在 T 中是有界的,则

$$\int_{-\infty}^{\infty} \frac{|f(t)|^2}{(1+t^2)\,dt} < \infty$$

我们得到

$$\int_{-\infty}^{\infty} |S_\tau(\omega+\varepsilon) - S_\tau(\omega-\varepsilon) - e^{i\omega\tau}[S(\omega+\varepsilon) - S(\omega-\varepsilon)]|^2 d\omega = O(\varepsilon^2)$$

由此,可得到

$$\varphi(\tau) = \lim_{\varepsilon \to 0} \frac{1}{4\pi\varepsilon}\int_{-\infty}^{\infty} e^{i\omega\tau} |S(\omega+\varepsilon) - S(\omega-\varepsilon)|^2 d\omega \tag{7.4}$$

我们将 $\varphi_\varepsilon(\tau)$ 写为如下形式：

$$\varphi_\varepsilon(\tau)=\frac{1}{4\pi\varepsilon}\int_{-\infty}^{\infty}\mathrm{e}^{\mathrm{i}\omega\tau}\,|S(\omega+\varepsilon)-S(\omega-\varepsilon)|^2\mathrm{d}\omega$$

维纳证明了：

$$\sigma_\varepsilon(\omega):=\frac{1}{\sqrt{2\pi}}\left\{\underset{A\to\infty}{\mathrm{l.i.m.}}\left[\int_1^A+\int_{-A}^{-1}\right]\frac{\varphi_\varepsilon(t)\mathrm{e}^{-\mathrm{i}\omega t}}{-\mathrm{i}t}\mathrm{d}t+\int_{-1}^{1}\varphi_\varepsilon(t)\ \frac{\mathrm{e}^{-\mathrm{i}\omega t}-1}{-\mathrm{i}t}\mathrm{d}t\right\}$$

上式等于

$$\mathrm{constant}+\frac{1}{2\varepsilon\sqrt{2\pi}}\int_0^{\infty}|S(\omega'+\varepsilon)-S(\omega'-\varepsilon)|^2\mathrm{d}\omega'$$

或者，令 $\sigma(\omega)=\underset{\varepsilon\to 0}{\mathrm{l.i.m.}}\,\sigma_\varepsilon(\omega)$，我们可以得到

$$\sigma(\omega)-\sigma(-\omega)=\frac{1}{2\varepsilon\sqrt{2\pi}}\underset{\varepsilon\to 0}{\mathrm{l.i.m.}}\int_{-\omega}^{\omega}|S(\omega'+\varepsilon)-S(\omega'-\varepsilon)|^2\mathrm{d}\omega' \tag{7.5}$$

最终，维纳证明了：

$$\varphi(\tau)=\frac{1}{\sqrt{2\pi}}\int_{-\infty}^{\infty}\mathrm{e}^{\mathrm{i}\tau\omega}\mathrm{d}\sigma(\omega) \tag{7.6}$$

如果我们定义 $F(\omega)\dfrac{1}{\sqrt{2\pi}}[\sigma(\omega)-\sigma(-\omega)]$，那么式(7.6)可以写成

$$\varphi(\tau)=\int_0^{\infty}\cos(\omega\tau)\,\mathrm{d}F(\omega) \tag{7.7}$$

这样，我们就引入了 $f(t)$ 的谱函数 $F(\omega)$，建立了广义傅里叶的表达形式。需要注意的是，这一概念是在假定 $f(t)$ 的自相关函数存在的基础上得出的，其定义为

$$\lim_{T\to\infty}\frac{1}{2T}\int_{-T}^{T}f(t+\tau)f^*(t)\,\mathrm{d}t$$

并用 $\varphi(\tau)$ 来表示[见式(7.1)]。这个自相关函数 $\varphi(\tau)$ 是通过对频谱不同频率的贡献求和得到的。因此，我们可以将函数 $f(t)$ 视为随机过程的实现，由不同谐波的叠加组成，其振幅是 ω 的随机变量。

我们首先要指出的是，如果 $f(t)$ 是二阶稳态过程①，并且 $E\{f(t)\}=0$ 的情况下，存在一个与 t 无关的协方差函数 $E\{f(t+\tau)f^*(t)\}$。如果过程是遍历性的，则该协方差函数等于自相关函数 $\varphi(t)$，即

$$E\{f(t+\tau)f^*(t)\}=\lim_{T\to\infty}\frac{1}{2T}\int_{-T}^{T}f(t+\tau)f^*(t)\,\mathrm{d}t \tag{7.8}$$

这意味着，根据关系式(7.7)，我们可以将过程 $f(t)$ 视为一个叠加，这个叠加是由频率 ω 的函数构成的随机过程 $A(\omega)$。这些函数在不同频率上具有独立的增量，即当 $\mathrm{d}\omega\neq\mathrm{d}\omega'$ 时，满足 $E\{\mathrm{d}A(\omega)\mathrm{d}A^*(\omega)\}=0$。因此，如果我们令 $\mathrm{d}F(\omega)=2E\{\mathrm{d}A(\omega)\mathrm{d}A^*(\omega)\}$，则可以将 $f(t)$ 表达为

$$f(t)=\int_{-\infty}^{\infty}\mathrm{e}^{\mathrm{i}\omega t}\mathrm{d}A(\omega) \tag{7.9}$$

---

① 若一个随机过程 $X(t)$ 满足在其定义域内对所有的 t 有 $E\{X^2(t)\}<\infty$，则称此过程为二阶的；协方差函数 $X(t)$ 定义为 $E\{[X(\tau)-m(\tau)][X(t)-m(t)]^*\}$，其中 $m(t)=E\{X(t)\}$。

在表面波的情况下，我们有向量 $\boldsymbol{x}=(x,y)$，其表示形式为平面波的叠加，这种叠加是以随机积分的形式出现的：

$$\eta(x,y,t)=\iint_{-\infty}^{\infty}\mathrm{e}^{\mathrm{i}(\boldsymbol{k}\cdot\boldsymbol{x}-\mathrm{i}\omega t)}\mathrm{d}A(\boldsymbol{k}) \tag{7.10}$$

其中，ω 和波矢 $\boldsymbol{k}=(k_1,k_2)$ 与色散关系 $\omega=H(\boldsymbol{k})$ 相关。能量谱由 $\mathrm{d}F=E\{\mathrm{d}A(\boldsymbol{k})\mathrm{d}A^*(\boldsymbol{k})\}$ 给出。能量谱不仅取决于波数 $k=\sqrt{k_1^2+k_2^2}$，还取决于方向 ϑ，其中 $k_1=k\cos\vartheta$，$k_2=k\sin\vartheta$。我们用 $\mathrm{d}F(k,\vartheta)$ 来表示它。

在本书 3.2.4 节中，我们分析了船舶对这一入射波[式(7.10)]的响应。我们将看到，对于纯正弦入射波，船舶在其六个自由度上的运动也是纯正弦的，并且存在一个传递矩阵 $\boldsymbol{\mu}=(\mu_k\mu_j^*)$，其元素 $\mu_k\mu_j^*$ 依赖于 ω（或 k），使得 $\alpha_k=\mu_k A$，其中 α_k 被定义为船舶在相应自由度上运动的振幅。如果 $\mathrm{d}A(\omega)$ 是一个随机输入函数，那么 α_k 也将是随机的。从入射波的能量谱 $\mathrm{d}F=E\{\mathrm{d}A\mathrm{d}A^*\}$ 出发，我们可以构建船舶运动的协方差函数，即 $E\{\mathrm{d}\alpha_k\mathrm{d}\alpha^*j\}$。对角线元素称为相应运动的正交谱；非对角线元素构成了交叉谱。因此很容易看出：

$$E\{\mathrm{d}\alpha_k\mathrm{d}\alpha_j^*\}=E\{\mu_k\mathrm{d}A\,\mu_j^*\mathrm{d}A^*\}=\mu_k\mu_j^*E\{\mathrm{d}A\mathrm{d}A^*\}=\mu_k\mu_j^*\mathrm{d}F \tag{7.11}$$

矩阵 $\mu_k\mu_j^*$ 构成了船舶运动的传递矩阵，并通过表达式(7.11)与 α_k 的值相关联。大多数实验都是通过测量在给定入射波作用下船舶的运动来确定这一传递矩阵。

7.2 浅水理论

在本节中，我们将讨论浅水理论，它提供了与前述小振幅线性理论不同的近似方法。此处假设水的深度和某些与水平方向相关的其他特征长度相比足够小。

为了方便起见，我们用 $(\bar{x},\bar{y},\bar{z})$ 表示空间变量，用 $\bar{t}$ 表示时间变量。坐标轴的布置采用常规方式，其中 $\bar{x}$、$\bar{z}$ 平面代表未受扰动的水面，而 $\bar{y}$ 轴向上为正方向。自由表面由 $\bar{y}=\bar{\eta}(\bar{x},\bar{z},\bar{t})$ 给出，平坦的底部由 $\bar{y}=-h$ 给出，其中 $h>0$（图 7.1）。速度分量分别用 $\bar{u}(\bar{x},\bar{y},\bar{z},\bar{t})$、$\bar{v}(\bar{x},\bar{y},\bar{z},\bar{t})$、$\bar{w}(\bar{x},\bar{y},\bar{z},\bar{t})$ 表示，压力用 $\bar{p}(\bar{x},\bar{y},\bar{z},\bar{t})$ 表示。我们用欧拉变量 $(\bar{x},\bar{y},\bar{z})$ 和 $\bar{t}$ 重述基本方程与边界条件。本书 1.1 节中的运动方程可写作

$$\begin{cases}\bar{u}_{\bar{t}}+\bar{u}\,\bar{u}_{\bar{x}}+\bar{v}\,\bar{u}_{\bar{y}}+\bar{w}\,\bar{u}_{\bar{z}}=-\dfrac{1}{\rho}\bar{p}_{\bar{x}}\\ \bar{v}_{\bar{t}}+\bar{u}\,\bar{v}_{\bar{x}}+\bar{v}\,\bar{v}_{\bar{y}}+\bar{w}\,\bar{v}_{\bar{z}}=-\dfrac{1}{\rho}\bar{p}_{\bar{y}}-g\\ \bar{w}_{\bar{t}}+\bar{u}\,\bar{w}_{\bar{x}}+\bar{v}\,\bar{w}_{\bar{y}}+\bar{w}\,\bar{w}_{\bar{z}}=-\dfrac{1}{\rho}\bar{p}_{\bar{z}}\end{cases} \tag{7.12}$$

连续性方程为

$$\bar{u}_{\bar{x}}+\bar{v}_{\bar{y}}+\bar{w}_{\bar{z}}=0 \tag{7.13}$$

无旋流动的条件给出：

$$\begin{cases}\bar{u}_{\bar{y}}-\bar{v}_{\bar{x}}=0\\ \bar{v}_{\bar{z}}-\bar{w}_{\bar{y}}=0\\ \bar{w}_{\bar{x}}-\bar{u}_{\bar{z}}=0\end{cases} \tag{7.14}$$

在自由表面 $\bar{y}=\bar{\eta}(\bar{x},\bar{z},\bar{t})$ 处，根据式(1.11)，我们有运动学边界条件：

$$\bar{v}=\bar{\eta}_{\bar{t}}+\bar{u}\,\bar{\eta}_{\bar{x}}+\bar{w}\,\bar{\eta}_{\bar{z}} \tag{7.15}$$

以及来自式(1.13)的恒压条件：

$$\varphi_{\bar{t}}+\frac{1}{2}(\bar{u}^2+\bar{v}^2+\bar{w}^2)+g\bar{\eta}=\text{constant} \tag{7.16}$$

其中，φ 是速度势，由于有式(7.14)的条件，φ 是存在的。假设底部平坦，我们有边界条件：

$$\bar{v}=0 \quad (\bar{y}=-h) \tag{7.17}$$

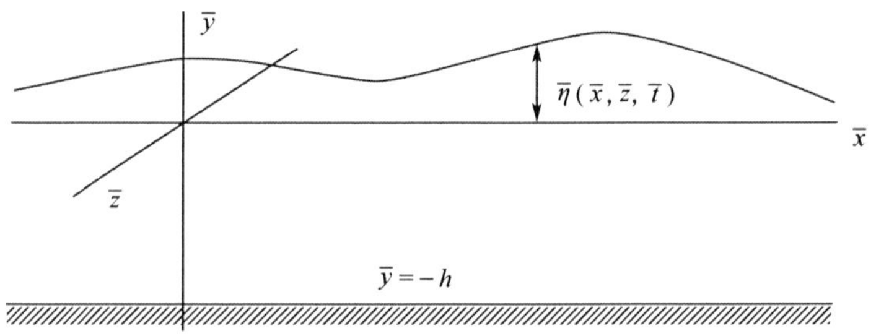

图 7.1 浅水工况

我们现在引入无量纲空间变量：

$$x=\frac{\bar{x}}{L},z=\frac{\bar{z}}{L},y=\frac{\bar{y}}{h}=\frac{\bar{y}}{\varepsilon L}$$

其中，$\varepsilon=h/L$，L 是在 $\bar{x}$ 和 $\bar{z}$ 方向上的参考长度。然后通过引入一个参考速度 U(稍后确定)，从而有

$$u=\frac{\bar{u}}{U},\varepsilon v=\frac{\bar{v}}{U},w=\frac{\bar{w}}{U}$$

则连续性方程式(7.13)变为

$$u_x+v_y+w_z=0 \tag{7.18}$$

由无旋条件式(7.14)有

$$\begin{cases}u_y-\varepsilon^2 v_x=0\\ w_y-\varepsilon^2 v_z=0\\ w_x-u_z=0\end{cases} \tag{7.19}$$

取时间尺度 $t=\bar{t}U/L$，我们有下面形式的运动方程：

$$\begin{cases}u_t+uu_x+vu_y+wu_z=-\dfrac{1}{\rho U^2}\bar{p}_x\\ \varepsilon^2(v_t+uv_x+vv_y+wv_z)=-\dfrac{1}{\rho U^2}\bar{p}_y-\dfrac{\varepsilon gL}{U^2}\\ w_t+uw_x+vw_y+ww_z=-\dfrac{1}{\rho U^2}\bar{p}_z\end{cases} \tag{7.20}$$

我们现在确定 U，使其满足 $\varepsilon gL=U^2$。令 $\Pi=\bar{p}/\rho U^2$，方程式(7.20)变为

$$\begin{cases}u_t+uu_x+vu_y+wu_z=-\Pi_x\\ \varepsilon^2(v_t+uv_x+vv_y+wv_z)=-\Pi_y-1\\ w_t+uw_x+vw_y+ww_z=-\Pi_z\end{cases} \tag{7.21}$$

类似地，在式（7.15）至式（7.17）中引入无量纲变量 $\phi=\varphi/UL,\eta=\overline{\eta}/h$，得到

$$\begin{cases} v=\eta_t+u\eta_x+w\eta_z \\ \phi_t+\dfrac{1}{2}(u^2+\varepsilon^2v^2+w^2)+\eta=\text{constant} \end{cases} \quad (y=\eta) \tag{7.22}$$

$$v=0 \quad (y=-1) \tag{7.23}$$

显然，相关的参数是 ε^2，因此现在的目标是考虑解式（7.18）至式（7.20）以及式（7.22）至式（7.23），这些解依赖于这个小参数，并且随后展开为 ε^2 的幂级数。

首先我们假设 u、v、w 和 Π 有幂级数展开：

$$\begin{cases} u=u_0+\varepsilon^2u_1+\varepsilon^4u_2+\cdots \\ v=v_0+\varepsilon^2v_1+\varepsilon^4v_2+\cdots \\ w=w_0+\varepsilon^2uw_1+\varepsilon^4w_2+\cdots \\ \Pi=u_0+\varepsilon^2\Pi_1+\varepsilon^4\Pi_2+\cdots \end{cases} \tag{7.24}$$

并将它们代入式（7.18）至式（7.20）中。将相同 ε^2 幂次的系数设为零，得到以下方程组：

$$u_{0x}+v_{0y}+w_{0z}=0 \tag{7.25}$$

$$u_{0y}=0;w_{0y}=0;w_{0x}-u_{0z}=0 \tag{7.26}$$

$$\begin{cases} u_{0t}+u_0u_{0x}+v_0u_{0y}+w_0u_{0z}=-\Pi_{0z} \\ 0=-\Pi_{0y}-1 \\ w_{0t}+u_0w_{0x}+v_0w_{0y}+w_0w_{0z}=-\Pi_{0z} \end{cases} \tag{7.27}$$

设 $\eta=\eta_0+\varepsilon^2\eta_1+\varepsilon^4\eta_2+\cdots$，自由表面边界条件为

$$v_0=\eta_{0t}+u_0\eta_{0x}+w_0\eta_{0z} \tag{7.28}$$

以及

$$\Pi_0(\eta)=0 \tag{7.29}$$

在底部我们有边界条件：

$$v_0=0 \quad (y=-1) \tag{7.30}$$

由连续性方程式（7.25），我们得到

$$v_0(\eta)=-\int_{-1}^{\eta}(u_{0x}+w_{0z})\,\mathrm{d}y$$

但根据式（7.26），因为 u_0 和 w_0 与 y 无关，所以推断出：

$$\begin{aligned} v_0(\eta)&=-(u_{0x}+w_{0z})(\eta+1) \\ &=-(u_{0x}+w_{0z})(\eta_0+1)+O(\varepsilon^2) \end{aligned} \tag{7.31}$$

同时，由式（7.27）的第二个方程得出 $\Pi_{0y}=-1$，结合式（7.29）中 $\Pi_0(\eta)=0$ 的事实，我们发现同一近似阶次：

$$\Pi_0=\eta_0-y \tag{7.32}$$

这对应于静水压力分布。综合结果式（7.31）和式（7.32），通过式（7.27）我们得到方程组：

$$\begin{cases} u_{0t}+u_0u_{0x}+w_0u_{0z}+\eta_{0x}=0 \\ w_{0t}+u_0w_{0x}+w_0w_{0z}+\eta_{0z}=0 \end{cases} \tag{7.33}$$

以及由式（7.28）得出

$$\eta_{0t}+u_0\eta_{0x}+w_0\eta_{0z}+(\eta_0+1)(u_{0x}+w_{0z})=0$$

注意，由于式（7.27）的原因，式（7.27）中的 v_0u_{0y} 和 v_0w_{0y} 项变为零。因此，我们首先得

到了关于 u、w 及水层总厚度 η 的一组拟线性方程：

$$\begin{cases} u_t+uu_x+wu_z+\eta_x=0 \\ w_t+uw_x+ww_z+\eta_z=0 \\ \eta_t+u\eta_x+w\eta_z+(\eta+1)(u_x+w_z)=0 \end{cases} \tag{7.34}$$

这些是浅水理论基本方程的无量纲形式。下面我们将考虑式(7.34)的两个重要特例，即来自式(7.26)和式(7.34)的稳定情况：

$$\begin{cases} w_x-u_z=0 \\ uu_x+wu_z+\eta_x=0 \\ uw_x+ww_z+\eta_z=0 \\ u\eta_x+w\eta_z+(\eta+1)u_x+(\eta+1)w_z=0 \end{cases} \tag{7.35}$$

以及式(7.34)中的一维非稳态情况：

$$\begin{cases} u_t+uu_x+\eta_x=0 \\ \eta_t+u\eta_x+(\eta+1)u_x=0 \end{cases} \tag{7.36}$$

在第一种情况下，由式(7.35)的前三个方程中，我们发现：

$$\frac{\partial}{\partial x}\left\{\frac{1}{2}(u^2+w^2)+\eta\right\}=0$$

$$\frac{\partial}{\partial z}\left\{\frac{1}{2}(u^2+w^2)+\eta\right\}=0$$

或者

$$\eta=\frac{1}{2}[(c_0-2)-(u^2+w^2)] \quad (c_0=\text{constant}) \tag{7.37}$$

将式(7.37)代入式(7.35)的最后一个方程中，得到势函数 ϕ 的二阶方程：

$$\frac{\partial}{\partial x}\{[c_0-(u^2+w^2)]\phi_x\}+\frac{\partial}{\partial z}\{[c_0-(u^2+w^2)]\phi_z\}=0$$

或者

$$[c_0-(3u^2+w^2)]\phi_{xx}-4uw\phi_{xz}+[c_0-(u^2+3w^2)]\phi_{zz}=0 \tag{7.38}$$

稳态流的情况与二维气体稳态流完全相似。

在第二种情况(即不稳定的一维情况)下，式(7.36)可以通过特征线法求解。我们在此定义特征方向 α 和 β，且 α 和 β 使得方程的线性组合对函数 η 与 u 的微分具有相同方向。方程式(7.36)的一个线性组合是

$$\lambda u_t+[\lambda u+\mu(\eta+1)]u_x+\mu\eta_t+(\lambda+\mu u)\eta_x=0 \tag{7.39}$$

如果：

$$\frac{\lambda u+\mu(\eta+1)}{\lambda}=\frac{\lambda+\mu u}{\mu}$$

则 u 和 η 的微分同向，这给出了 $\lambda=\mu\sqrt{\eta+1}$ 或 $\lambda=-\mu\sqrt{\eta+1}$。因此，最终从式(7.39)，令 $c=\sqrt{\eta+1}$，我们得到

$$\begin{cases} cu_t+c(u+c)u_x+\eta_t+(u+c)\eta_x=0 \\ -cu_t-c(u-c)u_x+\eta_t+(u-c)\eta_x=0 \end{cases} \tag{7.40}$$

特征方向为

$$\begin{cases}\dfrac{\partial}{\partial\alpha}=\dfrac{\partial}{\partial t}+(u+c)\dfrac{\partial}{\partial x}\\ \dfrac{\partial}{\partial\beta}=\dfrac{\partial}{\partial t}+(u-c)\dfrac{\partial}{\partial x}\end{cases} \tag{7.41}$$

式(7.40)可以写成

$$c\frac{\partial u}{\partial\alpha}+\frac{\partial\eta}{\partial\alpha}=0,-c\frac{\partial u}{\partial\beta}+\frac{\partial\eta}{\partial\beta}=0$$

或者

$$\frac{\partial u}{\partial\alpha}+2\frac{\sqrt{\eta+1}}{\partial\alpha}=0,-\frac{\partial u}{\partial\beta}+2\frac{\sqrt{\eta+1}}{\partial\beta}=0 \tag{7.42}$$

并且利用 $c=\sqrt{\eta+1}$，这给出了黎曼(Riemann)不变量：

$$\begin{cases}u+2\sqrt{\eta+1}=f(\beta)\\ -u+2\sqrt{\eta+1}=g(\alpha)\end{cases} \tag{7.43}$$

上述理论在 Stoker 关于水波的著作[17]中应用于大坝溃决问题。

7.3 非线性色散波

如前一节所述，我们可以在第一近似下通过特征线法求解浅水方程。如果这些特征线相交，将会形成激波。因此，考虑方程的第二近似是有益的。

我们将通过一种方法推导一维流动的二阶近似，这种方法与前一节使用的方法略有不同，但更为简捷。

我们再次用$(\bar{x},\bar{y})$表示有量纲坐标系，但为了方便起见，如图 7.2 所示，我们替换了平底上的 $\bar{x}$ 轴。对于势函数 φ 边界值的问题包括以下方程：

$$\begin{cases}\varphi_{\bar{x}\bar{x}}+\varphi_{\bar{y}\bar{y}}=0 & \begin{bmatrix}-\infty<\bar{x}<\infty\\ 0<\bar{y}<\bar{\eta}(\bar{x},\bar{t})\end{bmatrix}\\ \varphi_{\bar{y}}=0 & (\bar{y}=0)\end{cases} \tag{7.44}$$

并在自由表面 $\bar{y}=\bar{\eta}(\bar{x},\bar{t})$ 上施加以下条件：

$$\bar{\eta}_{\bar{t}}+\bar{u}\,\bar{\eta}_{\bar{x}}=\bar{v} \tag{7.45}$$

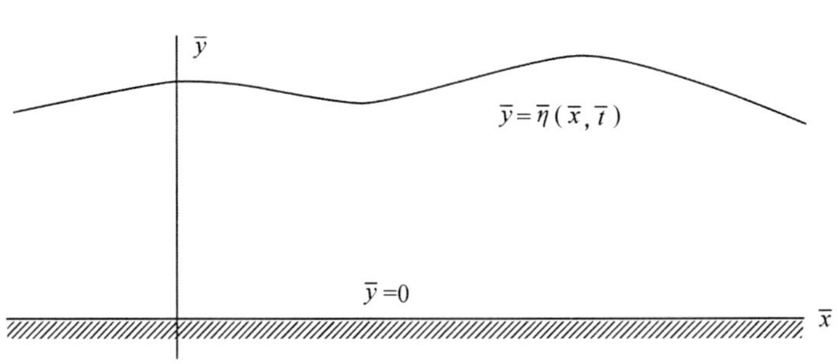

图 7.2　浅水坐标

在自由表面上，运动学条件式(7.15)与恒压 $\bar{p}$ 的动态条件相结合，其形式为$\partial\bar{p}/\partial s=0$。这里$\partial/\partial s$ 表示沿表面方向的微分。由于自由表面的切线方向余弦为$(1,\bar{\eta}_{\bar{x}})$，自由表面上的动态条件变为

$$\frac{\partial\bar{p}}{\partial\bar{x}}+\frac{\partial\bar{p}}{\partial\bar{y}}\bar{\eta}_{\bar{x}}=0 \tag{7.46}$$

其中，$\dfrac{\partial\bar{p}}{\partial\bar{x}}$ 和 $\dfrac{\partial\bar{p}}{\partial\bar{y}}$ 依据运动方程得到，即

$$\begin{cases}\bar{u}_{\bar{t}}+\bar{u}\,\bar{u}_{\bar{x}}+\bar{v}\,\bar{u}_{\bar{y}}=-\dfrac{1}{\rho}\bar{p}_{\bar{x}}\\[2ex]\bar{v}_{\bar{t}}+\bar{u}\,\bar{v}_{\bar{x}}+\bar{v}\,\bar{v}_{\bar{y}}=-\dfrac{1}{\rho}\bar{p}_{\bar{y}}-g\end{cases} \tag{7.47}$$

将方程式(7.47)代入式(7.46)得到[见式(1.18)]

$$\bar{u}_{\bar{t}}+\bar{u}\,\bar{u}_{\bar{x}}+\bar{v}\,\bar{u}_{\bar{y}}+\bar{\eta}_{\bar{x}}(\bar{v}_{\bar{t}}+\bar{u}\,\bar{v}_{\bar{x}}+\bar{v}\,\bar{v}_{\bar{y}}+g)=0 \tag{7.48}$$

为了获得浅水方程，我们考虑由复速度 $\bar{w}=\bar{u}-\mathrm{i}\bar{v}$ 定义的 $\bar{w}$，它是复变量 $\bar{x}+\mathrm{i}\bar{y}$(更精确地说是 $\bar{x}+\mathrm{i}\bar{y}$ 和 $\bar{t}$)在流体占据区域内部的解析函数。我们假设这种规则性在包括该区域边界在内的范围内一直有效。然后对于固定的 $\bar{t}$，围绕 $\bar{x}$ 展开 $\bar{w}$ 为泰勒级数，我们发现：

$$\bar{u}-\mathrm{i}\bar{v}=\bar{w}(\bar{x})+\mathrm{i}\bar{y}\,\bar{w}'(\bar{x})-\frac{\bar{y}^2}{2}\bar{w}''(\bar{x})-\frac{\mathrm{i}\bar{y}^3}{6}\bar{w}'''(\bar{x})+\cdots \tag{7.49}$$

(这里为了简单起见，我们省略了参数 $\bar{t}$，后续也如此处理。)由于在平坦的底部 $\bar{y}=0$，我们得到

$$\bar{v}=\bar{v}_{\bar{x}}=\bar{v}_{\bar{x}\bar{x}}=\bar{v}_{\bar{x}\bar{x}\bar{x}}=\cdots=0 \tag{7.50}$$

式(7.49)对 $\bar{x}$ 微分，并令 $\bar{y}=0$，我们得到

$$\begin{cases}\bar{w}(\bar{x})=\bar{u}(\bar{x},0)\\ \bar{w}'(\bar{x})=\bar{u}_{\bar{x}}(\bar{x},0)\\ \bar{w}''(\bar{x})=\bar{u}_{\bar{x}\bar{x}}(\bar{x},0),\cdots\end{cases} \tag{7.51}$$

其展开式为

$$\begin{cases}\bar{u}(\bar{x},\bar{y})=\bar{u}(\bar{x},0)-\dfrac{\bar{y}^2}{2}\bar{u}_{\bar{x}\bar{x}}(\bar{x},0)+\dfrac{\bar{y}^4}{4!}\bar{u}_{\bar{x}\bar{x}\bar{x}\bar{x}}(\bar{x},0)+\cdots\\[2ex]\bar{v}(\bar{x},\bar{y})=-\bar{y}\,\bar{u}_{\bar{x}}(\bar{x},0)+\dfrac{\bar{y}^3}{3!}\bar{u}_{\bar{x}\bar{x}\bar{x}}(\bar{x},0)-\dfrac{\bar{y}^5}{5!}\bar{u}_{\bar{x}\bar{x}\bar{x}\bar{x}\bar{x}}(\bar{x},0)+\cdots\end{cases} \tag{7.52}$$

现在，我们通过 $x=\bar{x}/L,y=\bar{y}/h$ 引入无量纲坐标，其中 h 是水深的特征长度，L 是沿 $\bar{x}$ 方向的波长。此外，我们令 $\bar{u}=Uu$，其中 U 是一个参考速度。时间 $\bar{t}$ 通过引入时间尺度 T 使其无量纲化，即 $t=\bar{t}/T$。令 $\delta=h/L$，我们发现相对于 $\bar{u}$，$\bar{v}$ 的量级是 δ。我们设 $\bar{v}=\delta Uv$。另外，我们将 $u(x,0,t)$ 定义为

$$u=(x,0,t)=f(x,t) \tag{7.53}$$

然后通过式(7.52)，我们有展开式：

$$\begin{cases}u(x,y,t)=f-\dfrac{\delta^2}{2}y^2f_{xx}+\dfrac{\delta^4}{4!}y^4f_{xxxx}+O(\delta^6)\\[2ex]v(x,y,t)=-yf_x+\dfrac{\delta^3}{3!}y^3f_{xxx}-\dfrac{\delta^5}{5!}y^5_{xxxxx}+O(\delta^6)\end{cases} \tag{7.54}$$

在表面 $y=\eta(x,t)$ 上，$\eta=\overline{\eta}/h$，运动学条件式(7.45)的形式变为

$$\frac{h}{T}\eta_t+\frac{Uh}{L}u\eta_x=U\delta v \tag{7.55}$$

或者设定 $\delta^s=L/UT$ 为某个非负指数 s，它成为

$$\delta^s\eta_t+u\eta_x=v \tag{7.56}$$

恒压条件式(7.48)变换为

$$\delta^s u_t+uu_x+vu_y+\delta^2\eta_x(\delta^s v_t+uv_x+vv_y)+\eta_x\frac{gL\delta}{U^2}=0 \tag{7.57}$$

我们选择 U，使得 $U^2=gL\delta$，并将式(7.54)中的 u 和 v 代入式(7.56)与式(7.57)。然后我们得到了 f 和 η 的一组方程：

$$\delta^s\eta_x+(f\eta_x+\eta f_x)-\frac{1}{2}\delta^2\eta^2\left(\eta_x f_{xx}+\frac{1}{3}\eta f_{xxx}\right)+\frac{\delta^4}{4!}\eta^4\left(\eta_x f_{xxxx}+\frac{1}{5}\eta f_{xxxxx}\right)+O(\delta^6)=0 \tag{7.58}$$

$$\begin{aligned}&\delta^s\left[f_t-\delta^2\left(\frac{\eta^2}{2}f_{xxt}+\eta\eta_x f_{xt}\right)+\frac{\delta^4}{6}\eta^3\left(\eta_x f_{xxxt}+\frac{1}{4}\eta f_{xxxxt}\right)\right]+\\&(ff_x+\eta_x)+\delta^2\eta\left(\eta_x f_x^2-\eta_x ff_{xx}+\frac{1}{2}\eta f_x f_{xx}-\frac{1}{2}\eta ff_{xxx}\right)+\\&\delta^4\eta^3\left[\frac{\eta}{4}\left(\frac{1}{3}f_{xx}f_{xxx}-\frac{1}{2}f_{xx}f_{xxxx}+\frac{1}{6}ff_{xxxxx}\right)\right.\\&\left.+\eta_x\left(\frac{1}{2}f_{xx}^2-\frac{2}{3}f_x f_{xxx}+\frac{1}{6}ff_{xxxx}\right)\right]+O(\delta^6)=0\end{aligned} \tag{7.59}$$

我们通过将 f 和 η 表示为 δ^2 的幂级数来构建这套方程的渐近解：

$$\begin{cases}f=u_0+\delta^2u_1+\delta^4u_2+\cdots\\ \eta=\eta_0+\delta^2\eta_1+\delta^4\eta_2+\cdots\end{cases} \tag{7.60}$$

这里有两个情形需要考虑。

情形 1：$s=0$。

在这种情况下，时间尺度 T 通过关系 $U=L/T$ 与参考速度 U 相适应。将级数式(7.60)代入式(7.58)和式(7.59)后，将相同 δ^2 幂次的系数设为零，得到第一近似解：

$$\begin{cases}\eta_{0t}+u_0\eta_{0x}+\eta_0u_{0x}=0\\ u_{0t}+u_0u_{0x}+\eta_{0x}=0\end{cases} \tag{7.61}$$

这些是一维流动的浅水方程式(7.33)。第二近似则导出以下方程：

$$\begin{cases}\eta_{0t}+\eta_0u_{1x}+\eta_1u_{0x}+\eta_{0x}u_1+\eta_{1x}u_0-\dfrac{\eta_0^2}{6}(\eta_0u_{0xxx}+3\eta_{0x}u_{0xx})=0\\ u_{1t}+\eta_{1x}+u_0u_{1x}+u_{0x}u_1-\dfrac{1}{2}\eta_0^2u_{0xxt}-\dfrac{\eta_0^2}{2}(u_0u_{0xxx}-u_{0x}u_{0xx})-\eta_0\eta_{0x}u_{0xt}-\eta_0\eta_{0x}u_0u_{0xx}+\eta_0\eta_{0x}u_{0x}^2=0\end{cases} \tag{7.62}$$

我们考虑第一近似解的特殊情况，这是由于流速恒定所引起的，且在 $y=-1$ 时设为 1。在这种情况下，由于式(7.62)只给出平凡解，我们必须考虑与式(7.62)稍有不同的近似方法。我们重新审视式(7.58)和式(7.59)，考虑以下展开式：

$$\begin{cases}f=1+\delta^2u_1+\delta^4u_2+\cdots\\ \eta=1+\delta^2\eta_1+\delta^4\eta_2+\cdots\end{cases} \tag{7.63}$$

我们保留所有直到 δ^4 阶的项，除了涉及 u_2 和 η_2 的项，并得到

$$\begin{cases}\eta_{1t}+\eta_{1x}+\delta^2(u_1\eta_{1x}+\eta_1u_{1x})-\dfrac{1}{6}\delta^2u_{1xxx}=0\\ u_{1t}+u_{1x}\eta_{1x}+\delta^2u_1u_{1x}-\dfrac{1}{2}\delta^2(u_{1xxt}+u_{1xxx})=0\end{cases} \tag{7.64}$$

通过设定 $u=1+\delta^2u_1$ 和 $\eta=1+\delta^2\eta_1$［或者等价地，$u_1=\dfrac{1}{\delta^2}(u-1)$ 和 $\eta_1=\dfrac{1}{\delta^2}(\eta-1)$］，我们从式(7.64)中得到布西内斯克(Boussinesq)方程的一种变体：

$$\begin{cases}\eta_t+\eta u_x+u\eta_x-\dfrac{1}{6}\delta^2u_{xxx}=0\\ u_t+uu_x-\eta_x-\dfrac{1}{2}\delta^2(u_{xxt}+u_{xxx})=0\end{cases} \tag{7.65}$$

布西内斯克方程的原始形式可以通过以下变换获得，该变换在近似阶次上是允许的。我们首先替换 u：

$$u=1+\delta^2\left(u_1-\frac{1}{6}\delta^2u_{1xx}\right) \tag{7.66}$$

并引入一个随主流 $U=1(x'=x-Ut)$ 移动的 x' 坐标系，然后设定 $u'(x',t)=u(x'+Ut,t)-U$，$\eta'(x',t)=\eta(x'+Ut,t)$。这样依次导出方程，在去掉符号后：

$$\begin{cases}\eta_t+\eta u_x+u\eta_x=0\\ u_t+uu_x-\eta_x-\dfrac{1}{3}\delta^2u_{xxt}=0\end{cases} \tag{7.67}$$

方程式(7.67)被称为一维浅水波的布西内斯克方程。

情形 2：$s=2$。

现在第一近似不再包含 t，我们简单地得到

$$\begin{cases}u\eta_{0x}+\eta_0u_{0x}=0\\ uu_{0x}+\eta_{0x}=0\end{cases} \tag{7.68}$$

如果再次假设序列展开式(7.63)，可以通过 $u=1$ 和 $\eta_0=1$ 解决。将此代入式(7.58)和式(7.59)给出第二近似，δ^2 的系数为

$$\begin{cases}\eta_{1x}+u_{1x}=0\\ u_{1x}+\eta_{1x}=0\end{cases} \tag{7.69}$$

这表明 $u_1=-\eta_1+X(t)$ 对于某个函数 $X(t)$。如果我们假设流体在无穷远处未受扰动，那么这意味着：

$$u_1=-\eta_1+\alpha \tag{7.70}$$

其中，α 为某个常数。

现在考虑下一个近似，δ^4 的系数：

$$\begin{cases}\eta_{1t}+u_1\eta_{1x}+\eta_1u_{1x}-\dfrac{1}{6}u_{1xxx}+u_{2x}+\eta_{2x}=0\\ u_{1x}+u_1u_{1x}-\dfrac{1}{2}u_{1xxx}+\eta_{2x}+u_{2x}=0\end{cases} \tag{7.71}$$

为了消除 u_2 和 η_2，将这两个方程相减得到

$$\eta_{1t}-u_{1t}+u_1(\eta_{1x}-u_{1x})+\eta_1 u_{1x}+\frac{1}{3}u_{1xxx}=0 \tag{7.72}$$

利用关系式(7.70)，我们将其简化为关于 η_1 的 KdV(Korteweg-De Vries)方程：

$$\eta_{1t}+\left(\alpha-\frac{3}{2}\eta_1\right)\eta_{1x}-\frac{1}{6}\eta_{1xxx}=0 \tag{7.73}$$

为了找到 KdV 方程式(7.73)的波解，我们首先改变坐标，使方程呈现形式：

$$\eta_t+(1+\varepsilon\eta)\eta_x+\mu\eta_{xxx}=0 \tag{7.74}$$

其中，ε 和 μ 是依赖于 α 的小参数。引入一个大的参数 K，我们代入式(7.74)中：

$$\eta(x,t)=U[KS(x,t),x,t]+\frac{1}{K}V[KS(x,t),x,t]+O\left(\frac{1}{K^2}\right) \tag{7.75}$$

并使用简记 $p=KS(x,t)$，我们得到直到 K 阶的近似：

$$(k-\omega)U_P+\varepsilon kUU_p+(\mu K^2)k^3U_{ppp}+\frac{1}{K}O(\mu K^2)=0 \tag{7.76}$$

这里我们引入：

$$k=S_x(x,t),\omega=-S_t(x,t)$$

分别为波数和频率。

现在确定 K^2，使得 $\mu K^2=1$，并注意 S 随着 x 和 t 缓慢变化。有了这个选择，我们在式(7.76)中忽略项 $\frac{1}{K}O(\mu K^2)$，因为它属于较低阶。然后，式(7.76)只是一个关于 U 作为 p 的函数的普通三阶微分方程，其系数随 x 和 t 变化。对此方程关于 p 积分后得到

$$(k-\omega)U+\frac{1}{2}\varepsilon kU^2+k^3U_{pp}=\frac{1}{2}\alpha \tag{7.77}$$

再次乘以 U_p 后积分得到

$$k_3U_p^2=\alpha U+\beta+(\omega-k)U^2-\frac{1}{3}\varepsilon kU^3 \tag{7.78}$$

这里的积分常数 α 和 β 是 x 与 t 的函数。

方程式(7.78)类似于摆的方程，可以看出 U 是 p 的周期函数，在式(7.78)右侧项的零点之间振荡。通常，这个右侧项有 3 个零点，但我们必须选择其中 2 个，使得在它们之间的右侧项为正的零点。

我们现在执行一个线性替换：

$$U_{(p,x,t)}=m(x,t)+A(x,t)\Theta(p) \tag{7.79}$$

使得新函数 Θ 在 -1 和 1 之间取零。利用当 $\Theta=-1$ 和 $\Theta=1$ 时，$\Theta_p=0$ 的事实，在式(7.78)中，我们可以用常数(x 和 t 的函数)m 和 A 替换 α 与 β，并得到方程：

$$k^3\Theta_p^2=(1-\Theta^2)\left[\frac{1}{3}\varepsilon Ak\Theta+\varepsilon km+(k-\omega)\right] \tag{7.80}$$

Θ 对 p 的依赖性可以用隐式形式给出：

$$p+\gamma=\sqrt{k^3}\int_{-1}^{\Theta}\frac{\mathrm{d}\Theta}{\sqrt{(1-\Theta^2)\left[\frac{1}{3}\varepsilon Ak\Theta+\varepsilon km+(k-\omega)\right]}} \tag{7.81}$$

其中，$\gamma(x,t)$是平移常数。通过改变 p 的量级，可以将周期 Θ 归一化，即

$$\frac{1}{2}=\sqrt{k^3}\int_{-1}^{1}\frac{\mathrm{d}\Theta}{\sqrt{(1-\Theta^2)\left[\frac{1}{3}\varepsilon Ak\Theta+\varepsilon km+(k-\omega)\right]}} \tag{7.82}$$

这给出了 k,ω,A 和 m 之间的色散关系。注意到当 $\varepsilon=0$ 时，我们简单地得到关系：

$$\frac{1}{2}=\sqrt{\frac{k^3}{k-\omega}}\int_{-1}^{1}\frac{\mathrm{d}\Theta}{\sqrt{(1-\Theta^2)}}=\pi\sqrt{\frac{k^3}{k-\omega}} \tag{7.83}$$

这对应于椭圆余弦波的线性方程的色散关系，即当 $\varepsilon=0$ 时的式(7.74)。

k 和 ω 之间的第二个关系是波峰的守恒律：

$$\frac{\partial\omega}{\partial x}+\frac{\partial k}{\partial t}=0 \tag{7.84}$$

为了找到 k,ω,m 和 A 之间的另外两个关系，我们回到原始方程式(7.74)，并将表达式(7.79)代入到 $\eta(x,t)$ 的方程中，即

$$\eta(x,t)=m(x,t)+A(x,t)\Theta(p)$$

因此

$$\eta_t=m_t+A_t\Theta-KA\Theta_p\omega$$

$$\eta_x=m_x+A_x\Theta+KA\Theta_pk$$

$$\eta_{xx}=m_{xx}+A_{xx}\Theta+2KA_x\Theta_pk+KA\Theta_pk_x+K^2A\Theta_{pp}k^2$$

$$\eta_{xxx}=m_{xxx}+A_{xxx}\Theta+3KA_{xx}\Theta_pk+3KA_x\Theta_pk_x+KA\Theta_pk_{xx}+3K^2A_x\Theta_{pp}k^2+3K^2A\Theta_{pp}kk_x+K^3A\Theta_{ppp}k^3$$

这一替换将给出 K 的系数(回想一下 $\mu K^2=1$)：

$$k^3A\Theta_{ppp}+A\Theta_p(k-\omega)+\varepsilon(m+A\Theta)A\Theta_pk \tag{7.85}$$

这一替换同样会消失，正如我们现在所见。回忆一下 Θ 是由式(7.80)决定的：

$$k^3\Theta_p^2=(1-\Theta^2)\left[\frac{1}{3}\varepsilon Ak\Theta+\varepsilon km+(k-\omega)\right]$$

对此方程关于 p 求导，经过一些简化后，我们得到

$$k^3\Theta_{pp}=\frac{1}{6}\varepsilon Ak-\Theta[\varepsilon km+(k-\omega)]-\frac{1}{2}\varepsilon Ak\Theta^2 \tag{7.86}$$

再次求导，我们得到方程：

$$k^3\Theta_{ppp}=[\varepsilon km+(k-\omega)]\Theta_p-Ak\varepsilon\Theta\Theta_p \tag{7.87}$$

这正如我们所预期的那样，显示了 K^1 的系数消失[参见式(7.85)]。

我们期望该解对于大量周期(K 阶)有效。这就要求 k^0 的系数在经历多个周期后不会增长。K^0 的系数为

$$m_t+A_t\Theta+m_x+A_x\Theta+(m+A\Theta)(m_x+A_x\Theta)+3(A_xk^2+Akk_x)\Theta_{pp} \tag{7.88}$$

将会被积分为一个周期，并且将积分结果置零。这样就得到

$$m_t+A_t\int_0^1\Theta\mathrm{d}p+m_x+A_x\int_0^1\Theta\mathrm{d}p+\varepsilon m\left(m_x+A_x\int_0^1\Theta\mathrm{d}p\right)+\varepsilon Am_x\int_0^1\Theta\mathrm{d}p+$$
$$\varepsilon AA_x\int_0^1\Theta^2\mathrm{d}p+3(A_xk^2+AKK_x)[\Theta_p(1)-\Theta_p(0)]=0 \tag{7.89}$$

需要注意的是，最后一项等于零是因为 Θ_p 的周期性。令 $\gamma_n=\int_0^1\Theta^n\mathrm{d}p$，可知式(7.88)可

以写成

$$(m+A\gamma_1)_t+(m+A\gamma_1)_x+\varepsilon(m+A\gamma_1)_x(m+A\gamma_1)+\varepsilon AA_x(\gamma_2-\gamma_1^2)=0 \tag{7.90}$$

显然,项 $m+A\gamma_1$ 是周期 p 上波高的平均值,因为 p 的周期为 1。因此,如果令 $h=m+A\gamma_1$ 为平均波高,我们得到关系:

$$\frac{\partial h}{\partial t}+\frac{\partial}{\partial x}\left(h+\frac{1}{2}\varepsilon h^2\right)+\frac{1}{2}\varepsilon(\gamma_2-\gamma_1^2)\frac{\partial A^2}{\partial x}=0 \tag{7.91}$$

剩下的关系可以通过类似的步骤找到。将式(7.74)乘以 η,并将 η 代入式(7.79),我们找到 K 的系数为

$$A(m+A\Theta)(k-\omega)\Theta_p+\varepsilon(m+A\Theta)^2Ak\Theta_p+A\Theta_{ppp}(m+A\Theta)k^3 \tag{7.92}$$

根据式(7.87)显然这为零。K^0 的系数为

$$(m+A\Theta)(m_t+A_t\Theta+m_x+A_x\Theta)+\varepsilon(m+A\Theta)^2(m_x+A_x\Theta)+3(m+A\Theta)(A_xk^2+Akk_x)\Theta_{pp}$$

对此进行一个周期的积分,得到方程:

$$\begin{aligned}&m(m_t+m_x)+m(A_t+A_x)\gamma_1+(m_t+m_x)A\gamma_1+A(A_t+A_x)\gamma_2+\varepsilon m^2m_x+\\&\varepsilon(2mm_xA\gamma_1+m^2A_x\gamma_1)+\varepsilon A^2A_x\gamma_3+2\varepsilon mAA_x\gamma_2+\varepsilon A^2m_x\gamma_2+\\&3(mA_xk^2+mAkk_x)[\Theta_p(1)-\Theta_p(0)]+3A(A_xk^2+Akk_x)\int_0^1\Theta\Theta_{pp}\mathrm{d}p=0\end{aligned} \tag{7.93}$$

注意到从式(7.86)我们有

$$k^3\int_0^1\Theta\Theta_{pp}\mathrm{d}p=\frac{1}{6}\varepsilon Ak\gamma_1-[\varepsilon km+(k-\omega)]\gamma_2-\frac{1}{2}\varepsilon Ak\gamma_3$$

因此,以 $h=m+A\gamma_1$ 为平均波高,从式(7.93)我们得到关系:

$$\begin{aligned}&h(h_t+h_x)+A(A_t+A_x)(\gamma_2-\gamma_1^2)+\varepsilon h^2h_x+2\varepsilon mAA_x(\gamma_2-\gamma_1^2)+\varepsilon A^2m_x(\gamma_2-\gamma_1^2)+\\&\varepsilon A^2A_x(\gamma_3-\gamma_1^3)+\frac{3A(A_xk^2+Akk_x)}{k^3}\left\{\frac{1}{6}\varepsilon Ak\gamma_1-[\varepsilon km+(k-\omega)]\gamma^2-\frac{1}{2}\varepsilon Ak\gamma_3\right\}=0\end{aligned} \tag{7.94}$$

这里利用了 Θ_p 的周期性。

这样,我们得到了式(7.82)以及关于 k、ω、m 和 A 的一组一阶微分方程[即式(7.84)、式(7.91)和式(7.94)]。在一般情况下,这些方程相当难以求解。因此,我们转而考虑 ε 为小量时解的近似展开。我们先考查一下。当 $\varepsilon=0$ 时,原方程式(7.74)是线性的,我们有与 A 和 h 无关的色散关系式(7.83);因此,ω 对 A 和 h 的依赖是非线性效应;而且,由于 $\gamma_1=\gamma_3=0$,若将 ε 设为零,通过式(7.91)和式(7.94)我们将得到平凡解。为了考虑这些事实,我们不直接使用 m,而是引入 m_1 这样一个量,使得 $h=\varepsilon m_1+A\gamma_1$ 为平均波高。忽略 ε^2 阶的项,通过式(7.91)和式(7.94)我们可以得到以下方程:

$$\begin{cases}\dfrac{\partial h}{\partial t}+\dfrac{\partial h}{\partial x}+\dfrac{1}{2}\varepsilon\gamma_2\dfrac{\partial A^2}{\partial x}=0\\[2ex]\dfrac{\partial A^2}{\partial x}+\dfrac{\partial}{\partial x}[(1-12\pi^2k^2)A^2]=0\end{cases} \tag{7.95}$$

以及结合色散关系式(7.83),可以写为

$$\omega_0=k-4\pi^2k^3 \tag{7.96}$$

这里我们用 ω_0 代替 ω,以强调与线性问题对应的关联。式(7.95)的第二个方程利用式(7.96)得出;我们注意到 $\omega_0'(k)=1-12\pi^2k^2$。最后,我们通过:

$$H_0=\varepsilon h,E=\varepsilon^2A^2$$

引入二阶函数 $H_0(x,t)$ 和 $E(x,t)$，据此，式(7.95)可以写为

$$\begin{cases}\dfrac{\partial H_0}{\partial t}+\dfrac{\partial}{\partial x}\left(H_0+\dfrac{\gamma_2}{2}E\right)=0\\ \dfrac{\partial E}{\partial t}+\dfrac{\partial}{\partial x}[\omega_0'(k)E]=0\end{cases} \tag{7.97}$$

式(7.97)中第一个方程可视为质量守恒方程的平均形式；第二个方程表达了具有线性群速度 $\omega_0'(k)=1-12\pi^2k^3$ 的波列的平均能量守恒。从色散关系式(7.82)出发，针对小 ε，可以导出 ω 关于 k、H_0 和 E 的渐近展开。结合式(7.84)、式(7.97)，这些可以用于近似确定 ω、k、H_0 和 E。

第 8 章　浅水船舶水动力学

本章我们将探讨浅水中细长船舶的相关问题,主要涉及三个主题。我们特别关注船底对船舶垂直运动的影响。事实证明,由于船底效应,浅水中的船舶会经历一定的下沉和纵倾现象。这一点在希望以船舶安全进入的方式确定港口所需的深度时至关重要。同时,对于在浅水航道中航行的船舶,了解壁面效应也很重要。这里我们不仅关心下沉和纵倾,还关心由于航道壁面相互作用产生的力和力矩。我们将讨论的第三个主题是船舶间的相互作用。

这些问题已由 Tuck[18]、Beck[1] 和 Yeung[22-23] 等进行了研究。前两个主题涉及稳态流动问题,而第三个主题则是非稳态的,因为两艘船的前进速度不同。我们用来解决这些问题的方法与著名的匹配渐近展开法有关。为了理解这种方法,我们将其应用于二维机翼周围的非定常流,通常在这种情况下不引入内层展开。入射流原则上几乎平行于翼型,而流体区域则是向无限延伸。然后,我们处理夹在两个平行板之间的细长物体周围的交叉流的情况。由此引出阻塞(blockage)的概念。经过初步研究后,我们将关注上述提到的三个问题。

8.1 薄翼理论

我们考虑一个以恒定速度 $U\mathbf{i}$ 在不可压缩介质中移动的二维薄翼,如图 8.1 所示。相对于固定在薄翼上的参考系,x 轴大致沿翼面延伸,流体的运动可以分解为沿着正 x 轴方向的无扰动流(速度为 U)和由薄翼引起的扰动流 $\boldsymbol{v}=(u,v)$。控制方程为

$$u_x+v_y=0 \tag{8.1}$$

$$\begin{cases} u_t+(U+u)u_x+vu_y=-\dfrac{1}{\rho}p_x \\ v_t+(U+u)v_x+vv_y=-\dfrac{1}{\rho}p_y \end{cases} \tag{8.2}$$

其中,p 和 ρ 分别是流体的压力与密度。

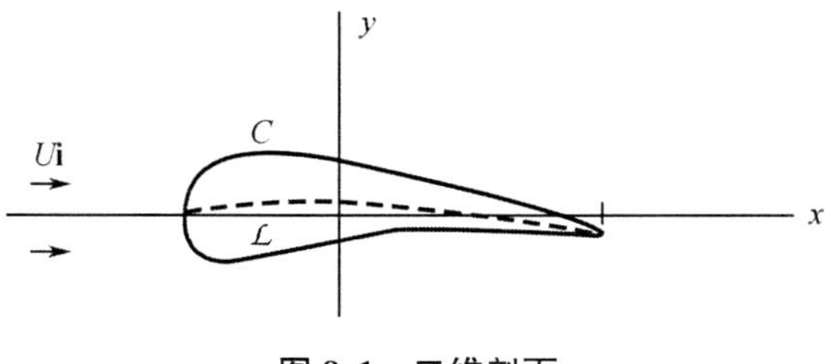

图 8.1　二维剖面

由于 $|\boldsymbol{v}|=\sqrt{u^2+v^2}\ll U$,我们可以对运动方程式(8.2)进行线性化,因此有

$$\begin{cases} u_t + Uu_x = -\dfrac{1}{\rho}p_x \\ v_t + Uv_x = -\dfrac{1}{\rho}p_y \end{cases} \tag{8.3}$$

现在我们从这两个方程中消去 p,并引入涡度矢量:

$$\boldsymbol{\gamma} := -\left(\frac{\partial v}{\partial x} - \frac{\partial u}{\partial y}\right)\boldsymbol{k} = \gamma \boldsymbol{k}$$

其中,$\boldsymbol{k}$ 是垂直于 x、y 平面的单位向量。从而有标量函数 $\gamma = \gamma(x,y,t)$ 的方程:

$$\gamma_t + U\gamma_x = 0 \tag{8.4}$$

从中我们可以看出,γ 必须具有形式:

$$\gamma = \gamma(x - Ut, y) \tag{8.5}$$

即在线性近似下,涡度沿着未受扰动的流传播,通常沿着流线传播。在 $\gamma = 0$ 的区域内,速度场具有一个势函数 $\widetilde{\Phi}$,使得

$$\tilde{v} = \mathrm{grad}\ \widetilde{\Phi} = \nabla \widetilde{\Phi}$$

如果总场为

$$\widetilde{\Phi} = Ux + \varphi$$

显而易见,速度势函数 φ 满足二维拉普拉斯方程:

$$\varphi_{xx} + \varphi_{yy} = 0 \tag{8.6}$$

此外,压力 p 和势函数 φ 之间由线性伯努利方程相关联:

$$\varphi_t + U\varphi_x = -\frac{p}{\rho} + m(t) \tag{8.7}$$

其中,$m(t)$ 是 t 的任意函数。

为了制定边界值问题,我们现在考虑一个薄翼,其上表面和下表面为

$$y = f(x,t) \pm g(x,t)$$

其中凸度函数为 $f(x,t) = \varepsilon F(x,t)$ 和厚度函数为 $g(x,t) = \varepsilon G(x,t)$。这里 ε 是小的细长参数。我们将翼型的边界标记为 S。那么,边界值问题由外部区域相对于翼型的式(8.6)以及边界条件[见式(1.9)]定义:

$$\frac{\partial \varphi}{\partial \boldsymbol{n}} = -\frac{\partial}{\partial \boldsymbol{n}}(Ux)$$

或者在表面 S 上:

$$\frac{\partial \varphi}{\partial y} = \varepsilon\left[(F \pm G)_t + \left(\frac{\partial \varphi}{\partial x} + U\right)(F \pm G)_x\right] \tag{8.8}$$

以及在无穷远处的条件为

$$\nabla \varphi \to \mathbf{0} \quad (|\boldsymbol{x}| \to \infty) \tag{8.9}$$

首先,我们考虑翼型附近 $y = O(\varepsilon)$ 的区域。这可以通过对坐标进行适当拉伸实现:

$$y = \varepsilon Y$$

在该内部区域,我们将势函数记为 φ^{i},即内势,而在该区域外则记为 φ^{o},即外势。我们假设 φ^{i} 在 ε 上有规则地展开:

$$\varphi^{\mathrm{i}} \sim \sum_{k=1}^{\infty} \varepsilon^{k} \varphi_{k}^{\mathrm{i}}(x, Y, t) \tag{8.10}$$

用拉伸变量 Y 表示，近场中的拉普拉斯方程式(8.6)变为

$$\varphi_{YY}^{\mathrm{i}}+\varepsilon^{2} \varphi_{xx}^{\mathrm{i}}=0$$

将式(8.8)代入，并等于 ε 的幂，我们得到

$$\varphi_{kYY}^{\mathrm{i}}=\begin{cases}0 & (k=1,2) \\ -(\varphi_{k-2}^{\mathrm{i}})_{xx} & (k=3,4,\cdots)\end{cases} \tag{8.11}$$

边界条件式(8.8)在表面 $Y=F \pm G$ 处变为

$$\varepsilon \varphi_{1Y}^{\mathrm{i}}+\varepsilon^{2} \varphi_{2Y}^{\mathrm{i}}+\cdots=\varepsilon^{2}[(F_{t}+U F_{x}) \pm(G_{t}+U G_{x})]+\cdots \tag{8.12}$$

因此，从式(8.11)和式(8.12)很容易看出，对于 $y \leqslant 0$ 有

$$\begin{cases}\varphi_{1}^{\mathrm{i}}(x, Y, t)=A_{1}^{\pm}(x, t) \\ \varphi_{2}^{\mathrm{i}}(x, Y, t)=A_{2}^{\pm}(x, t)+[(F_{t}+U F_{x}) \pm(G_{t}+U G_{x})] Y\end{cases} \tag{8.13}$$

其中，$A_{k}^{\pm}$ 是未知数。为了确定 $A_{k}^{\pm}$，我们现在使用奇异摄动理论中的匹配原则。我们首先有 $y=\varepsilon Y$，从而有

$$\varphi^{\mathrm{i}}(x, y, t, \varepsilon)=\varepsilon\{A_{1}^{\pm}(x, t)+[(F_{t}+U F_{x}) \pm(G_{t}+U G_{x})] y\}+\varepsilon^{2} A_{2}^{\pm}(x, t) \tag{8.14}$$

这应该与内外解都有效的公共区域中的外解 φ^{o} 相匹配。

外势 φ^{o} 用 ε 的正则摄动形式表示为

$$\varphi^{\mathrm{o}} \sim \sum_{k=1}^{\infty} \varepsilon^{k} \varphi_{k}^{\mathrm{o}}(x, y, t) \tag{8.15}$$

外势的一项用内势表示为

$$\varphi^{\mathrm{o}}(x, y, t, \varepsilon)=\varepsilon \varphi_{1}^{\mathrm{o}}(x, \varepsilon Y, t)=\varepsilon \varphi_{1}^{\mathrm{o}}(x, 0, t)+\varepsilon^{2} Y \varphi_{1y}^{\mathrm{o}}(x, 0, t)+\cdots \tag{8.16}$$

现在的匹配条件要求式(8.14)的一项等于式(8.16)的两项，从而在 $\mathscr{L}$ 上得到

$$\begin{cases}\varphi_{1}^{\mathrm{o}}(x, \pm 0, t)=A_{1}^{\pm}(x, t) \\ \varphi_{y1}^{\mathrm{o}}(x, \pm 0, t)=(F_{t}+U F_{x}) \pm(G_{t}+U G_{x})\end{cases} \tag{8.17}$$

其中，$\mathscr{L}$ 是翼型在 x 轴上的投影。最后一个关系在翼型理论的线性化中是众所周知的。因此，如果已知 φ_{1}^{o}，则 $A_{1}^{\pm}$ 完全确定。

我们注意到压力在 $\mathscr{L}$ 外的 x 轴上是连续的，但在 $\mathscr{L}$ 上由于势的跃变 $[\varphi](x,t):=\varphi(x,+0,t)-\varphi(x,-0,t)$ 而有间断。因为在 $\mathscr{L}$ 外压力跃变 $[p]=0$，从而有

$$[\varphi]_{t}+U[\varphi]_{x}=0$$

对于势的跃变 $[\varphi]$，这意味着 $[\varphi]$ 必须是变量 $x-Ut$ 的函数，即

$$[\varphi](x, t)=f(x-U t) \tag{8.18}$$

这意味着 $[\varphi]$ 沿着线 $y=0$ 传播。在翼型前方，当 $x=-\infty$ 时，$[\varphi]=0$。在翼型尾迹的尾流中，$[\varphi]$ 的值不为零。如果在后缘 x_{T} 处，已知 $[\varphi]$ 为

$$[\varphi]=h(x_{\mathrm{T}}, t)$$

那么，根据式(8.18)有

$$[\varphi](x, t)=h\left(x_{\mathrm{T}}, t-\frac{x-x_{\mathrm{T}}}{U}\right) \tag{8.19}$$

只有当在尾流中指定了 $[\varphi]$ 时，才能像我们将要看到的那样正确地表述势函数 φ^{o} 的边界值问题。

边界条件式(8.15)的表述暗示了外势可以分为偶部和奇部,即

$$\varphi^{o}(x,y,t)=\phi_{e}+\phi_{o} \tag{8.20}$$

其中

$$\phi_{e}(x,y,t)=\phi_{e}(x,-y,t)$$
$$\phi_{o}(x,y,t)=-\phi_{o}(x,-y,t)$$

由此我们分别得到偶部导数和奇部导数:

$$\begin{cases}\dfrac{\partial\phi_{e}}{\partial y}(x,y,t)=\dfrac{\partial\phi_{e}}{\partial y}(x,-y,t)\\[2ex]\dfrac{\partial\phi_{o}}{\partial y}(x,y,t)=\dfrac{\partial\phi_{o}}{\partial y}(x,-y,t)\end{cases} \tag{8.21}$$

我们现在考虑 $y\geqslant 0$ 的情况,即

$$\begin{cases}\varphi^{o}(x,y,t)=\phi_{e}(x,y,t)+\phi_{o}(x,y,t)\\ \varphi^{o}(x,-y,t)=\phi_{e}(x,y,t)-\phi_{o}(x,y,t)\end{cases} \tag{8.22}$$

匹配条件式(8.17)意味着:

$$\begin{cases}\dfrac{\partial\phi_{e}}{\partial y}=\left(\dfrac{\partial}{\partial t}+U\dfrac{\partial}{\partial x}\right)G\\[2ex]\dfrac{\partial\phi_{o}}{\partial y}=\left(\dfrac{\partial}{\partial t}+U\dfrac{\partial}{\partial x}\right)F\end{cases}\quad(\text{在 } y=0 \text{ 上}) \tag{8.23}$$

在 $\mathscr{F}$ 之外的 x 轴上,ϕ_{e} 是连续的,但 ϕ_{o} 可能不连续,满足:

$$\phi_{o}(x,+0,t)=-\phi_{o}(x,-0,t) \tag{8.24}$$

尾流中速度势函数 φ^{o} 的不连续性为奇部 ϕ_{o} 提供了一个条件。因此,针对 φ^{o} 的边界值问题分解为两个问题:一个问题与函数 ϕ_{e} 的厚度分布相关,另一个问题与函数 ϕ_{o} 的凸度分布相关。

为了解决 ϕ_{e} 和 ϕ_{o} 的边界值问题,方便的做法是利用两者均为二维拉普拉斯方程解的事实。因此,在 $z=x+\mathrm{i}y$ 平面上使用复变函数的分析是可取的。特别是,我们引入:

$$\chi(z,t)=\phi+\mathrm{i}\psi$$

其中,ψ 是流函数,ϕ 是势函数。这里 χ 在 z 平面上是解析的,除了 x 轴的部分。由于 x 轴上边界条件的结构,便于考虑复速度:

$$W(z,t):=\frac{\mathrm{d}\chi}{\mathrm{d}z}=u-\mathrm{i}v \tag{8.25}$$

偶部:我们确定了一个函数 W_{e},它在复 z 平面上是解析的,除了 x 轴的 $\mathscr{L}$ 部分。我们取 $x=-1$ 的前缘和 $x=-1$ 的后缘。在区间 $-1\leqslant x\leqslant 1$,$y=0$ 上,我们有关系:

$$W_{e}^{+}-W_{e}^{-}=-2\mathrm{i}\left(\frac{\partial}{\partial t}+U\frac{\partial}{\partial x}\right)G$$

其中,$W^{\pm}$ 表示 $W(x\pm\mathrm{i}0,t)$。而对于 $|x|>1$,$y=0$,则有

$$W_{e}^{+}-W_{e}^{-}=0$$

解 $W_{e}(z,t)$ 可以表示为

$$W_{e}(z,t)=-\frac{1}{\pi}\int_{-1}^{1}\frac{\left(\dfrac{\partial}{\partial t}+U\dfrac{\partial}{\partial\xi}\right)G}{\xi-z}\mathrm{d}\xi \tag{8.26}$$

因为函数 $W_e(z,t)$ 在无穷远处需趋向于零。

速度势可以从式(8.26)中推导出来。我们注意到：

$$\chi_e(z,t)=\frac{1}{\pi}\int_{-1}^{1}\left[\left(\frac{\partial}{\partial t}+U\frac{\partial}{\partial \xi}\right)G\right]\log(\xi-z)\,\mathrm{d}\xi \tag{8.27}$$

从而得到

$$\phi_e(x,y,z)=\mathscr{R}\chi_e(z,t)=\frac{1}{2\pi}\int_{-1}^{1}\sigma(\xi,t)\log\sqrt{(x-\xi)^2+y^2}\,\mathrm{d}\xi \tag{8.28}$$

其中

$$\sigma(\xi,t)=2\left(\frac{\partial}{\partial t}+U\frac{\partial}{\partial \xi}\right)G(\xi,t)$$

是分布源。

奇部：我们确定一个函数 $W_o(z,t)$，它在复 z 平面上是解析的，除了 x 轴上的 $\mathscr{L}$ 和 $\mathscr{W}$ 部分，其中 $\mathscr{W}$ 在这个轴的下游部分(尾流)。

对于 $x<-1,y=0$，我们有

$$W_o^+(z,t)-W_o^-(z,t)=0$$

因为速度是连续的。

对于 $-1\leqslant x\leqslant 1,y=0$，我们有

$$W_o^+ + W_o^- = -2\mathrm{i}\left(\frac{\partial}{\partial t}+U\frac{\partial}{\partial x}\right)F$$

而对于 $x>1$，我们有

$$W_o^+ - W_o^- = [\phi_{ox}] = u^+ - u^-$$

这是由式(8.19)得出的。

为了找到 $W_o(z,t)$，我们利用奇异积分方程的理论(见本书9.3节)，并用柯西积分表示 $W_o(z,t)$：

$$W_o(z,t)=-\frac{1}{2\pi\mathrm{i}}\int_{\mathscr{L}+\mathscr{W}}\frac{\gamma(\xi,t)}{\xi-z}\mathrm{d}\xi \tag{8.29}$$

其中，$\gamma(\xi,t)$ 是一个实值函数，相当于待确定的涡量分布。通过将普利梅尔兹(Plemelj)公式应用于式(8.29)，我们得到

$$\begin{cases} W_o^+(\xi_0,t)-W_o^-(\xi_0,t)=-\gamma(\xi_0,t) \\ W_o^+(\xi_0,t)-W_o^+(\xi_0,t)=-\dfrac{1}{\pi\mathrm{i}}\displaystyle⨍_{\mathscr{L}+\mathscr{W}}\frac{\gamma(\xi,t)}{\xi-\xi_0}\mathrm{d}\xi \end{cases} \tag{8.30}$$

这里我们用 $⨍$ 表示积分的主值。从这可以推导出：

$$\gamma(\xi_0,t)=-[u](\xi_0,t)\quad(\xi_0>-1)$$

而对于 $\xi_0>1$，我们知道式(8.5)成立，则

$$\gamma(\xi_0,t)=\gamma(\xi_0,-Ut) \tag{8.31}$$

如果我们考虑在 $t=0$ 时总环量为零的情况，那么我们知道总环量保持为零。因此我们有

$$\int_1^{\infty}\gamma(\xi,t)\,\mathrm{d}\xi=\int_{\mathscr{L}}\gamma(\xi,t)\,\mathrm{d}\xi+\int_{\mathscr{W}}\gamma(\xi,t)\,\mathrm{d}\xi=\Gamma(t)+\int_1^{\infty}\gamma(\xi,t)\,\mathrm{d}\xi=0 \tag{8.32}$$

其中，$\Gamma(t)$ 是围绕翼型的环量。

如果我们对方程式(8.32)关于 t 求导，并使用式(8.31)，我们得到

$$\frac{\mathrm{d}\Gamma}{\mathrm{d}t}=-U\gamma(1,t) \tag{8.33}$$

如果我们从 $t=0$ 时的稳定运动开始，由于关系式(8.33)和式(8.31)，尾流中的涡量强度可以通过逐步积分轻松计算。

为了确保式(8.30)对于未知的 $\gamma(\xi,t)$ 有唯一解，我们还需要满足库塔(Kutta)条件，该条件要求后缘的速度为有限值，这意味着沿 x 轴的压力跃变是连续的函数。因此我们要求：

$$\gamma(1+0,t)=\gamma(1-0,t) \tag{8.34}$$

从式(8.30)可知，对于 $|x|<1$，我们需要解一个奇异积分方程：

$$W_o^+ + W_o^- = -2\mathrm{i}v(x,t) = -\frac{1}{\pi \mathrm{i}}\int_{-1}^{+1}\frac{\gamma(\xi,t)}{\xi-x}\mathrm{d}\xi - \frac{1}{\pi \mathrm{i}}\int_{1}^{\infty}\frac{\gamma(\xi,t)}{\xi-x}\mathrm{d}\xi \tag{8.35}$$

其中，我们假设 $\gamma(\xi,t)$ 在 $\xi>1$ 时已知。因此积分方程变为

$$\frac{1}{\pi \mathrm{i}}\int_{-1}^{+1}\frac{\gamma(\xi,t)}{\xi-x}\mathrm{d}\xi = \lambda(x,t) \tag{8.36}$$

这里 $\lambda(x,t)$ 由

$$-\mathrm{i}\lambda(x,t) := 2v(x,t) + \frac{1}{\pi}\int_{1}^{\infty}\frac{\gamma(\xi-Ut)}{\xi-x}\mathrm{d}\xi$$

定义，它可以逐步计算。

通过引入：

$$\Lambda(z,t) = \frac{1}{2\pi \mathrm{i}}\int_{-1}^{1}\frac{\gamma(\xi,t)}{\xi-z}\mathrm{d}\xi \tag{8.37}$$

利用普利梅尔兹公式可以解积分方程式(8.36)。我们确定 $\Gamma(z,t)$，使得

$$\Lambda^+(x,t)+\Lambda^-(x,t)=\lambda(x,t) \quad (|x|<1) \tag{8.38}$$

并且 Λ 在其他地方是解析的。显然：

$$\gamma(x,t)=\Lambda^+(x,t)-\Lambda^-(x,t) \quad (|x|<1) \tag{8.39}$$

注意式(8.38)的形式与本书 9.3 节中的式(9.27)相似，其中 $G(s)=1$。

对于特殊情况，当 $\lambda=0$ 在式(8.38)中，容易发现：

$$\Lambda_0(z,t)=\frac{1}{\sqrt{1-z^2}}$$

是式(8.38)的一个解，其中分支割线选择在 $-1<x<1$ 之间。基于这个特定解 Λ_0，可知式(8.38)的解允许表示为[见式(9.28)]

$$\Lambda(z,t) = \frac{\Lambda_0(z,t)}{2\pi \mathrm{i}}\left[\int_{-1}^{+1}\frac{\lambda(\xi,t)}{\Lambda_0^+(\xi,t)}\frac{1}{\xi-z}\mathrm{d}\xi + P(z,t)\right] \tag{8.40}$$

其中，$P(z,t)$ 是 z 的全纯函数。因此，利用 Λ_0 的定义，涡量强度变为

$$\gamma(x,t) = \frac{1}{\pi \mathrm{i}\sqrt{1-x^2}}\left[\int_{-1}^{+1}\frac{\lambda(\xi,t)}{\xi-x}\sqrt{1-\xi^2}\mathrm{d}\xi + P(x,t)\right] \tag{8.41}$$

其中

$$\lambda(\xi,t) = \mathrm{i}\left[2v(\xi,t) + \frac{1}{\pi}\int_{1}^{\infty}\frac{\gamma(s-Ut)}{s-\xi}\mathrm{d}s\right]$$

且

$$v(\xi,t)=\left(\frac{\partial}{\partial t}+U\frac{\partial}{\partial x}\right)F(\xi,t)$$

由于场在无穷远处的行为,$P(x,t)$相对于 x 必须是一个常数,即 $P(t)$。如果我们在 $\mathscr{L}$ 上对式(8.41)关于 x 积分,得到

$$P(t)=\mathrm{i}\Gamma(t)\int_{-1}^{+1}\gamma(x,t)\,\mathrm{d}x \tag{8.42}$$

如果我们从流动是对称的情况开始,就像后续要处理的两船交错情形,可以计算涡量分布。在这种情况下,对于 $t<0$,在式(8.35)中 $v_o(x,t)=0$,而对于 $t\geqslant 0$,$v_o(x,t)$ 给定,通过时间步长程序可以根据式(8.5)、式(8.33)、式(8.34)、式(8.41)和式(8.42)唯一地确定 $\gamma(x,t)$。如果问题不是作为初始值问题给出,那么需要遵循一个更通用的程序。

我们现在可以计算作用在翼型上的升力和力矩。根据伯努利方程式(8.7),我们得到升力为

$$\mathscr{L}=\rho\int_{-1}^{+1}\left\{\frac{\partial}{\partial t}[\phi_o]+U\frac{\partial}{\partial x}[\phi_o]\right\}\mathrm{d}x=-\rho\int_{-1}^{+1}\left(\frac{\partial}{\partial t}\int^{2}\gamma\,\mathrm{d}s+U\gamma\right)\mathrm{d}x \tag{8.43}$$

而关于 $x=0$ 的力矩变为

$$\mathscr{M}=\rho\int_{-1}^{+1}\left\{\frac{\partial}{\partial t}[\phi_o]+U\frac{\partial}{\partial x}[\phi_o]\right\}x\,\mathrm{d}x=-\rho\int_{-1}^{+1}\left\{\frac{\partial}{\partial t}\int^{x}\gamma\,\mathrm{d}s+U\gamma\right\}x\,\mathrm{d}x \tag{8.44}$$

一旦 $\gamma(x,t)$ 沿翼型已知,经过简单计算就可得到 $\mathscr{L}$ 和 $\mathscr{M}$。

8.2 细长体理论

我们现在考虑的情况是,一个细长体置于两平行壁之间,两壁间距为 a(图 8.2)。当 $|x|\to\infty$ 时,均匀流场由 $\boldsymbol{U}=(0,V,0)$ 给出,其中 V 为常数。特别地,我们假设 $a=O(\varepsilon)$,其中 ε 是细长参数,$\varepsilon=B/L$,L 为细长体的长度,B 为细长体的宽度。

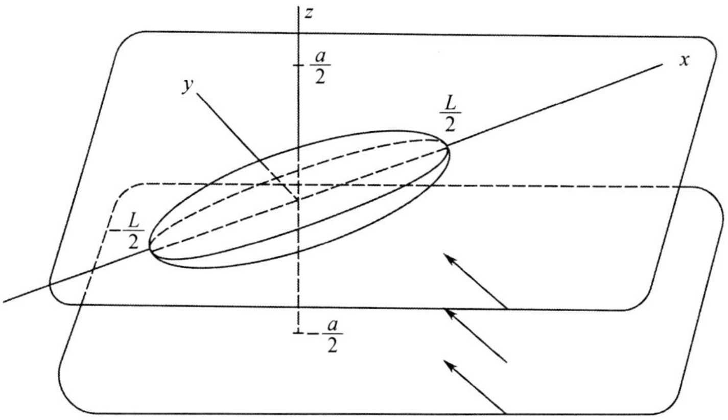

图 8.2 平行壁间的物体

y 和 z 都较小的区域称为内区,如图 8.3 所示,而 $y=O(1)$ 的区域称为外区。与本书 8.1 节类似,我们可以拉伸坐标以构建内区问题,使其成为一个二维问题。这导致了内区中势

函数 φ^{i} 的一阶近似所对应的边界值问题(以原坐标 y,z 书写):

$$\begin{cases}\varphi_{yy}^{\mathrm{i}}+\varphi_{zz}^{\mathrm{i}}=0,-\dfrac{a}{2}\leqslant z\leqslant\dfrac{a}{2},-\infty<y<\infty \\ \dfrac{\partial\varphi^{\mathrm{i}}}{\partial \boldsymbol{n}}=0 \quad (\text{在细长体边界 } S \text{ 上}) \\ \varphi^{\mathrm{i}}\to V_0(x)[y\mp C(x)] \quad (y\to\pm\infty)\end{cases} \tag{8.45}$$

其中,$V_0(x)$将根据后续的匹配条件确定。这里的 $C(x)$ 被称为阻塞常数。为了说明 $C(x)$ 的重要性,我们考虑一个特例,即一系列沿 y 方向定向的偶极子叠加在水流 V_0 上,这些偶极子位于 $y=0,z=na$ 处,其中 n 为整数。偶极子的强度是这样被选择的,即水流 V_0 中单个偶极子造成的流动描述了围绕半径为 ρ_1 的圆柱体周围的流动。因此,级联流是在 $z=a/2$ 处,围绕形状略异于圆形的圆柱体,在两平行壁之间的流动。

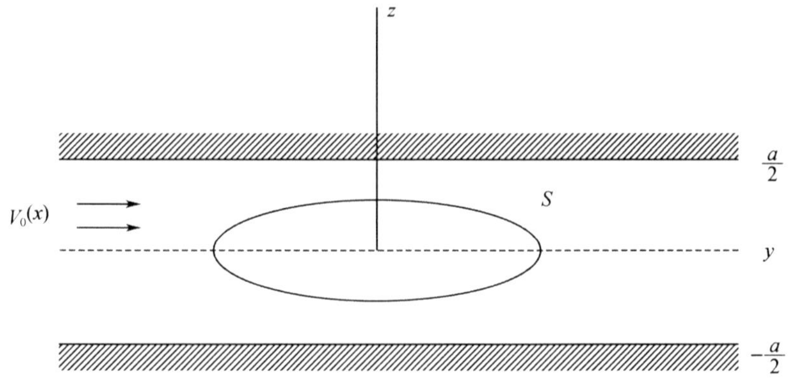

图 8.3 内部流场

势函数 φ^{i} 变为

$$\varphi^{\mathrm{i}}(y,z)=V_0(x)\left[y+\sum_{n=-\infty}^{\infty}\frac{\rho_1^2 y}{y^2+(z-na)^2}\right]$$

对于$|y|$很大且$|z|<a/2$ 的情况,我们看到:

$$\varphi^{\mathrm{i}}(y,z)=V_0(x)\left(y+\frac{S}{a}\right) \tag{8.46}$$

其中,$S=\pi\rho_1^2$ 为表面积;阻塞系数 $C=S/a$。一般来说,可以推导出表面积 S、虚拟质量 m_{yy} 与阻塞系数 C 之间的关系,即

$$m_{yy}=-\rho S+2\rho aC \tag{8.47}$$

特别是,对于一个垂直于两平行壁之间流体的长度为 l 的平板,m_{yy} 变为

$$m_{yy}=-\frac{2}{\pi}\rho a^2\log\left(\cos\frac{\pi l}{2a}\right)=2\rho aC$$

因为在式(8.47)中 $S=0$。因此,对于大多数形状,阻塞系数可以计算,我们视其为已知。

外区的势函数通过正式拉伸 z 坐标获得。结果表明,到一阶和二阶近似,φ^{o} 仅需是 x 和 y 的函数,且是二维拉普拉斯方程的解:

$$\varphi_{xx}+\varphi_{yy}=0$$

边界条件为

$$\varphi \sim Vy \quad (y \to \infty)$$

以及

$$\frac{\partial \varphi^{o}}{\partial y} = V_0(x) \quad (-1<x<1, y=0)$$

通过引入复速度函数 $f(\zeta) = u - \mathrm{i}v$,其中 $\zeta = x + \mathrm{i}y$,这些条件简化为

$$f(x \pm \mathrm{i}0) = -\mathrm{i}V_0(x) \quad (|x|<1)$$

$$f(\zeta) = -\mathrm{i}V \quad (|\zeta| \to \infty)$$

且 $f(\zeta)$ 在复 ζ 平面上是解析的,以至于:

$$f^{+}(x) + f^{-}(x) = -2\mathrm{i}V_0(x) \quad (|x|<1) \tag{8.48}$$

流体在细长体端点周围的流动可能会出现奇点,这就引出了当 $V_0 = 0$ 时,方程式(8.48)解的选择,即

$$f_0(\zeta) = (1-\zeta^2)^{-1/2} \tag{8.49}$$

而式(8.48)的解则为

$$f(\zeta) = \frac{f_0(\zeta)}{\pi}\int_{-1}^{1} \frac{V_0(\xi)}{f_0^{+}(\xi)} \frac{1}{\xi - \zeta}\mathrm{d}\xi + f_0(\zeta)P(\zeta) \tag{8.50}$$

其中,为了满足无穷远的条件,$P(\zeta)$ 必须为如下形式:

$$P(\zeta) = V\zeta + P(0)$$

现在,我们将外区和内区势函数在 x 方向的速度分量进行匹配,并从式(8.49)中得到

$$u(x, \pm 0) = \mp \frac{1}{\pi\sqrt{1-x^2}}\int_{-1}^{+1} \frac{V_0(\xi)\sqrt{1-\xi^2}}{\xi - x}\mathrm{d}\xi \mp \frac{Vx + P(0)}{\sqrt{1-x^2}} = \pm \frac{\mathrm{d}}{\mathrm{d}x}(V_0 C) \tag{8.51}$$

其中,$P(0)$ 和 $V_0(x)$ 尚待确定。为了确定它们,我们从 -1 到 x 对式(8.51)进行积分,得到

$$\begin{aligned} & V_0(x)C(x) - V_0(-1)C(-1) \\ & = -\frac{1}{\pi}\int_{-1}^{+1} V_0(\xi)K(x,\xi)\,\mathrm{d}\xi + V\sqrt{1-x^2} - P(0)\left(\frac{\pi}{2} + \arcsin x\right) \end{aligned} \tag{8.52}$$

其中,$K(x,\xi)$ 是对称核,定义为

$$K(x,\xi) = \int_{-1}^{x} \frac{\sqrt{1-\xi^2}}{\sqrt{1-s^2}} \frac{\mathrm{d}s}{\xi - s} = \frac{1}{2}\log\left(\frac{1-\xi x + \sqrt{1-\xi^2}\sqrt{1-x^2}}{1-\xi x - \sqrt{1-\xi^2}\sqrt{1-x^2}}\right) \tag{8.53}$$

对于两端呈圆形的细长体,其中 $C(\pm 1) = 0$,则遵循 $P(0) = 0$。如果横流问题与侧向流相结合,可以在 $x = 1$ 处施加库塔条件,此时可以证明:

$$P(0) = -V \pm \frac{1}{\pi}\int_{-1}^{+1} V_0(\xi)\sqrt{\frac{1+\xi}{1-\xi}}\mathrm{d}\xi \tag{8.54}$$

确定了 $P(0)$ 后,式(8.52)就构成了针对未知 $V_0(x)$ 的第二类弗雷德霍姆积分方程。对于较大的 $C(x)$ 值,式(8.52)的近似解可以按以下形式找到:

$$V_0(x)C(x) = V\sqrt{1-x^2} \tag{8.55}$$

在 $P(0) = 0$ 的情况下,同时

$$V_0(x)C(x) = V\left(\sqrt{1-x^2} + \frac{\pi}{2} + \arcsin x\right) \tag{8.56}$$

在后一种情况下,我们可以计算升力和力矩。根据参考文献[12]中的推导,我们发现:

$$\mathscr{L} = 2\rho a V_0(1)C(1)$$

以及

$$\mathscr{M} = 2\rho a V_0(1)C(1) - \rho V \forall - 2\rho a\int_{-1}^{+1} V_0(x)C(x)\mathrm{d}x$$

其中，$\forall = \int_{-1}^{+1} S\mathrm{d}x$ 是物体的体积。更多细节见参考文献[12]。

8.3 自由表面效应

在前面的章节中，我们处理了无限流体介质中的流动问题。在本节中，我们将推导浅水船舶问题的方程，其中自由表面起到重要作用。我们考虑细长船舶周围的稳态流动，并假设未扰动流的攻角很小。这种情况经常发生在接近浅水港入口或在浅水中操纵船舶时，船舶航向的变化具有的时间尺度，使得流体流动在每个时间段内都可以被视为静止的。具体来说，我们选择固定在船舶上的坐标系，正 x 轴指向来流的投影方向，来流与 x 轴的夹角为 α。与前几章不同的是，我们方便地选择正 z 轴向上。在图 8.4 中，B^* 表示船舶的宽度，T^* 表示船舶的吃水深度，L 表示船舶的长度。水深记为 h^*。我们假设均匀流的速度由 $\boldsymbol{U}=(U,V^*,0)$ 给出，其中 U 和 V^* 为常数。船体的方程由

$$y = \pm f(x,z) = \pm\varepsilon F(x,z)$$

其中，ε 定义为 $\varepsilon = B^*/L$。其他尺寸选择：h^*/L、T^*/L 和 $V^*/U = O(\varepsilon)$，随着 $\varepsilon\to 0$。此外，定义的弗劳德数如下。

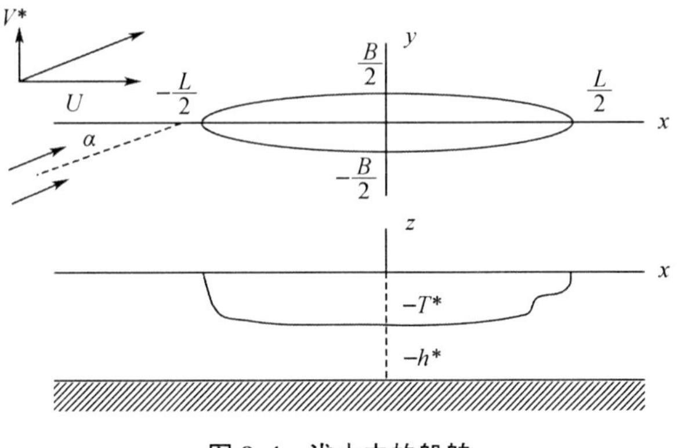

图 8.4　浅水中的船舶

以水深为特征长度的弗劳德数表示为

$$F_{h^*}^2 = \frac{|\boldsymbol{U}|^2}{gh^*} = O(1) \quad (\varepsilon\to 0)$$

以长度 L 为基准的弗劳德数为

$$F_L = \frac{|\boldsymbol{U}|}{\sqrt{gL}} = O(\varepsilon^{1/2})$$

首先，我们考虑远离船舶的外区，其中

$$x, y = O(1), z = O(\varepsilon)$$

令未扰动势为 φ_0^{o}，有 $\varphi_0^{\mathrm{o}}=Ux+V^*y$，扰动势为 φ^{o}，则有

$$\begin{cases}\boldsymbol{u}=\nabla(\varphi_0^{\mathrm{o}}+\varphi^{\mathrm{o}})=:\nabla\Phi^{\mathrm{o}}\\ \Delta\varphi^{\mathrm{o}}=0\end{cases}\tag{8.57}$$

在平坦底部 $z=-h^*$ 处，我们有

$$\frac{\partial\varphi^{\mathrm{o}}}{\partial z}=0\tag{8.58}$$

在自由表面 $z=\zeta(x,y)$ 处，我们有运动学条件：

$$\varphi_z^{\mathrm{o}}+\varphi_x^{\mathrm{o}}\zeta_x-\varphi_y^{\mathrm{o}}\zeta_y=U\zeta_x+V^*\zeta_y\tag{8.59}$$

以及动力学条件：

$$-g\zeta=U\varphi_x^{\mathrm{o}}+V^*\varphi_y^{\mathrm{o}}+\frac{1}{2}(\varphi_x^{\mathrm{o}2}+\varphi_y^{\mathrm{o}2}+\varphi_z^{\mathrm{o}2})\tag{8.60}$$

引入拉伸变量 $Z:=z/\varepsilon$，我们以常规摄动级数的形式寻求 $\varphi^{\mathrm{o}}(x,y,Z,\varepsilon)$：

$$\varphi^{\mathrm{o}}(x,y,Z,\varepsilon)=\varepsilon\varphi_1(x,y,Z)+\varepsilon^2\varphi_2(x,y,Z)+\cdots$$

从拉普拉斯方程转换为关于 Z 的形式：

$$\varphi_{ZZ}^{\mathrm{o}}=-\varepsilon^2(\varphi_{xx}^{\mathrm{o}}+\varphi_{yy}^{\mathrm{o}})=:-\varepsilon^2\Delta_2\varphi^{\mathrm{o}}$$

我们对 φ_i 进行求解：

$$\varphi_i zz=\begin{cases}0\quad(i=1,2)\\ -\Delta_2\varphi_{i-2}\quad(i=3,4,\cdots)\end{cases}$$

由此可得

$$\begin{cases}\varphi_1=\psi_1(x,y)\\ \varphi_2=\psi_2(x,y)\\ \varphi_3=\psi_3(x,y)-\dfrac{1}{2}(Z+h)^2\Delta_2\psi_1(x,y)\end{cases}\tag{8.61}$$

其中，$h=h^*/\varepsilon$。这些 ψ_i 可以通过以下方式确定。

从自由表面的动力学条件式(8.60)可以得到如下关系：

$$-g\zeta=\varepsilon U\psi_{1x}+\varepsilon^2(U\psi_{2x}+V\psi_{1y}+\psi_{1x}^2+\psi_{1y}^2)+O(\varepsilon^3)\tag{8.62}$$

其中，$V=V^*/\varepsilon$。然后，结合 $F_{h^*}^2=O(1)$ 的事实，式(8.62)意味着可以将 ζ 考虑为

$$\zeta=\varepsilon^2\zeta_2+\varepsilon^3\zeta_3+\cdots$$

并从式(8.62)中通过匹配 ε 的各次幂得出：

$$\begin{cases}\zeta_2=-\dfrac{U}{\varepsilon g}\psi_{1x}=-\dfrac{\ell}{U}\psi_{1x}\\ \zeta_2=-\dfrac{\ell}{U^2}\left[U\psi_{2x}+V\psi_{1y}+\dfrac{1}{2}(\psi_{1x}^2+\psi_{1y}^2)\right]\end{cases}\tag{8.63}$$

其中，ℓ 是 $O(1)$，由 $U^2/g=\varepsilon\ell$ 定义。现在，结合式(8.59)的运动学条件、式(8.61)和式(8.63)，得到

$$-\varepsilon^2h\Delta_2\psi_1-\varepsilon^3(\zeta_2\Delta_2\psi_1+h\Delta_2\psi_2)+O(\varepsilon^4)=\varepsilon^2U\zeta_{2x}+\varepsilon^3(U\zeta_{3x}+V\zeta_{2y}+\zeta_{2x}\psi_{1x}+\zeta_{2y}\psi_{1y})+O(\varepsilon^4)$$

因此，我们得到

$$\begin{cases}\Delta_2\psi_1=-\dfrac{U}{h}\zeta_{2x}\\ \Delta_2\psi_2=-\dfrac{\zeta_2}{h}\Delta_2\psi_1-\dfrac{1}{h}(U\zeta_{3x}+V\zeta_{2y}+\zeta_{2x}\psi_{1x}+\zeta_{2y}\psi_{1y})\end{cases}\tag{8.64}$$

从式(8.64)和式(8.63)中消去ζ_2与ζ_3，得到

$$\begin{cases}(1-F_{h^*}^2)\psi_{1xx}+\psi_{1yy}=0\\(1-F_{h^*}^2)\psi_{2xx}+\psi_{2yy}=\Omega_2(x,y)\end{cases}\tag{8.65}$$

其中，$\Omega_2(x,y)$仅依赖于ζ_2和ψ_1。方程式(8.65)是浅水方程的线性化形式，是一个混合类型的偏微分方程，其类型取决于F_{h^*}的值。我们仅限于椭圆的情形，即$F_{h^*}<1$。对于ψ_1的边界条件，是通过在$y=0$处与内区解的匹配过程得出的。

我们现在转向求解方程式(8.65)，并写为

$$\psi_1(x,y)=\psi_1^{\mathrm{e}}(x,y)+\psi_1^{\mathrm{o}}(x,y)$$

其中，ψ_1^{e}是关于y的偶部，而ψ_1^{o}是关于y的奇部。偶部可以写为分布源的形式：

$$\psi_1^{\mathrm{e}}(x,y)=\frac{1}{2\pi\sqrt{1-F_{h^*}^2}}\int_{-\infty}^{\infty}\sigma(\xi)\log[(x-\xi)^2+(1-F_{h^*}^2)y^2]^{1/2}\mathrm{d}\xi\tag{8.66}$$

奇部则可以写为涡旋分布的形式：

$$\psi_1^{\mathrm{o}}(x,y)=\frac{1}{2\pi\sqrt{1-F_{h^*}^2}}\int_{-\infty}^{\infty}\gamma(\xi)\arctan\left(\frac{y\sqrt{1-F_{h^*}^2}}{x-\xi}\right)\mathrm{d}\xi\tag{8.67}$$

由于提议在$y=0$处进行匹配，我们必须为ψ_1^{e}和ψ_1^{o}两者的小y值做出级数展开。我们发现泰勒展开式如下：

$$\psi_1^{\mathrm{e}}(x,y)\approx\psi_1^{\mathrm{e}}(x,0)+|y|\frac{\sigma(x)}{2}-\frac{1}{2}y^2(1-F_{h^*}^2)\psi_{1xx}^{\mathrm{e}}(x,0)+\cdots\tag{8.68}$$

其中

$$\psi_1^{\mathrm{e}}(x,0)=\frac{1}{2\pi\sqrt{1-F_{h^*}^2}}\int_{-\infty}^{\infty}\sigma(\xi)\log|x-\xi|\mathrm{d}\xi$$

对于奇部，我们得到

$$\psi_1^{\mathrm{o}}(x,y)\approx\mathrm{sgn}(y)\Gamma(x)+\frac{y}{2\pi}\int_{-\infty}^{\infty}\frac{\gamma(\xi)}{x-\xi}\mathrm{d}\xi+O(y^2)\tag{8.69}$$

其中

$$\Gamma(x)=-\frac{1}{2}\int_{-\infty}^{x}\gamma(\xi)\mathrm{d}\xi=-\frac{1}{2}\int_{-\infty}^{\infty}\gamma(\xi)H(x-\xi)\mathrm{d}\xi$$

其中，$H(x-\xi)$表示赫维赛德(Heaviside)函数。

现在，我们可以考虑外场总和$\Phi^{\mathrm{o}}=\varphi_0^{\mathrm{o}}+\varphi^{\mathrm{o}}$在$y$值较小时的展开，其中$\varphi_0^{\mathrm{o}}$和$\varphi^{\mathrm{o}}$分别是未扰动与扰动势，如式(8.57)。综合结果式(8.57)、式(8.61)、式(8.68)和式(8.69)，我们最终得到展开式：

$$\begin{aligned}\Phi^{\mathrm{o}}&\approx Ux+\varepsilon\psi_1^{\mathrm{e}}(x,0)\pm\Gamma(x)+y\left(V^*+\frac{\varepsilon}{2\pi}\int_{-\infty}^{\infty}\frac{\gamma(\xi)\mathrm{d}\xi}{x-\xi}\right)\pm y\frac{\varepsilon\sigma(x)}{2}+O(y^2)\\&=:Ux+\varphi_1^{\mathrm{e}}(x)\pm[\varphi_1^{\mathrm{o}}](x)+yV^{\mathrm{o}}(x)\pm y[V^{\mathrm{e}}](x)+O(y^2)\quad(y\gtrless0)\end{aligned}\tag{8.70}$$

其中，φ_1^{e}、$[\varphi_1^{\mathrm{o}}]$、V^{o}和$[V^{\mathrm{e}}]$已相应定义。需要强调的是，上述公式中的密度σ和γ仍有待确定。为此，我们必须考虑内区的问题。

在内区，我们有

$$x=O(1),y=O(\varepsilon),z=O(\varepsilon)$$

因此，我们引入拉伸变量 $Y=y/\varepsilon$ 和 $Z=z/\varepsilon$，据此拉普拉斯方程现在变为

$$\varepsilon^2\Phi^{\mathrm{i}}_{xx}+\Phi^{\mathrm{i}}_{YY}+\Phi^{\mathrm{i}}_{ZZ}=0$$

其中，我们采用了符号 Φ^{i} 代表内势，$\Phi^{\mathrm{i}}=\Phi^{\mathrm{i}}(x,Y,Z,\varepsilon)$。

我们假设 Φ^{i} 允许以规则展开的形式：

$$\Phi^{\mathrm{i}}(x,Y,Z,\varepsilon)=\Phi_0(x,Y,Z)+\varepsilon\Phi_1(x,Y,Z)+O(\varepsilon^2) \tag{8.71}$$

将式(8.71)代入拉普拉斯方程，我们得到

$$\widetilde{\Delta}_2\Phi_i=\begin{cases}0 & (i=1,2)\\ -\Phi_{i-1xx} & (i=3,4,\cdots)\end{cases}$$

其中，$\widetilde{\Delta}_2:=\partial^2/\partial Y^2+\partial^2/\partial Z^2$。对第一个近似，自由表面条件式(8.59)和式(8.60)给出：

$$\Phi_{0Z}=0,\Phi_{1Z}=0 \quad (\text{在 } Z=0 \text{ 上})$$

我们再次将内势 Φ^{i} 分为 Φ^{ie} 和 Φ^{io}，即 Φ^{i} 的偶部和奇部。偶部与厚度问题相关。由于未扰动流的偶部等于 Ux，我们取 $\Phi^{\mathrm{e}}_0=Ux$。此外，Φ^{ie} 需要满足船体边界条件，即

$$\frac{\partial\Phi^{\mathrm{ie}}}{\partial \boldsymbol{n}}=0 \quad [\text{在 } y=\pm f(x,z)=\pm\varepsilon F(x,Z) \text{ 上}] \tag{8.72}$$

现在我们定义 $\boldsymbol{N}^*$ 为法线 $\boldsymbol{n}$ 在平面 $x=\mathrm{constant}$ 上的投影(图 8.5)。

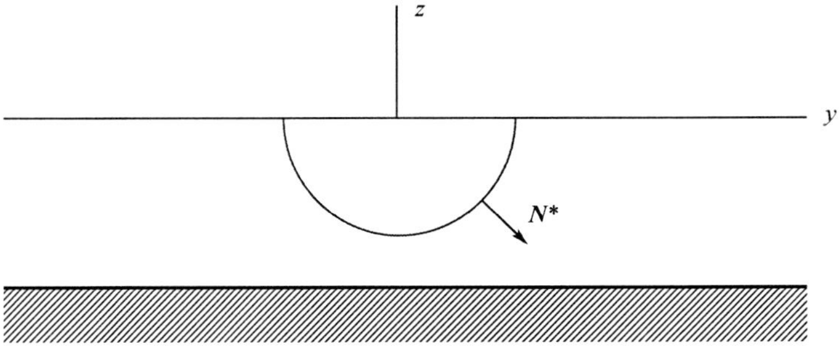

图 8.5 局部流场

对于式(8.71)对于 $y>0$ 的情况，我们有

$$\Phi^{\mathrm{e}}_x f_x+\Phi^{\mathrm{e}}_z f_z-\Phi^{\mathrm{e}}_y=0$$

同时，我们可得到

$$\frac{\partial\Phi^{\mathrm{ie}}}{\partial \boldsymbol{N}^*}=\frac{\Phi^{\mathrm{ie}}_y-\Phi^{\mathrm{ie}}_z f_z}{\sqrt{1+f_z^2}}$$

从而得出

$$\frac{\partial\Phi^{\mathrm{ie}}}{\partial \boldsymbol{N}^*}=\frac{\Phi^{\mathrm{ie}}_x f_x}{\sqrt{1+f_z^2}} \tag{8.73}$$

将式(8.71)代入式(8.73)，并使用拉伸坐标 Y、Z、$\frac{\partial}{\partial \boldsymbol{N}^*}=\frac{1}{\varepsilon}\frac{\partial}{\partial \boldsymbol{N}}$ 定义法线 $\boldsymbol{N}$，考虑到 $f=\varepsilon F$，我们发现：

$$\frac{\partial\Phi^{\mathrm{e}}_1}{\partial \boldsymbol{N}}=0$$

$$\frac{\partial \Phi_1^e}{\partial N}=\frac{UF_x}{\sqrt{1+F_z}}=:V_N$$

因此，Φ_1^e 和 Φ_2^e 具有如下形式：

$$\begin{cases}\Phi_1^e=g_1(x)\\ \Phi_2^e=g_2(x)+\Phi_2^*(x,Y,Z)\end{cases} \tag{8.74}$$

这个内区解需要与外区解相匹配。因此，对于 Φ_2^* 的大 Y 值，我们需要了解它，但没有求解 Φ_2^* 的方程。为此，我们假设 Φ_2^* 具有如下渐进行为：

$$\Phi_2^* \sim V|Y| \quad (Y\to\infty)$$

其中，V 可以通过质量守恒简单计算。我们按以下步骤进行。

如图 8.6 所示，从船体表面流出的表观流通量由

$$\int V_N \mathrm{d}l = US'(x)$$

给出，其中 S' 是拉伸截面面积的导数。因此

$$V=\frac{U}{2h}S'(x) \quad (|x|<L/2)$$

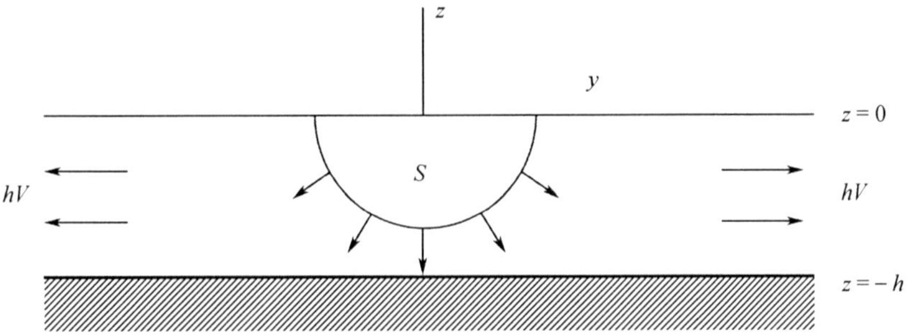

图 8.6 流体从船体湿表面流出

我们现在匹配内区和外区解的偶部式(8.68)、式(8.74)，并得到

$$\sigma(x)=\frac{U}{h}S'(x) \tag{8.75}$$

以及

$$g_1(x)=\psi_1^e(x,0)=\frac{U}{2\pi h\sqrt{1-F_{h^*}^2}}\int_{-L/2}^{L/2}S'(\xi)\log|x-\xi|\mathrm{d}\xi \tag{8.76}$$

解的奇部与由式(8.70)给出的横流 $V^o(x)y$ 相关。我们要考虑的内区问题与本书 8.2 节内容相同，只需将物理域相对于 $y=0$ 进行镜像反射(图 8.7)。

在图 8.7 中，$C(x)$ 是已知的阻塞函数或系数，如式(8.45)中引入的，而 $V(x)$ 需通过以下匹配过程确定。内解的远场行为可以与外解的局部行为相匹配。根据式(8.70)，我们得到

$$[\Phi_1^o](x)=V(x)C(x)$$

$$V^o(x)=V(x)$$

因此,我们有

$$-\frac{\varepsilon}{2}\int_{-\infty}^{\infty}\gamma(\xi)H(x-\xi)\,\mathrm{d}\xi = V(x)C(x) \tag{8.77}$$

和

$$V^{*}+\frac{\varepsilon}{2\pi}\int_{-\infty}^{\infty}\frac{\gamma(\xi)}{x-\xi}\mathrm{d}\xi = V(x) \tag{8.78}$$

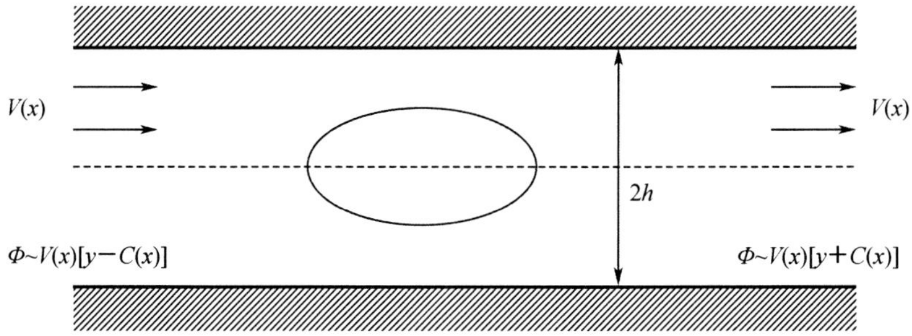

图 8.7　双体周围局部流态

从中可知 $\gamma(\xi)$ 必须是以下奇异积分方程的解:

$$\frac{\varepsilon}{2\pi}\int_{-\infty}^{\infty}\left[\frac{1}{x-\xi}+\pi\frac{H(x-\xi)}{C(x)}\right]\gamma(\xi)\,\mathrm{d}\xi = -V^{*}:=-\varepsilon V \tag{8.79}$$

我们可以轻松获得 $V(x)$ 的积分方程,因为对式(8.77)关于 x 求导会有

$$\varepsilon\gamma(x)=-2(VC)'$$

由于本节考虑的是定常运动情形,因此对于 $|x|>L/2$,得出 $\gamma(x)=0$。

我们将证明式(8.79)可以被转换为第二类弗雷德霍姆积分方程,这一方程可以通过数值方法求解。

考虑如下方程:

$$\frac{1}{\pi\mathrm{i}}\int_{-L/2}^{L/2}\frac{\gamma(\xi)}{x-\xi}\mathrm{d}\xi = 2\mathrm{i}V+\frac{1}{C(x)}\int_{-L/2}^{x}\gamma(\xi)\,\mathrm{d}\xi:=\mathrm{i}F_{\gamma}(x) \tag{8.80}$$

再次利用希尔伯特(Hilbert)变换的理论(本书 9.3 节),考虑:

$$\frac{1}{\pi\mathrm{i}}\int_{-L/2}^{L/2}\frac{\gamma(\xi)}{x-\xi}\mathrm{d}\xi=\mathrm{i}F_{\gamma}(x)$$

我们在 $x=L/2$ 处应用库塔条件,得到

$$\gamma(x)=\frac{1}{\pi}\sqrt{\frac{x-\frac{L}{2}}{x+\frac{L}{2}}}\int_{-L/2}^{L/2}\sqrt{\frac{\zeta+\frac{L}{2}}{\zeta-\frac{L}{2}}}\frac{F\gamma(\zeta)}{x-\zeta}\mathrm{d}\zeta \tag{8.81}$$

方程式(8.81)现在是 $\gamma(x)$ 的第二类弗雷德霍姆积分方程。可以证明,核函数是平方可积的,因此该方程有唯一解。这一特解是可以通过数值方法找到的。特别地,如果 $C(x)\gg1$,可以通过迭代过程定义序列 $\{\gamma_i\}$:

$$\gamma_i(x)=\frac{1}{\pi}\sqrt{\frac{x-\frac{L}{2}}{x+\frac{L}{2}}}\int_{-L/2}^{L/2}\sqrt{\frac{\zeta+\frac{L}{2}}{\zeta-\frac{L}{2}}}\frac{1}{x-\zeta}\left[2V+\frac{1}{C(\zeta)}\int_{-L/2}^{\zeta}\gamma_i-1(\xi)d\xi\right]\mathrm{d}\zeta \tag{8.82}$$

这个序列可以用来近似精确解。

在完全阻塞 $C(x)=\infty$ 的情况下,我们得到了与二维翼型定常流理论相同的结果。如果确定 $P(x)$ 已满足库塔条件 $\gamma(L/2)=0$,那么当 $C=\infty$ 时,方程式(8.82)与式(8.41)相同。很明显,可采用与本书8.1节类似的方式将本节的理论扩展到非稳态流动问题。我们需要使用相同的条件来获得唯一的涡旋分布。

为了求得垂荡和纵摇力矩,我们将沿船体积分局部压力分布。直到 ε 的一阶,局部流场由

$$\Phi^{\mathrm{i}}\approx Ux+\varepsilon\psi_1^{\mathrm{e}}(x,0)\pm\Gamma(x) \tag{8.83}$$

描述,而对于确定垂荡和纵摇,我们可以忽略项 $\pm\Gamma(x)$。利用伯努利方程,可以发现船表面一阶压力的偶部为

$$p^{\mathrm{e}}\sim-\rho U\varepsilon\psi_{1x}^{\mathrm{e}}(x,0) \tag{8.84}$$

垂荡力变为

$$F_3=-\rho U\varepsilon\int_{-L/2}^{L/2}\psi_{1x}^{\mathrm{e}}B(x)\,\mathrm{d}x \tag{8.85}$$

纵摇力矩变为

$$F_5=-\rho U\varepsilon\int_{-L/2}^{L/2}\psi_{1x}^{\mathrm{e}}B(x)x\,\mathrm{d}x \tag{8.86}$$

其中,$B(x)$ 是船在位置 x 处的宽度。

横荡力和摇艏力矩可以通过类似的方法计算。由式(8.83)可知,奇部 $\pm\varepsilon\Gamma(x)$ 的贡献:

$$p^{\mathrm{o}}\sim\pm\rho U\varepsilon\Gamma_x(x)$$

因此,横荡力(升力)为

$$F_2=-\rho Uh\varepsilon\int_{-L/2}^{L/2}\gamma(x)\,\mathrm{d}x \tag{8.87}$$

摇艏力矩则变为

$$F_6=-\rho Uh\varepsilon\int_{-L/2}^{L/2}\gamma(x)\,\mathrm{d}x \tag{8.88}$$

横荡力和摇艏力矩也可以通过布拉休斯(Blasius)公式计算。在这种情况下,我们将外势写为复势的实部:

$$\chi(z)=\Phi(z)+\mathrm{i}\psi(z)$$

其中,$z=x+\mathrm{i}y$。则作用在船上的力为

$$F_1-\mathrm{i}F_2=\frac{\mathrm{i}\rho}{2}\oint_{\mathscr{C}}\left(\frac{\mathrm{d}W}{\mathrm{d}z}\right)^2\mathrm{d}z \tag{8.89}$$

力矩为

$$F_6=-\mathscr{R}\left[\frac{\rho}{2}\oint_{\mathscr{C}}z\left(\frac{\mathrm{d}W}{\mathrm{d}z}\right)^2\mathrm{d}z\right) \tag{8.90}$$

其中,$\mathscr{C}$ 为物体的闭合轮廓。在我们的案例中,我们考虑:

$$W(z)=(U+\mathrm{i}V^*)z+\text{分布源}+\text{分布涡}$$

如果我们平衡留数的贡献,可以得出 $F_1=0$,而 F_2 和 F_6 分别具有由式(8.87)和式(8.88)给出的形式。然而,我们必须明确指出,该推导只适用于定常流场。

8.4 航道中的船舶

在本节中,我们将展示如何将前一节推导的理论应用于船舶在航道中的情形。鉴于在这里考虑的大部分分析与之前完全相同,我们将省略细节。我们这里考虑的工况是,航道的侧壁位于外区。外区可以看作源和涡旋的叠加。首先,我们将给出一个位于两平行墙壁之间的单位强度源所产生的势的推导过程。

我们引入复变量:

$$x=x+\mathrm{i}\beta y,\beta=\sqrt{1-F_h^2}$$

其中,F_h 是关于航道深度 h 的弗劳德数。在本节中,航道的侧壁位于 $y=a$ 和 $y=-b$。航道的总宽度用 w 表示,如图 8.8 所示。

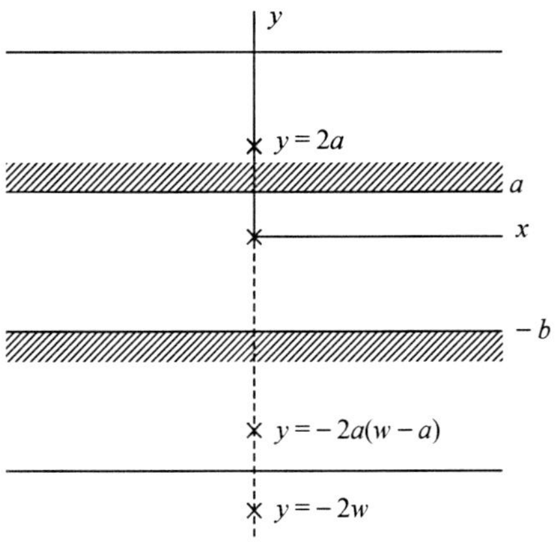

图 8.8 奇点的反射

我们考虑一个位于原点的单位强度点源。这个点源产生的场可以通过对墙壁的反射来获得。在这种情况下,用$\chi(z)$表示的复势具有如下形式:

$$\begin{aligned}\chi(z) &= \Phi+\mathrm{i}\Psi\\ &=\frac{1}{2\pi}\log z+\frac{1}{2\pi}\sum_{n=1}^{\infty}\log(z-2\beta\mathrm{i}nw)+\frac{1}{2\pi}\sum_{n=1}^{\infty}\log(z+2\beta\mathrm{i}nw)+\\ &\quad\frac{1}{2\pi}\log(z-2\beta\mathrm{i}a)+\frac{1}{2\pi}\sum_{n=1}^{\infty}\log[z-2\beta\mathrm{i}(nw+a)]+\frac{1}{2\pi}\sum_{n=1}^{\infty}\log[z+2\beta\mathrm{i}(nw-a)]\end{aligned} \tag{8.91}$$

我们现在考虑式(8.91)中的前三项,可列出下式:

$$\begin{aligned}\chi_1 &= \frac{1}{2\pi}\log z+\frac{1}{2\pi}\sum_{n=1}^{\infty}\log(z-2\beta\mathrm{i}nw)+\frac{1}{2\pi}\sum_{n=1}^{\infty}\log(z+2\beta\mathrm{i}nw)\\ &=\frac{1}{2\pi}\log\left\{z\prod_{n=1}^{\infty}\left[1-\frac{z^2}{(2\mathrm{i}\beta nw)^2}\right]\cdot\text{constant}\right\}\end{aligned}$$

其中，$z\prod_{n=1}^{\infty}\left[1-\frac{z^2}{(2\mathrm{i}\beta nw)^2}\right]$ 是在 $z=\pm 2\mathrm{i}nw$ 处有简单零点的函数。根据魏尔斯特拉斯(Weierstrass)引理，我们可以写成

$$z\prod_{n=1}^{\infty}\left[1-\frac{z^2}{(2\mathrm{i}\beta nw)^2}\right]=\frac{2\mathrm{i}\beta w}{\pi}\sin\frac{z\pi}{2\mathrm{i}\beta w}=\frac{2\beta w}{\pi}\sinh\frac{z\pi}{2\beta w}$$

因此，加上一个常数后，我们可以简化χ_1，使其变为

$$\chi_1=\frac{1}{2\pi}\log(\sinh k_0 z)$$

其中，$k_0=\frac{\pi}{2\beta w}$，$z=x+\mathrm{i}\beta y$，且 $\beta=\sqrt{1-F_h^2}$。在式(8.91)中剩余的三项有类似的结果，因此位于 $z=\zeta$ 的单位点源所产生的完整势为

$$G_s(z;\zeta)=\frac{1}{2\pi}(\log\{\sinh[k_0(z-\zeta)]\}+\log\{\sinh[k_0(z-\zeta)-\mathrm{i}\alpha]\}) \tag{8.92}$$

其中，$\alpha=\frac{\pi a}{w}$。位于点 $z=\zeta$ 的单位涡旋所产生的复势则为

$$G_v(z;\zeta)=-\frac{\mathrm{i}}{2\pi}(\log\{\sinh[k_0(z-\zeta)]\}-\log\{\sinh[k_0(z-\zeta)-\mathrm{i}\alpha]\}) \tag{8.93}$$

外区的扰动势[见式 8.57)]现在可以写为沿船舶轴线分布的点源和点涡的形式：

$$\varphi^{\mathrm{o}}(x,y)=\mathscr{R}\int_{-L/2}^{L/2}[\sigma(\xi)G_s(z;\xi)+\gamma(\xi)G_v(z;\xi)]\mathrm{d}\xi \tag{8.94}$$

其中，ξ 是沿船轴的坐标。这里的 σ 和 γ 是未知强度，如式(8.66)和式(8.67)中所定义的。它们将通过与内势 Φ^{i} 的匹配条件确定，如本书 8.3 节所述的。为了方便，我们引入与船舶固定的(s,t)坐标，并令(U,V)为相对于坐标(s,t)的均匀流速 $\boldsymbol{U}$ 的分量，如图 8.9 所示。

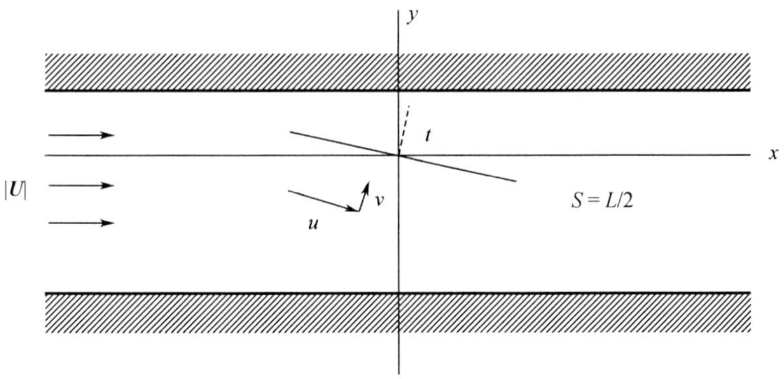

图 8.9　固定在船上的外区坐标系

此外，我们假设攻角很小，并对式(8.94)在小 t 的情况下进行展开。

经过较长的计算和推导，我们可以得到

$$\varphi^{\mathrm{i}}(s,t)\sim Us+Vt+\varphi_1(s)\pm[\varphi_1](s)+t\{V(s)\pm[V](s)\} \tag{8.95}$$

其中

$$\varphi_1(s)=\frac{1}{2\pi}\int_{-L/2}^{L/2}\mathrm{d}\xi\left[\sigma(\xi)(\log\{\sinh[k_0(s-\xi)]\}+\frac{1}{2}\log\{\sinh[k_0(s-\xi)+\sin^2\alpha]\})+\right.$$

$$\gamma(\xi)\arctan\left\{\frac{\cosh[k_0(s-\xi)]+\sin\alpha}{\sinh[k_0(s-\xi)]+\cos\alpha}\right\}\Bigg]$$

$$[\varphi_1]=-\frac{1}{2}\int_{-L/2}^{L/2}\gamma(\xi)H(s-\xi)\mathrm{d}\xi$$

$$V(s)=\frac{1}{4w}\int_{-L/2}^{L/2}\mathrm{d}\xi\left\{\frac{-\sigma(\xi)\sin 2\alpha}{\cosh[2k_0(s-\xi)]-\cos 2\alpha}+\gamma(\xi)\frac{\cosh[k_0(s-\xi)](1-\cos 2\alpha)}{\cosh[2k_0(s-\xi)]-\cos 2\alpha}\right\}$$

$$[V(s)]=\beta\frac{\sigma(s)}{2}$$

其中,$H(s-\xi)$是赫维赛德函数[见式(8.70)]。

遵循前一节中使用的论证,内区的解可以写为如下形式:

$$\varphi^{i}\sim Us+F_1(s)\pm\frac{US'(s)}{2h}t+V_1(s)[t\pm C(s)] \tag{8.96}$$

其中,F_1 和 V_1 待确定。这里 S 是表面积,C 是之前的阻塞系数。这个表达式一定等于式(8.95),从而有:

(1)$\varphi_1(s)=F_1(s)$;

(2)$[\varphi_1](s)=V_1(s)C(s)$;

(3)$V+V(s)=V_1(s)$;

(4)$[V](s)=\dfrac{US'(s)}{h}$。

最后的条件给出了我们在式(8.94)中的源强度:

$$\sigma(s)=\frac{US'(s)}{h}$$

现在还需从其他关系中确定 $\gamma(\xi)$。条件(2)和(3)意味着:

$$\int_{-L/2}^{L/2}\gamma(\xi)\left\{\frac{1-\cos 2\alpha}{\cosh[2k_0(s-\xi)]-\cos 2\alpha}\coth[k_0(s-\xi)]+\frac{2w}{C(s)}H(s-\xi)\right\}\mathrm{d}\xi$$
$$=-\frac{\pi U}{wh\beta^2}\sin 2\alpha\int_{-L/2}^{L/2}\frac{S(\xi)\sinh[2k_0(s-\xi)]}{\{\cosh[2k_0(s-\xi)]-\cos 2\alpha\}^2}\mathrm{d}\xi-4wV:=f(s)$$

这是一个柯西类型的积分方程,因此我们将其写为以下标准形式(见本书9.3节):

$$\frac{1}{\pi\mathrm{i}}\int_{-L/2}^{L/2}\frac{\gamma(\xi)}{s-\xi}\mathrm{d}\xi=F_\gamma(s) \tag{8.97}$$

其中

$$F_\gamma(s):=\frac{k_0}{\pi\mathrm{i}}f(s)-\frac{2wk_0}{\pi\mathrm{i}C(s)}\int_{-L/2}^{s}\gamma(\xi)\mathrm{d}\xi-$$
$$\frac{1}{\pi\mathrm{i}}\int_{-L/2}^{L/2}\gamma(\xi)\frac{A(s,\xi)k_0(s-\xi)\cosh[k_0(s-\xi)]-1}{s-\xi}\mathrm{d}\xi$$

且

$$A(s,\xi):=\frac{1-\cos 2\alpha}{\cosh[k_0(s-\xi)]-\cos 2\alpha}$$

从式(8.97)中,我们可以得到一个第二类弗雷德霍姆积分方程。满足在 $s=L/2$ 处库塔条件的特解具有如下形式:

$$\gamma(s)=\frac{1}{\pi \mathrm{i}}\sqrt{\frac{s-\frac{L}{2}}{s+\frac{L}{2}}}\int_{-L/2}^{L/2}\sqrt{\frac{\zeta+\frac{L}{2}}{\zeta-\frac{L}{2}}}\frac{F_{\gamma}(\zeta)}{s-\zeta}\mathrm{d}\zeta$$

与本书 8.3 节的推导类似,我们可以计算横向力(横荡力)和摇艏力矩:

$$F_2=-\rho Uh\int_{-L/2}^{L/2}\gamma(\xi)\mathrm{d}\xi+\frac{\rho U}{2w\beta^2}\int_{-L/2}^{L/2}\int_{-L/2}^{L/2}S'(\xi)\gamma(\zeta)\frac{\sinh[2k_0(\xi-\zeta)]}{\cosh[2k_0(\xi-\zeta)]-\cos 2\alpha}\mathrm{d}\xi\mathrm{d}\zeta+$$

$$\frac{\rho U^2}{4w\beta^3 h}\sin 2\alpha\int_{-L/2}^{L/2}\int_{-L/2}^{L/2}S'(\xi)S'(\zeta)\frac{1}{\cosh[2k_0(\xi-\zeta)]-\cos 2\alpha}\mathrm{d}\xi\mathrm{d}\zeta+$$

$$\frac{\rho h}{4w\beta}\sin 2\alpha\int_{-L/2}^{L/2}\int_{-L/2}^{L/2}\gamma(\xi)\gamma(\zeta)\frac{1}{\cosh[2k_0(\xi-\zeta)]-\cos 2\alpha}\mathrm{d}\xi\mathrm{d}\zeta$$

$$F_6=-\rho Uh\int_{-L/2}^{L/2}\xi\gamma(\xi)\mathrm{d}\xi-\frac{\rho U}{2w\beta^2}\int_{-L/2}^{L/2}\int_{-L/2}^{L/2}S'(\xi)\gamma(\zeta)\cdot$$

$$\left\{\frac{(\xi-\zeta)\sin^2\alpha\coth[k_0(\xi-\zeta)]-\zeta\sinh[2k_0(\xi-\zeta)]}{\cosh[2k_0(\xi-\zeta)]-\cos 2\alpha}\right\}\mathrm{d}\xi\mathrm{d}\zeta+$$

$$\frac{\rho U^2}{8w\beta^3 h}\sin 2\alpha\int_{-L/2}^{L/2}\int_{-L/2}^{L/2}S'(\xi)S'(\zeta)\frac{\xi+\zeta}{\cosh[2k_0(\xi-\zeta)]-\cos 2\alpha}\mathrm{d}\xi\mathrm{d}\zeta+$$

$$\frac{\rho h}{8w\beta}\sin 2\alpha\int_{-L/2}^{L/2}\int_{-L/2}^{L/2}\gamma(\xi)\gamma(\zeta)\frac{\xi+\zeta}{\cosh[2k_0(\xi-\zeta)]-\cos 2\alpha}\mathrm{d}\xi\mathrm{d}\zeta$$

为了说明这一思想,图 8.10 中给出了 Beck[1] 基于这些公式的一个计算示例。结果表明,反射点处分布点源与分布点涡之间的相互作用项对横荡力产生了较大贡献。这些项在渐进行为上属于低阶。然而,由于求和,它们在数值上变为同数量级。

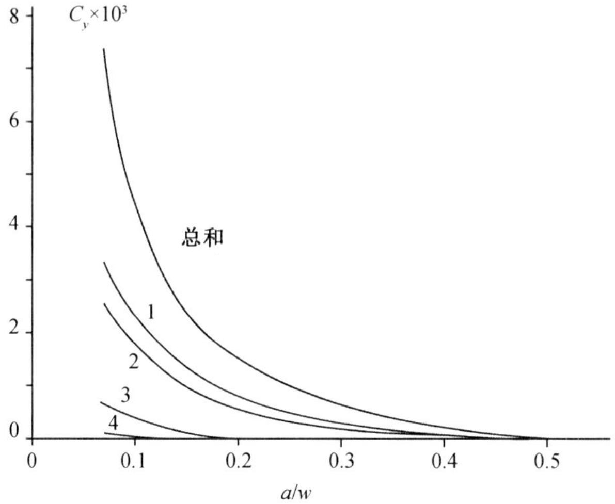

1——一阶;2—二阶源项;3—二阶源-涡项;4—二阶涡项。

图 8.10 一阶、二阶源项、二阶源-涡项和二阶涡项(参考文献:Beck[1])

8.5 船舶间的相互作用

在本章的末尾,我们考虑浅水区中船舶的相互作用。为了简化,我们用图 8.11 来描述这一场景。我们假设当 $\varepsilon \to 0$ 时,其中 ε 是细长参数,横向距离 $s_p = O(1)$。如图 8.11 所示,船 1 以速度 U_1 行驶,而船 2 的速度为 U_2。我们考虑两艘船的速度范围,使得 $F_h^2 = U^2/gh = O(\varepsilon)$。因此,两艘船的外区势满足固定坐标系下的拉普拉斯方程:

$$\varphi_{xx}^{\mathrm{o}} + \varphi_{yy}^{\mathrm{o}} = 0$$

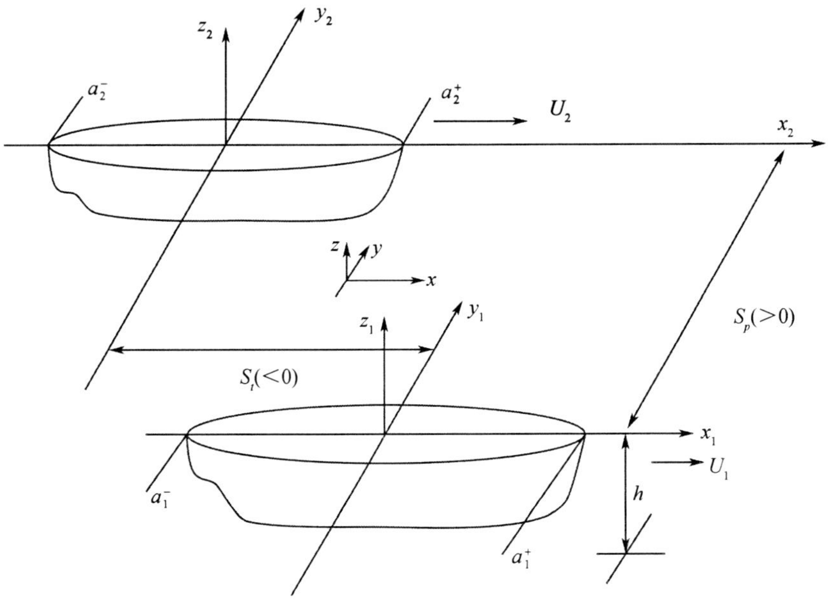

图 8.11 经过的船舶

外解可以视作沿船舶中心线的分布源,以及沿中心线和船舶尾迹的涡旋分布。源强度和涡旋强度都依赖于时间。我们有

$$\varphi^{\mathrm{o}}(x,y,t) = \sum_{j=1}^{2} \left\{ \frac{1}{4\pi} \int_{a_j^-(t)}^{a_j^+(t)} \sigma_j(\xi,t) \log\left\{ (x-\xi)^2 + \left[y - (-1)^j \frac{s_p}{2} \right]^2 \right\} \mathrm{d}\xi + \frac{1}{2\pi} \int_{-\infty}^{a_j^+(t)} \gamma_j(\xi,t) \arctan\left[\frac{y - (-1)^j \frac{s_p}{2}}{x-\xi} \right] \mathrm{d}\xi \right\} \tag{8.98}$$

我们知道,在尾流中,涡旋沿着流线以其局部速度被输送,正如式(8.5)所示。这说明:

$$\frac{\partial \gamma_j}{\partial t}(x,t) = 0 \tag{8.99}$$

此外,根据开尔文定理有

$$\frac{\mathrm{d}\Gamma_j}{\mathrm{d}t} = -U_j \gamma_j [a_j^-(t)] \tag{8.100}$$

其中,Γ_j 是围绕船舶的总环量。为了获得唯一性,我们要求库塔条件:

$$\lim_{x_j \to a_j^- - 0} \gamma_j = \lim_{x_j \to a_j^- + 0} \gamma_j \tag{8.101}$$

对于所有 t 都成立。现在我们考虑靠近船 1 的区域,其中,式(8.98)可以根据船的坐标(x_1, y_1)展开为泰勒级数:

$$\varphi^{o}(x_1, y_1, t) = \varphi_1(x_1, \pm 0, t) \pm [\varphi_1](x_1, t) + V_{21}(x_1, t) y \pm \frac{\sigma_1(x_1, t)}{2} |y_1| + \frac{y_1}{2\pi} \int_{-\infty}^{a_1^+} \frac{\gamma_1}{x - \xi} d\xi + O(y_1^2) \quad (a_1^- \leqslant x_1 \leqslant a_1^+) \tag{8.102}$$

其中

$$\begin{cases} \varphi_1(x_1, \pm 0, t) = \dfrac{1}{2\pi} \displaystyle\int_{a_1^-(t)}^{a_1^+(t)} \sigma_1(\xi, t) \log |x_1 - \xi| d\xi + \dfrac{1}{4\pi} \displaystyle\int_{a_2^-(t)}^{a_2^+(t)} \sigma_2(\xi, t) \\ \qquad \log[(x_2 - \xi)^2 + s_p^2] d\xi + \dfrac{1}{2\pi} \displaystyle\int_{-\infty}^{a_2^+(t)} \gamma_2(\xi, t) \arctan\left(\dfrac{s_p}{x_2 - \xi}\right) d\xi \\ [\varphi_1](x_1, t) = \dfrac{1}{2} \displaystyle\int_{x_1}^{a_1^+(t)} \gamma_1(\xi, t) d\xi \end{cases} \tag{8.103}$$

以及诱导的法向速度:

$$V_{21}(x_1, t) = -\frac{1}{2\pi} \int_{a_2^-(t)}^{a_2^+(t)} \sigma_2(\xi, t) \frac{s_p}{(x_2 - \xi)^2 + s_p^2} d\xi + \frac{1}{2\pi} \int_{-\infty}^{a_2^+(t)} \gamma_2(\xi, t) \frac{x_2 - \xi}{(x_2 - \xi)^2 + s_p^2} d\xi \tag{8.104}$$

现在,靠近船 1 或船 2 的内区解再次具有外扩形式:

$$\varphi_j^{i}(x_j, y_j, z_j, t) = -\frac{U_j S_j'(x_j)}{4h} |y_j| + V_j^*(x_j, t)[y_j \pm C_j(x_j)] + f_j(x_j, t)$$

将船 1 的内区解与外区解进行匹配,现在得到

$$\begin{cases} \sigma_1(x_1, t) = -\dfrac{U_1 S'_1(x_1)}{2h} \\ V_1^*(x_1, t) = V_{21}(x_1, t) + \dfrac{1}{2\pi} \displaystyle\int_{-\infty}^{a_1^+} \dfrac{\gamma_1(\xi, t)}{x_1 - \xi} d\xi \\ f_1(x_1, t) = \varphi_1(x_1, \pm 0, t) \\ V_1^*(x_1, t) C_1(x_1, t) = \dfrac{1}{2} \displaystyle\int_{x_1}^{a_1^+} \gamma_1(\xi, t) d\xi \end{cases} \tag{8.105}$$

我们得到了一个类似于式(8.70)的关于 $\gamma_1(\xi, t)$ 的积分方程:

$$\frac{1}{2\pi} \int_{-\infty}^{a_1^+} \left[\frac{\gamma_1(\xi, t)}{x_1 - \xi} - \frac{\pi \gamma_1(\xi, t)}{C_1(x_1)} H(\xi - x_1) \right] d\xi = -V_{21}(x_1, t) \quad (a_1^- \leqslant x_1 \leqslant a_1^+) \tag{8.106}$$

采用类似的方法,在船 2 附近,我们可得到

$$\frac{1}{2\pi} \int_{-\infty}^{a_2^+} \left[\frac{\gamma_2(\xi, t)}{x_2 - \xi} - \frac{\pi \gamma_2(\xi, t)}{C_2(x_2)} H(\xi - x_2) \right] d\xi = -V_{12}(x_2, t) \quad (a_2^- \leqslant x_2 \leqslant a_2^+) \tag{8.107}$$

方程式(8.106)和式(8.107)是关于 γ_1 与 γ_2 的耦合奇异积分方程。为了解这些方程,我们可以采用固定时间步长 Δt 的程序。我们从时间点 $t=0$ 开始,此时没有相互作用发生,意味着尾流中的 $\gamma_j=0$。然后,我们首先取 V_{21} 和 V_{12} 作为仅由分布源引起的诱导速度。随

后,积分方程可简化为具有可积核的弗雷德霍姆方程(见本书 8.3 节),并能进行数值求解。下一个时间步长将给我们沿长度为 ΔtU_j 的尾流的恒定涡旋分布,此过程可以依次重复进行。

横荡力和摇艏力矩可通过式(8.43)与式(8.44)计算。图 8.12 给出了由 Yeung[23] 的计算结果以及 Remery 的实验结果的一个例子。计算是通过积分方程解的两种不同近似方法进行的。

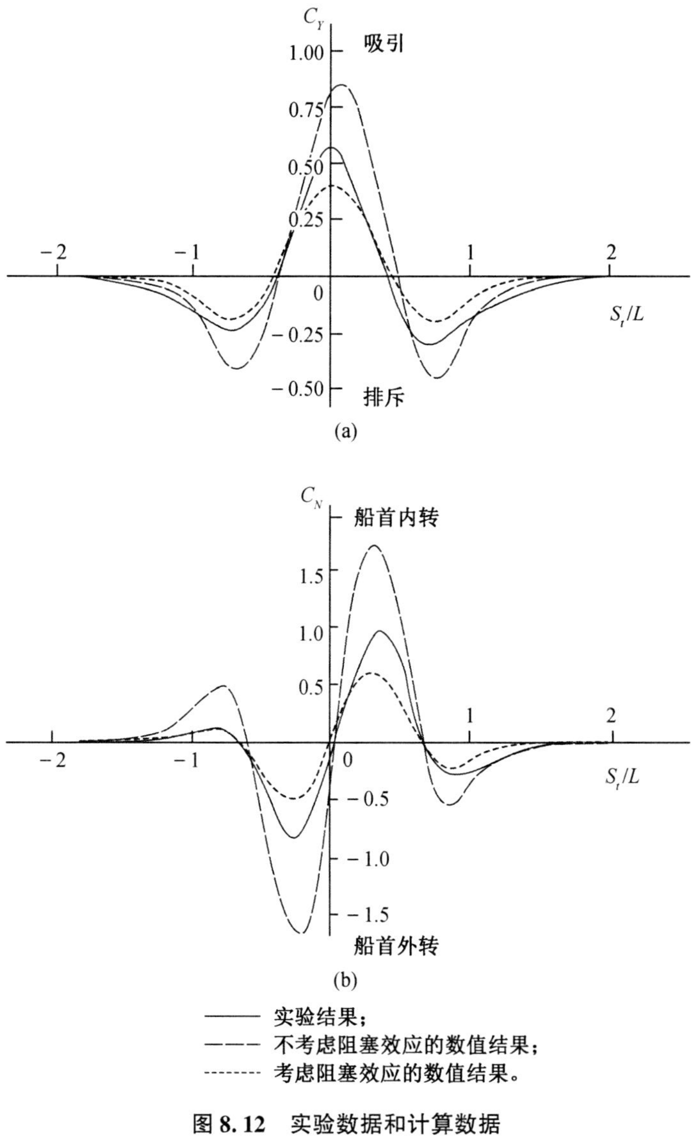

图 8.12　实验数据和计算数据

第9章 附录:数学方法

在本章中,我们将介绍本书中使用的一些数学工具的推导过程,不提供有效性的证明。例如,我们采用了稳定相位法和特征线法处理奇异积分方程。这里,我们将简要介绍这些方法。同时,我们还将给出二维格林函数的推导过程,以及第6章中所用的一组代数方程的简化方法。

9.1 稳定相位法

这种方法可追溯至开尔文勋爵,他特别针对此处考虑的情形开发了这个方法。假设我们需要计算如下形式的积分:

$$I=\int_{\alpha}^{\beta} e^{i\omega f(x)} g(x)\,dx$$

其中,$f(x)$和$g(x)$是可微的实函数;ω是一个大的参数。

通过分部积分,如果在区间$\alpha \leqslant x \leqslant \beta$内$f'(x)\neq 0$,我们得到

$$\begin{aligned}I &= \frac{1}{i\omega}\int_{\alpha}^{\beta}\frac{g(x)}{f'(x)}d\left[e^{i\omega f(x)}\right] \\ &= \frac{1}{i\omega}\left\{\frac{g(x)}{f'(x)}\left[e^{i\omega f(x)}\right]\right\}_{\alpha}^{\beta} - \frac{1}{i\omega}\int_{\alpha}^{\beta} e^{i\omega f(x)}\frac{d}{dx}\left[\frac{g(x)}{f'(x)}\right]dx\end{aligned}$$

重复这一过程,根据可微次数,我们得到一系列ω的反幂级数,这为I提供了渐进展开。显然,如果区间$\alpha \leqslant x \leqslant \beta$内存在某点$\gamma$,使得$f'(\gamma)=0$,则这种方法将失效。这样的点$\gamma$通常被称为驻点。针对这种情况,人们发展出了稳定相位法。

不失一般性,让我们考虑形式如下的积分:

$$J(0,x_0)=\int_{0}^{x_0} e^{i\omega f(x)} g(x)\,dx \quad (x_0>0) \tag{9.1}$$

其中,$x=0$是f的唯一驻点。这里f和g具有我们所需的任意阶导数,而ω仍然是一个大参数。在原点,$f(x)$现在有以下展开形式:

$$f(x)=f(0)+\frac{1}{2!}x^2 f''(0)+\frac{1}{3!}f'''(0)+\cdots$$

我们假设$f''(0)>0$;若$f''(0)<0$,则讨论需要稍作调整。我们引入一个新的变量z,定义为

$$z=f(x)-f(0)$$

并将x视为z的函数。由于$f'(0)=0$,可以看出x允许以下形式的展开:

$$x=z^{1/2}\sqrt{\frac{2}{f''(0)}}\left[1+C_1\sqrt{z}+C_2(\sqrt{z})^2+\cdots\right]$$

以新的变量z表示,积分J变为

$$e^{i\omega f(0)}\int_{0}^{f(x_0)-f(0)} e^{i\omega z}\left[g(x)\frac{dx}{dz}\right]dz \tag{9.2}$$

现在,如果 $g(x)\frac{dx}{dz}$ 按 $\sqrt{z}$ 的幂展开,我们得到

$$g(x)\frac{dx}{dz}=\frac{g(0)}{\sqrt{2f''(0)}}z^{-1/2}[1+\alpha_1\sqrt{z}+\alpha_2(\sqrt{z})^2+\cdots] \tag{9.3}$$

这表明我们需要计算形式如下的积分:

$$K_n(a):=\int_0^a e^{i\omega z}z^{(n-1)/2}dz[a=f(x_0)=f(0)] \tag{9.4}$$

对于实数 ω 和 a,我们不能将上限延伸到无穷大。我们计算了复 z 平面上的积分 $K_n(a)$。沿着由两条垂直线段组成的闭合曲线,由区间 $0\leqslant z\leqslant a$ 连接,我们看到

$$K_n(a)+\int_0^{a+i\infty} e^{i\omega z}z^{(n-1)/2}dz=\int_0^{i\infty} e^{i\omega z}z^{(n-1)/2}dz \tag{9.5}$$

在式(9.5)的最后一个积分中,我们令 $\omega z=i\lambda$,并转换为

$$\left(\frac{i}{\omega}\right)^{(n+1)/2}\left(\frac{i}{\omega}\right)^{(n+1)/2}\lambda^{(n-1)/2}d\lambda=\left(\frac{i}{\omega}\right)^{(n+1)/2}\Gamma\frac{n+1}{2} \tag{9.6}$$

式(9.5)中的第二个积分通过替换 $\omega z=\omega a+i\lambda$ 转换为

$$\frac{i}{\omega}a^{(n-1)/2}e^{i\omega a}\left(\frac{i}{\omega}\right)^{(n+1)/2}\left(1+\frac{i\lambda}{a\omega}\right)^{(n-1)/2}d\lambda$$

将 $\left(1+\frac{i\lambda}{a\omega}\right)^{(n-1)/2}$ 按幂级数展开,则

$$1+\frac{n-1}{2}\frac{i}{a\omega}\lambda+\frac{(n-1)(n-3)}{2^2\cdot 2!}\left(\frac{i}{a\omega}\right)^2\lambda^2+\frac{(n-1)(n-3)(n-5)}{2^3\cdot 3!}\left(\frac{i}{a\omega}\right)^3\lambda^3+\cdots$$

然后我们得到

$$\begin{aligned}&\frac{i}{\omega}a^{(n-1)/2}e^{i\omega a}\int_0^\infty e^{-\lambda}\left(1+\frac{i\lambda}{a\omega}\right)^{(n-1)/2}d\lambda\\ &=\frac{i}{\omega}a^{(n-1)/2}e^{i\omega a}\left[1+\frac{n-1}{2}\frac{i}{a\omega}\Gamma(2)+\frac{(n-1)(n-3)}{2^2\cdot 2!}\left(\frac{i}{a\omega}\right)^2\Gamma(3)+\cdots\right]\\ &=\frac{i}{\omega}a^{(n-1)/2}e^{i\omega a}\left[1+\frac{n-1}{2}\frac{i}{a\omega}+\frac{(n-1)(n-3)}{2^2}\left(\frac{i}{a\omega}\right)^2+\cdots\right]\end{aligned} \tag{9.7}$$

利用公式

$$\Gamma(n+1)=\int_0^\infty e^{-\lambda}\lambda^n d\lambda=n!$$

对整数 n 进行计算。收集结果式(9.5)、式(9.6)和式(9.7),从式(9.4)我们得到

$$\begin{aligned}K_n(a)&=\left(\frac{i}{\omega}\right)^{(n+1)/2}\Gamma\left(\frac{n+1}{2}\right)-\frac{i}{\omega}a^{(n-1)/2}e^{i\omega a}\left[1+\frac{n-1}{2}\frac{i}{a\omega}+\frac{(n-1)(n-3)}{2^2}\left(\frac{i}{a\omega}\right)^2+\cdots\right]\\ &=\left(\frac{i}{\omega}\right)^{(n+1)/2}\Gamma\left(\frac{n+1}{2}\right)-e^{i\omega a}\frac{i}{\omega}\cdot\left\{\left[1+\frac{i}{\omega}\frac{d}{da}+\left(\frac{i}{\omega}\right)^2\frac{d^2}{da^2}+\cdots\right]a^{(n-1)/2}\right\}\end{aligned} \tag{9.8}$$

从式(9.2)、式(9.7)和式(9.8)中可以得出,式(9.1)中 J 的渐进展开式($n=0$)的一阶项具有如下形式:

$$J(0,x_0)=e^{i\omega f(0)}\frac{g(0)}{\sqrt{2f''(0)}}K_0(a)$$

$$=\frac{e^{i\omega f(0)}g(0)}{\omega^{1/2}}\sqrt{\frac{\pi i}{2f''(0)}}-\frac{ie^{i\omega f(x_0)}}{\omega}\left\{\left[1+\frac{i}{\omega}\frac{d}{da}+\left(\frac{i}{\omega}\right)^2\frac{d^2}{da^2}+\cdots\right]\frac{g(0)}{\sqrt{2f''(0)}}a^{-1/2}\right\}$$

或者从式(9. 3)中 α_1 等于零得出

$$J(0,x_0)=\frac{e^{i\omega f(0)}g(0)}{\omega^{1/2}}\sqrt{\frac{\pi i}{2f''(0)}}-\frac{ie^{i\omega f(x_0)}}{\omega}\left[g(x)\frac{dx}{dz}\right]_{z=a}+\cdots \tag{9. 9}$$

第一项是 $\omega^{-1/2}$ 阶的,这是由驻点造成的;接下来的项,其形式源于分部积分的结果,是由积分区间的端点造成的。

如果把积分区间从 $z=a$ 扩展到 $z=\beta$,我们得到

$$e^{i\omega f(0)}\int_a^{\beta}e^{i\omega z}\left[g(x)\frac{dx}{dz}\right]dz$$

$$=e^{i\omega f(0)}\left\{\frac{e^{i\omega z}}{i\omega}\left[g(x)\frac{dx}{dz}\right]\right\}_a^{\beta}-\frac{e^{i\omega f(0)}}{i\omega}\int_a^{\beta}e^{i\omega z}\frac{d}{dz}\left[g(x)\frac{dx}{dz}\right]dz \tag{9. 10}$$

这是来自($f'\neq0$)区间内的贡献。将式(9. 9)和式(9. 10)中的两个积分相加,我们得到

$$J(0,\beta)=\frac{e^{i\omega f(0)}g(0)}{\omega^{1/2}}\sqrt{\frac{\pi i}{2f''(0)}}-\frac{ie^{i\omega f(\beta)}}{\omega}\left[g(x)\frac{dx}{dz}\right]_{z=\beta}+O\left(\frac{1}{\omega}\right) \tag{9. 11}$$

其中,$O(1/\omega)$项来源于 K_1。因此,对于较大的 ω,驻点提供了最大的贡献($\omega^{-1/2}$ 阶),而端点的贡献则是较低的 ω^{-1} 阶。同样,这一点也很容易看出:

$$J(0,\alpha)=\frac{e^{i\omega f(0)}g(0)}{\omega^{1/2}}\sqrt{\frac{\pi i}{2f''(0)}}-\frac{ie^{i\omega f(\alpha)}}{\omega}\left[g(x)\frac{dx}{dz}\right]_{z=\alpha}+O\left(\frac{1}{\omega}\right) \tag{9. 12}$$

从式(9. 11)和式(9. 12)中,我们可以看到,如果在区间 $\alpha\leqslant x\leqslant\beta$ 内 $x=\gamma$ 是唯一的驻点,则

$$J(\alpha,\beta)=\frac{e^{i\omega f(\gamma)}g(\gamma)}{\omega^{1/2}}\sqrt{\frac{2\pi i}{f''(\gamma)}}+O\left(\frac{1}{\omega}\right) \tag{9. 13}$$

9. 2 特征线法

方程式:

$$F(x,y,u,u_x,u_y)=0 \tag{9. 14}$$

定义了函数 $u=u(x,y)$ 及其导数 u_x 和 u_y 之间的一种关系。为了定义函数 u 作为该方程的解,必须规定一套辅助条件。对于式(9. 14),一个基本问题是柯西问题,它包括寻找式(9. 14)的一个积分曲面 $u(x,y)$,该曲面通过三维空间中给定的一条预设曲线 C,该空间由下式给出:

$$x=x(\lambda),y=y(\lambda),u=u(\lambda) \tag{9. 15}$$

其中,x、y、u 是参数 λ 的平滑函数。

首先考虑式(9. 14)是拟线性方程的情况,即

$$F=Au_x+Bu_y+C=0 \tag{9. 16}$$

其中,A、B 和 C 是 x、y 与 u 的函数。如果柯西问题有唯一解,沿着曲线 C 的导数 u_x 和 u_y 就变成了参数的函数 λ,并必须由条件唯一决定:

$$Au_x+Bu_y+C=0,u_x\frac{dx}{d\lambda}+u_y\frac{dy}{d\lambda}-\frac{du}{d\lambda}=0$$

这只有在$\frac{1}{A}\frac{\mathrm{d}x}{\mathrm{d}\lambda}\neq\frac{1}{B}\frac{\mathrm{d}y}{\mathrm{d}\lambda}$时才可能。然而,如果:

$$\frac{\frac{\mathrm{d}x}{\mathrm{d}\lambda}}{A}=\frac{\frac{\mathrm{d}y}{\mathrm{d}\lambda}}{B}=-\frac{\frac{\mathrm{d}u}{\mathrm{d}\lambda}}{C} \tag{9.17}$$

则系统存在一个单参数解系,即柯西问题(如果存在解的话)的解不是唯一的。满足式(9.17)的曲线称为微分方程式(9.16)的特征曲线。通过特征曲线,可能有多个式(9.16)的解通过;在许多情况下,它们可以被认为是小扰动(即 u 导数的不连续性)的传播线。很容易证明,对于非特征曲线 C 的柯西问题,可以通过在曲线的每一点构造特征方程的解,并考虑以此方式获得的曲面 $u=u(x,y)$,来解决这个问题。

对于非线性偏微分方程式(9.14),特征曲线的定义更为复杂。在固定点 $P=(x,y,u)$,式(9.14)确定了 u_x 和 u_y 之间的一种关系,即它确定了积分曲面的可能切平面的单参数系,即式(9.14)的解。这些平面的包络形成一个以 P 为顶点的锥,称为蒙日(Monge)锥。

再次考虑由式(9.15)定义的曲线 C。然后在 C 上的一点,方程式(9.14)及兼容条件:

$$u_x\frac{\mathrm{d}x}{\mathrm{d}\lambda}+u_y\frac{\mathrm{d}y}{\mathrm{d}\lambda}=\frac{\mathrm{d}u}{\mathrm{d}\lambda} \tag{9.18}$$

定义了大量可能的切平面。如果假设 F 不可因式分解,我们就不能有依赖性;因此,一阶导数 u_x 和 u_y 总是确定的。特征曲线是通过考虑二阶导数确定的分解来获得的。对方程式(9.18)关于 λ 求导得到

$$\begin{aligned}&u_{xx}\left(\frac{\mathrm{d}x}{\mathrm{d}\lambda}\right)^2+2u_{xy}\frac{\mathrm{d}x}{\mathrm{d}\lambda}+\frac{\mathrm{d}y}{\mathrm{d}\lambda}+u_{yy}\left(\frac{\mathrm{d}y}{\mathrm{d}\lambda}\right)^2\\&=\frac{\mathrm{d}^2u}{\mathrm{d}\lambda^2}-u_x\frac{\mathrm{d}^2x}{\mathrm{d}\lambda^2}-u_y\frac{\mathrm{d}^2y}{\mathrm{d}\lambda^2}\end{aligned} \tag{9.19}$$

并且对方程式(9.14)分别关于 x 和 y 求导得到

$$\begin{cases}u_{xx}F_P+u_{xy}F_q+F_up+F_x=0\\u_{xy}F_p+u_{yy}F_q+F_uq+F_y=0\end{cases} \tag{9.20}$$

其中,$p=u_x$ 和 $q=u_y$。如前所述,p 和 q 可以被唯一地确定为 λ 的函数。因此,求导后得出

$$\begin{cases}\frac{\mathrm{d}p}{\mathrm{d}\lambda}=u_{xx}\frac{\mathrm{d}x}{\mathrm{d}\lambda}+u_{xy}\frac{\mathrm{d}y}{\mathrm{d}\lambda}\\\frac{\mathrm{d}q}{\mathrm{d}\lambda}=u_{xy}\frac{\mathrm{d}x}{\mathrm{d}\lambda}+u_{yy}\frac{\mathrm{d}y}{\mathrm{d}\lambda}\end{cases} \tag{9.21}$$

方程式(9.20)和式(9.21)为 3 个未知数 u_{xx}、u_{xy} 与 u_{yy} 提供了一组 4 个方程式。增广矩阵:

$$\boldsymbol{A}=\begin{pmatrix}F_p & F_q & 0 & pF_u+F_x\\0 & F_p & F_q & qF_u+F_y\\\frac{\mathrm{d}x}{\mathrm{d}\lambda} & \frac{\mathrm{d}y}{\mathrm{d}\lambda} & 0 & -\frac{\mathrm{d}p}{\mathrm{d}\lambda}\\0 & \frac{\mathrm{d}x}{\mathrm{d}\lambda} & \frac{\mathrm{d}y}{\mathrm{d}\lambda} & -\frac{\mathrm{d}q}{\mathrm{d}\lambda}\end{pmatrix}$$

其秩通常为 3。如果它的秩等于 2,那么由式(9.15)定义的曲线 C 就是一条特征曲线。在

这种情况下，矩阵 $\boldsymbol{A}$ 的所有 3×3 子矩阵都是奇异的。这引出了沙比–拉格朗日方程：

$$\frac{\mathrm{d}x}{F_p}=\frac{\mathrm{d}y}{F_q}=\frac{\mathrm{d}u}{pF_p+qF_q}=\frac{-\mathrm{d}p}{F_x+pF_u}=\frac{-\mathrm{d}q}{F_y+qF_u} \tag{9.22}$$

这些方程对于特征上的量 x、y、u、p 和 q 成立。方程式(9.22)也被称为微分方程式(9.14)的特征方程。对于非特征曲线，通过构建一个由曲线各点发出的特征描述的曲面，同样可以解决柯西问题。(注意，在该点的 p 和 q 的初始值是确定的！)

9.3　奇异积分方程

设 $\mathscr{L}$ 是复 z 平面中闭合光滑轮廓 $\mathscr{C}$ 的一段。令 S^+ 和 S^- 分别表示轮廓 $\mathscr{C}$ 内部与外部的区域(图 9.1)。

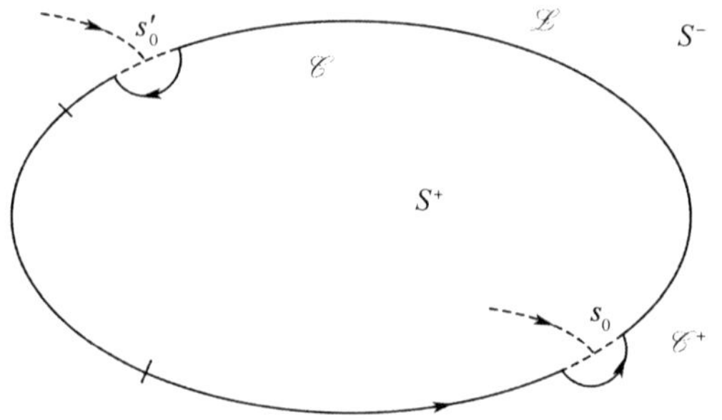

图 9.1　积分路径

考虑沿 $\mathscr{L}$ 的积分：

$$H(z)=\frac{1}{2\pi\mathrm{i}}\int_{\mathscr{L}}\frac{h(s)}{s-z}\mathrm{d}s \tag{9.23}$$

其中，$h(s)$ 是在 $\mathscr{L}$ 上给定的赫尔德(Hölder)连续复函数，当 s_1、s_2 位于 $\mathscr{L}$ 上时有

$$|h(s_2)-h(s_1)|\leqslant A|s_2-s_1|^{\mu}$$

其中，A 和 μ 是正的常数。

令 s_0 是 $\mathscr{L}$ 上一个固定的点，则对于 $z\in S^+$ 有

$$\lim_{z\to s_0}H(z)=\frac{1}{2\pi\mathrm{i}}⨍_{\mathscr{L}}\frac{h(s)}{s-s_0}\mathrm{d}s+\frac{1}{2\pi\mathrm{i}}\int_{\mathscr{C}^+}\frac{h(s)}{s-s_0}\mathrm{d}s$$

其中，$⨍$ 表示积分的主值；而 $\mathscr{C}^+$ 是 S^- 中以 ρ 为半径的半圆。

沿着 $\mathscr{C}^+$ 的积分可以通过在点 s_0 处的 $h(s)$ 的泰勒级数展开来计算。我们有

$$\frac{1}{2\pi\mathrm{i}}\int_{\mathscr{C}^+}\frac{h(s)}{s-s_0}\mathrm{d}s=\frac{1}{2\pi\mathrm{i}}\int_{\mathscr{C}^+}\left\{\frac{h(s_0)}{s-s_0}+h'(s_0)+\cdots\right\}\mathrm{d}s$$

通过引入 $s-s_0=\rho\mathrm{e}^{\mathrm{i}\vartheta}$，积分可以重写为

$$H^+(s_0)=\frac{1}{2}h(s_0)+\frac{1}{2\pi\mathrm{i}}\int_{\mathscr{L}}\frac{h(s)}{s-s_0}\mathrm{d}s \tag{9.24}$$

并且，如果我们从另一侧接近轮廓，并假设 $\rho\to0$，则

$$H^{-}(s_0) = -\frac{1}{2}h(s_0) + \frac{1}{2\pi i}\int_{\mathscr{L}} \frac{h(s)}{s-s_0}ds \tag{9.25}$$

这些都是著名的普利梅尔兹公式,从中我们可以看出

$$\begin{cases} H^{+}(s_0) - H^{-}(s_0) = h(s_0) \\ H^{+}(s_0) + H^{-}(s_0) = \dfrac{1}{\pi i}\displaystyle\int_{\mathscr{L}} \frac{h(s)}{s-s_0}ds \end{cases} \tag{9.26}$$

现在考虑在 $\mathscr{L}$ 上的关系:

$$H^{+}(s) = G(s)H^{-}(s) + g(s) \tag{9.27}$$

其中,G 和 g 是 $\mathscr{L}$ 上给定的函数。我们在这里感兴趣的是作为函数 H^{+} 和 H^{-} 在 $\mathscr{L}$ 上的解析延拓,来确定 $H(z)$。这就是所谓的希尔伯特问题。这可以通过引入一个在 $\mathscr{L}$ 上遵循齐次关系的函数 $\chi(z)$ 来轻松完成:

$$G(s) = \frac{\chi^{+}(s)}{\chi^{-}(s)}$$

由此得出

$$\frac{H^{+}(s)}{\chi^{+}(s)} - \frac{H^{-}(s)}{\chi^{-}(s)} = \frac{g(s)}{\chi^{+}(s)}$$

因此,如果:

$$H(z) = \frac{\chi(z)}{2\pi i}\left[\int_{\mathscr{L}} \frac{g(s)}{\chi^{+}(s)(s-z)}ds + P(z)\right] \tag{9.28}$$

那么对于任何任意解析函数 $P(z)$,$H(z)$ 就是相应的解析延拓。

9.4 二维格林函数

在这里,我们将推导出本书中使用的二维格林函数 $\mathscr{G}(x,y;\xi,\eta)$。这个“源”函数的一个解满足:

$$\mathscr{G}_{xx} + \mathscr{G}_{yy} = 2\pi\delta(x-\xi, y-\eta) \tag{9.29}$$

边界条件为

$$K\mathscr{G} - \mathscr{G}_y = 0 \quad (y=0) \tag{9.30}$$

$$\mathscr{G}_y = 0 \quad (y=-h) \tag{9.31}$$

我们引入 $\mathscr{G}$ 的傅里叶变换:

$$\widetilde{\mathscr{G}}(y;\eta) = \frac{1}{2\pi}\int_{-\infty}^{\infty} \mathscr{G}(x,y;\xi,\eta)e^{-i\gamma x}dx \tag{9.32}$$

该转换后的格林函数满足以下条件:

$$
\begin{cases}
\tilde{\mathscr{G}}_{yy}-\gamma^2\tilde{\mathscr{G}}=0 \quad (y\neq\eta) \\
K\tilde{\mathscr{G}}-\tilde{\mathscr{G}}_y=0 \quad (y=0) \\
\tilde{\mathscr{G}}_y=0 \quad (y=-h) \\
\lim\limits_{\varepsilon\to 0}[\tilde{\mathscr{G}}(\eta+\varepsilon;\eta)-\tilde{\mathscr{G}}(\eta-\varepsilon;\eta)]=0 \\
\lim\limits_{\varepsilon\to 0}[\tilde{\mathscr{G}}_y(\eta+\varepsilon;\eta)-\tilde{\mathscr{G}}_y(\eta-\varepsilon;\eta)]=\mathrm{e}^{-\mathrm{i}\gamma\xi}
\end{cases}
\tag{9.33}
$$

这个方程的解为

$$
\tilde{\mathscr{G}}(y;\eta)=\frac{1}{\gamma}\frac{K\sinh\gamma y+\gamma\cosh\gamma y}{K\cosh\gamma h-\gamma\sinh\gamma h}\cosh\gamma(\eta+h)\mathrm{e}^{-\mathrm{i}\gamma\xi} \quad (y>\eta) \tag{9.34}
$$

$$
\tilde{\mathscr{G}}(y;\eta)=\frac{1}{\gamma}\frac{K\sinh\gamma\eta+\gamma\cosh\gamma\eta}{K\cosh\gamma h-\gamma\sinh\gamma h}\cosh\gamma(y+h)\mathrm{e}^{-\mathrm{i}\gamma\xi} \quad (y>\eta) \tag{9.35}
$$

然后我们转换回 x 变量,从而有式(6.13)和式(6.14)。积分路径在实轴上的奇点上方或下方通过。这一路径的选择由辐射条件决定。对于 $x>\xi$,波沿正 x 方向传播;而对于 $x<\xi$,波则沿负 x 方向传播。因此,积分路径在负实极点上方和正实极点下方通过。在复 γ 平面上闭合此积分路径,我们得到式(6.15)。

9.5 代数方程组的简化

为了获得方程组式(6.26)至式(6.28)的精确解,我们必须消除那些包含大数相减的项。为了达到这个目的,我们利用色散关系式(6.10),即 $\gamma\tanh(\gamma h)=K$。利用以下关系:

$$
\cosh(\gamma h)^2-\sinh(\gamma h)^2=1
$$

可以得到零点 $\gamma=k_i(i=0,1,\cdots)$,则

$$
\cosh(k_i h)=\frac{(-1)^i k_i}{\sqrt{k_i^2-K^2}},\sinh(k_i h)=\frac{(-1)^i K}{\sqrt{k_i^2-K^2}}
$$

我们也常使用:

$$
\cosh\gamma(h-d)=\cosh\gamma h\cosh\gamma d-\sinh\gamma h\sinh\gamma d
$$

$$
\sinh\gamma(h-d)=\sinh\gamma h\cosh\gamma d-\cosh\gamma h\sinh\gamma d
$$

可以看出,当深度值较大时,k_0 非常接近于 K,如果能从分析上除掉这个大项,准确度会得到提高。如果没有这种简化,图 6.21 中的结果是无法得到的。

参考文献①

[1] R. F. Beck, Forces and moments on a ship sailing in a shallow channel. *J. Ship Res.* **21** (1977)

[2] S. Bochner, *Vorlesungen über Fouriersche Integrale* (Chelsea, New York, 1948)

[3] J. Grue, E. Palme, The mean drift force and yaw moment on marine structures in waves and current. *J. Fluid Mech.* **250**, 121–142 (1993)

[4] A. J. Hermans, A boundary element method for the interaction of free-surface waves with a very large floating flexible platform. *J. Fluids Struct.* **14**, 943–956 (2000)

[5] A. J. Hermans, Interaction of free-surface waves with a floating dock. *J. Eng. Math.* **45**, 39–53 (2003)

[6] A. J. Hermans, The ray method for the deflection of a floating flexible platform in short waves. *J. Fluids Struct.* **17**, 593–602 (2003)

[7] H. W. Hoogstraten, *On non-linear dispersive water waves*. Thesis, Delft University of Technology, 1968

[8] C. Hyuck, C. M. Linton, Interaction between water waves and elastic plates: Using the residue calculus technique, in *Proceedings of the* 18*th IWWWFB*, ed. by A. H. Clément, P. Ferrant (Ecole Centrale de Nantes, Nantes, 2003)

[9] H. Maruo, The drift of a body floating in waves. *J. Ship Res.* **4**, 1–10 (1960)

[10] C. C. Mei, J. L. Black, Scattering of surface waves by rectangular obstacles in waters of finite depth. *J. Fluid Mech.* **38**, 499–511 (1969)

[11] M. H. Meylan, V. A. Squire, The response of a thick flexible raft to ocean waves. Int. *J. Offshore Polar Eng.* **5**, 198–203 (1995)

[12] J. N. Newman, Lateral motion of a slender body between two parallel walls. *J. Fluid Mech.* **39**, 97–115 (1969)

[13] J. Nossen, J. Grue, E. Palme, Wave forces on three-dimensional floating bodies with small forward speed. *J. Fluid Mech.* **227**, 135–160 (1991)

[14] T. F. Ogilvie, Recent progress toward the understanding and prediction of ship motion, in *Fifth Symposium on Naval Hydrodynamics*, ACR–112, ONR (1964)

[15] H. J. Prins, *Time-domain calculations of drift forces and moments*. PhD Thesis, TU Delft, 1995. ISBN 90-9007986-6

[16] M. Roseau, *Asymptotic Wave Theory* (North-Holland, Amsterdam, 1976)

[17] J. J. Stoker, *Water Waves* (Interscience, New York, 1957)

[18] E. O. Tuck, Shallow water theory past slender bodies. *J. Fluid Mech.* **26**, 81–95 (1966)

① 为原著参考文献。——译者注

[19] J. V. Wehausen, E. V. Laitone, Surface waves, in *Encyclopedia of Physics*, vol. 9 (Springer, Berlin, 1960), pp. 446–814. Also http://www.coe.berkeley.edu/SurfaceWaves/

[20] N. Wiener, *The Fourier Integral and Certain of Its Applications* (Dover, New York, 1933)

[21] E. T. Whittaker, G. N. Watson, *A Course of Modern Analysis*, 4th edn. (University Press, Cambridge, 1958)

[22] R. W. Yeung, Application of slender body theory of ships moving in restricted shallow water, in *Proc. of Symposium on Aspects of Navigability*, Delft (1978)

[23] R. W. Yeung, On the interaction of slender ships in shallow water. *J. Fluid Mech.* **85**, 143–159 (1978)